军事政治学研究

MILITARY POLITICS REVIEW

主办单位：中国人民解放军南京政治学院军事政治学研究中心

学术顾问（以姓氏笔画为序）

王邦佐（复旦大学）　　　　　　俞可平（中央编译局）

学术委员（以姓氏笔画为序）

于兴卫（军事科学院）	王浦劬（北京大学）	王　萍（空军工程大学）
王臻荣（山西大学）	朱仁显（厦门大学）	朱光磊（南开大学）
刘　杰（上海社会科学院）	刘戟锋（国防科技大学）	关海庭（北京大学）
安成日（黑龙江大学）	孙　力（南京政治学院）	杨小云（湖南师范大学）
杨玉玲（西安政治学院）	杨光斌（中国人民大学）	杨雪冬（中央编译局）
杨　放（第二军医大学）	李月军（中央编译局）	李保忠（西安政治学院）
李路曲（上海师范大学）	肖冬松（国防大学）	肖　滨（中山大学）
佟德志（天津师范大学）	宋玉波（西南政法大学）	张凤阳（南京大学）
张贤明（吉林大学）	张明军（华东政法大学）	张星久（武汉大学）
张振江（暨南大学）	张理海（西安政治学院）	张新平（兰州大学）
陈明明（复旦大学）	苗润奇（空军指挥学院）	林尚立（复旦大学）
金太军（苏州大学）	周　平（云南大学）	周　健（武警政治学院）
周光辉（吉林大学）	周敏凯（同济大学）	郎友兴（浙江大学）
房　宁（中国社会科学院）	赵　勇（海军舰艇学院）	胡　伟（上海交通大学）
胡　键（上海社会科学院）	南东风（解放军艺术学院）	秦维宪（上海市社联）
徐　勇（北京大学）	徐能武（国防科技大学）	郭志刚（军事科学院）
郭定平（复旦大学）	唐亚林（复旦大学）	桑玉成（上海市社联）
黄细麟（上海国际军衔博物馆）	萧功秦（上海师范大学）	萧延中（华东师范大学）
商红日（上海师范大学）	韩冬雪（清华大学）	傅婉娟（国防科技大学）

封面题字：李　铎

主　　编：高民政

执行主编：李海平

中文审稿：李秋发　翟桂萍　薛小荣　魏延秋　范　彬

英文统稿：李庄前　李丛禾　陈伟昉　张小健　梅　娟　付畅一　刘鹈斐然

地　　址：上海市四平路2575号

邮政编码：200433

电子邮箱：jszzxyj@ sina. cn

社会科学文献出版社
SOCIAL SCIENCES ACADEMIC PRESS（CHINA）

目　　录

— 1 —

Contents

• Feature •

• Articles •

● Book Information ●

● Notice to Contributors ●

● 特稿 ●

传统军事文化对中国军队
联合文化形成之影响[*]

倪乐雄

【摘　　要】当今，在社会价值体系尚未完全重建的背景下，某些负面的、根植于传统中国军事文化的现象有死灰复燃的可能，在战争技术已经发展到太空领域的时代，它们是建设联合文化时必须克服的深层障碍，侵蚀着由现代化武器装备、现代先进作战理论、先进的军兵种编成和先进后勤保障组织起来的现代化军队。联合文化建设就是要从文化的根源上彻底铲除妨碍诸军兵种联合作战原则的天敌。

【关 键 词】传统军事文化　中国军队　联合文化

【作者简介】倪乐雄（1956～　　），男，上海市人，上海政法学院国际事务与公共管理系教授、博士生导师。主要研究方向：东西方战争文化比较、战争史、中国军事现代化、中国海权战略、国际军事与外交。

一　中外军事史上协同作战及其观念

军事领域的联合文化萌发于战争实践中的协同作战。在中国历史上，明代抗倭名将戚继光发明的"鸳鸯阵"[①]可谓古代战术层面最经典的协同作战范例，包含了古今中

---

[*]　本文获解放军第三届联合作战政治工作理论研讨会论文一等奖。

①　"凡鸳鸯阵，乃杀贼必胜屡效者，此是紧要束伍第一战法。今开式于后：二牌平列，狼筅各跟一牌，以防拿牌人后身。长枪每二枝各分管一牌一筅。短兵防长枪进的老了，即便杀上。伍长执挨牌在前，余兵照鸳鸯阵紧随牌后，其挨牌手低头执牌前进，如已闻鼓声而迟疑不进，即以军法斩首。其余兵仗牌刀遮抵后，紧随牌进交锋，筅以救牌，长枪救筅，短兵救长枪，牌手阵亡，伍下兵通斩。要依此法，无不胜矣。"（参阅戚继光《纪效新书》卷二，紧要操敌号令简明条款篇）。

外各种协同作战最重要的原则。

"鸳鸯阵"阵形以 11 人为一队，最前为队长，次二人一执长牌、一执藤牌，长牌手执长盾牌遮挡倭寇的重箭、长枪，藤牌手执轻便的藤盾并带有标枪、腰刀，长牌手和藤牌手主要掩护后队前进，藤牌手除了掩护还可与敌近战。 再二人为狼筅手执狼筅（三米长毛竹前端削尖且留四面尖锐枝丫），狼筅手利用狼筅前端的利刃刺杀敌人以掩护盾牌手的推进和后面长枪手的进击。 接着是四名手执长枪的长枪手，左右各二人，分别照应前面左右两边的盾牌手和狼筅手。 再跟进的是使用短刀的短兵手，如敌人迂回攻击，短兵手即持短刀冲上前去劈杀敌人。 "鸳鸯阵"不但使矛与盾、长与短紧密结合，充分发挥了各种兵器的效能，而且阵形变化灵活。 可以根据情况和作战需要变纵队为横队，变一阵为左右两小阵或左中右三小阵。 当变成两小阵时称"两才阵"，左右盾牌手分别随左右狼筅手、长枪手和短兵手，护卫其进攻；当变成三小阵时称"三才阵"，此时，狼筅手、长枪手和短兵手居中，盾牌手在左右两侧护卫。 这种变化了的阵法又称"变鸳鸯阵"。 此阵运用灵活机动，正好抑制了倭寇优势的发挥，在与倭寇的作战中，每战皆捷。

戚继光"鸳鸯阵"各种冷兵器分工明确、配合环环相扣，可谓精巧细腻，但行动起来浑然一体。 虽属战术层次，却反映了古今中外协同作战或联合作战的普遍原则，比如诸兵种高度协同、局部服从全局，这两项原则不仅适用于战术范围，也适用于战略范围；不仅可用来指导战场作战，也可用来指导国防建设等。 中国古代协同作战主要是步车协同、步骑协同和水陆协同。 其中不乏经典战例，如赤壁之战、淝水之战等。

西方历史上，著名的坎尼会战也是一次出色的协同作战。 当迦太基步兵线形由前凸变成后凹的半月形、两翼向罗马军团方阵圈击并将其装进"口袋"时，迦太基的骑兵及时赶回封住了"袋口"，从而使坎尼会战成为战争史上最完美的步骑协同的战例之一。①

近代拿破仑的步炮骑协同也是堪称第一流的联合作战，"步兵、骑兵和炮兵，三者相倚为用，均需相互协作。 因此，对于它们的配置务求稳妥，要在一旦遭受突袭时能够互相支援"②。 拿破仑的军事杰作——奥斯特利茨会战就是法军三个兵种协同作战的

---

① 〔英〕巴兹尔·亨利·利德尔·哈特：《战略论》，军事科学院译，战士出版社，1981，第 44 页。
② 参阅彭光谦、沈方吾《拿破仑军事语录》，军事科学出版社，2000。

完美之作。①

协同作战的观念中国自古有之，孙子曰："故善用兵者，譬如率然。率然者，常山之蛇也。击其首则尾至，击其尾则首至，击其中则首尾俱至。……故善用兵者，携手若使一人不得已也。"②孙子以常山之蛇做比喻，强调的就是高度一致的协同作战。而协同的最佳状态是"犯三军之众，若使一人"③。尉缭子认为："一人之兵，如狼如虎，如风如雨，如雷如霆，震震冥冥，天下皆惊。"④《六韬》引："太公曰：凡用兵之道莫过乎一，一者能独往独来。黄帝曰：'一者阶于道，几于神。'"⑤可见古代兵家对诸兵种协同作战有着强烈意识，要求非常之高，将联合协同作战的最高境界归诸"一"，而"一"就是整体性、一致性，即在战略或战役的总目标之下展开各自的作战部署和行动。不过这种联合作战观念当时还只是停留在军事思想层面，还没有上升至文化层面。

二　联合文化的表现形态

军事文化是人类在从事战争活动或军事事务过程中长期形成的物质形态和精神形态之总和。联合文化是军事文化之一种，⑥是被军事文化概念包含的子概念，它是人类社会中武装力量长期以来在各军兵种联合作战实践过程中形成的，各军兵种协同作战及其思想自古有之，并非美军首创，只是美军首创了理论术语，将联合作战首次上升至文化高度加以认识和阐释。⑦

联合文化有它自己的物质形态和精神形态。联合文化的物质表现形态贯穿于整个战争运作过程，诸军兵种联合作战只是联合文化中物质表现形态之一，占其中很小的部分。联合文化的物质形态范围还可以延伸到与联合作战相关的国防领域和行为方面，包括国防体制、动员、预算，国防军编成、装备、战略战术设计实施和作战样式等。联

---

①　〔英〕马绍尔·科沃：《作为军事指挥官的拿破仑》，钮先钟译，台湾军事译粹社，第149页。

②　《孙子兵法·九地》。

③　《孙子兵法·九地》。

④　《尉缭子·武议》。

⑤　《六韬·兵道》。

⑥　"所谓联合文化，是随着联合作战的发展而形成的，保障军队赢得联合作战胜利的一种军事文化。"参阅李瞰《联合文化：超越军种的时代强音》，《解放军报》2011年8月4日。

⑦　"'联合文化'是美军适应军事战略转型提出的新概念。美国'联合文化'的概念建立在联合作战的实践之上。"参阅郭平阳、赵莉《"联合文化"研究综述》，《西安政治学院学报》2011年第3期。

合文化的精神形态包括支配联合作战的一系列国防行为背后的心理、思想、价值观、认同感等，以及联合作战领域各层次行为的主观动因。[①]

三　联合文化与军事理论的关系

既然上升到文化层面，在文化境界中塑造人，那么人与人的不同主要是精神状态的不同；精神状态不同直接导致行为状态以及与之相关方面的不同。 精神状态范围包括思想及思维方式、世界观、价值观、认同感等。 形成联合文化的途径就是将诸军兵种联合作战观念上升到军人的思维方式、世界观、价值观、道德伦理观和认同感层面，并渗透其中、融为一体，成为主导，并且使联合作战在精神领域从自在成为自觉，在实践领域由被动变为主动。

联合文化是在文化层面塑造军人，军事理论主要是在知识层面塑造军人。 军事理论只是人类文化朝着军事领域方向，通过许多环节后具体展开的分支，属于知识范畴，具体知识体系虽然终极源头可回溯至文化层面，但不完全等于文化，也不能等于文化的精神层面，更不能替代文化的精神价值观、道德伦理观和认同感。

在以往古今中外的战例中，有些协同作战失败是因为没有掌握协同作战的方法——知识，但也有另一种情况，即掌握协同作战理论和方法，熟悉联合作战战略、战役、战术的将领未必按照其原则行事，甚至反其道而行之，原因就在于他们在文化层面即精神价值观、道德理论观和认同感等方面排斥协同作战的军事理论和方法。 就像社会上一些人熟知为人处事应该遵守的道德原则，却并不在行动中履行这些原则，甚至违背这些原则，原因在于道德伦理对他们来说仅仅是一种知识，而不是支配自己行为的文化精神、价值认同及"绝对命令"的道德自觉，所以这些人懂道德，但不按照道德原则行动。

掌握知识与使用知识是两回事，掌握知识依赖智慧和勤奋，使用知识除了智慧外，更依赖行为准则中属于精神领域的价值判断。 比如航空母舰的功能是把有限制空权变为无限制空权，是争夺海上制空权的关键舰种，这是一种知识，但过去我们把航母等同

[①]　"联合文化的主旨是培育军种共同的使命观、价值观和行动观。"参阅李相影、陈辉吾《对构建军事联合文化的冷思考》，《解放军报》2012 年 6 月 28 日。

于帝国主义侵略扩张，于是长期不建造航母，甚至宣布永远不要航母。 这是典型的知识运用受到文化伦理价值判断严重干扰的例子。 理性掌握知识，不负责具体行动；伦理价值取向决定行为选择。 因此，联合作战的知识、理论本身不能保证其在实施中到位，上升至联合文化层面才能保证。

四　创建联合文化的目的和途径

创立和传播一种特殊文化的目的在于塑造一种特殊类型的人，使之有效地适应和完成某种工作任务。 创建和传播联合文化是一种手段，目的在于培养能够承担联合作战任务的指战人员，以争取现代化条件下各军兵种联合作战的胜利。 各军兵种人员自觉地按照联合作战各种原则进入战斗状态，是创立联合文化的最终目的。

我军应根据现有条件、运用各种手段、通过各种途径来创建和传播联合文化的各种原则。 文化育人在于精神灌输和观念根植，协同作战的第一原则是局部服从全局，联合文化培养的是心灵和行为、思想与行动能够自觉遵循局部服从全局的国防人才及诸军兵种指战人员。

第一，全军院校要开设联合文化的主课程，作为基础课或必修课。 这门课有别于纯军事的协同作战理论课程。 第二，在灌输军人价值观的教学中和军人守则里，把联合文化的原则上升至军人的职业道德观念。 第三，在各军兵种作战条例里，要将联合文化作为首先强调的总则写入联合作战原则，将之置于各军兵种作战原则之先予以强调。 第四，运用传媒、影视等手段，如在军营经常放映中外协同作战成功的影片和外军资料片。 运用文化娱乐和文艺创作手段，如歌曲创作等方式潜移默化地培养部队的联合文化意识和价值取向，因为音乐有教化和移风易俗的内化心灵的作用。 过去有首歌《我爱祖国的蓝天》，其中歌词有"水兵爱大海，骑兵爱草原，我（航空兵）爱祖国的蓝天"，反映的是军种文化，而在联合文化观念中，歌词可能要改成"水兵亦爱蓝天、航空兵亦爱大海"了。 第五，各军兵种院校要大力增加其他军兵种的基础课程和专业课程，教学内容各军兵种要互相渗透，低、中、高级军官应该精通"三军"的作战理论和武器装备，并制定在不同军兵种院校定期学习轮训制度和不同军兵种部队各级岗位见习或服役的制度。

五　中国传统军事文化负面因素
对创建联合文化的影响

（一）小农意识

　　中国是农业国家，小农经济意识支配了日常生活几千年之久，也渗透到中国的军事文化中，"各人自扫门前雪，莫管他人瓦上霜"，比如战场上见死不救的现象，几乎在历史上每朝每代都存在，究其本源在于小农经济生活锻造，已成为一种深层次的文化本能。在缺乏核心价值引领的时代，战场上的救援行为往往缺乏主动自觉，要在上级指挥严令下被动执行救援任务。[1] 小农文化意识造成对友邻部队天然的冷漠往往导致战场配合效率大打折扣。孟良崮之战，国民党部队在救援被围的张灵甫七十四师时，除了个人之间的恩怨外，小农意识产生的文化本能对他们的协同影响也是重要原因。我军联合文化的建设首先就要彻底根除小农意识形成的文化本能的千年惯性，从深层的文化根源上铲除妨碍联合文化建设的土壤。

（二）地方主义

　　中国特有的国情之一是"地方主义"，地方主义的特点是同一地方的人们会产生天然的亲切感，继而形成向心力，但同时也产生对其他地区的人的天然陌生感和排斥力。"地方"的这一功能长期成为中国军队中拉帮结派的工具和手段。当然不仅在军队中，在地方公众、日常生活中也存在这种现象。地方主义是个贬义词，指的是"地方"成为思维、考量、选择、判断、决策、行动、用人等方面重要甚至唯一的准则，于是，地方由原来的"倾向性"上升为"主义"。"地方主义"是把双刃剑，具有团结和分裂双重功能。在军阀割据时代，对于坚持某一地区革命斗争有正面作用，但一旦军队进入现代化、正规化建设时期，需要大局观时，地方主义的危害便暴露无遗，它和联合文化所强调的整体性原则和大局观是格格不入的。

---

　　[1]　"联合文化并非信息化战争所独有的风景，它曾是我军从胜利走向胜利的法宝。文化，为人所创造，又影响人的思维见地、行为取舍。革命战争年代，国民党军队内部派系林立，每临战事常常是消极自保、敷衍塞责，甚至互相倾轧、见死不救。"参阅赵广志《细说解放军联合文化》，《解放军报》2012 年 4 月 12日。

（三）"山头"主义

历史上，解放军的来源不一，有学者称之为"山头"：按建军时间分，有南昌起义、秋收起义、广州起义、百色起义、湘南暴动、黄麻暴动等，按方面军分有一、二、四方面军，因历史原因和革命条件的限制，我党武装力量形成了不同的"山头"。 这些"山头"在革命战争年代各有贡献、都为创建新中国建立了不朽的功勋，但和地方主义一样，过分讲究"山头"也会在军队中造成不团结、内耗的负面作用。 在一、四方面军会师时，正值红军长征受挫，在中国革命战争最困难的时期，张国焘不是团结一心、共同对敌，而是将"山头"凌驾于党中央和全军之上，自恃自己实力强大，要在政治局增加四方面军的"交椅"，差点造成红军火并及党和军队的分裂。 传统军事文化中的山头主义、派系意识与联合文化的局部无条件服从全局的原则是不符的，也是在建设我军联合文化过程中必须加以克服的。

（四）本位主义

本位主义泛指一切从某个团体、单位出发来进行价值、利益评估和取舍的现象。"地方主义"和"山头主义"本质上也是本位主义的两种特殊表现形式。 本位主义也是人类组织与生俱来的附属物，存在于古今中外一切组织中，具有普遍性。 本位主义的凝聚力和排斥力是同时存在的，它的负面作用在强调高度协同的现代化战争中是致命的。 联合文化的建设在很大程度上就是对本位主义的否定。

（五）"大"陆军传统

中国数千年农业社会的历史锻造了武装力量以陆军军种为主的传统，因为在古代社会，中国军队的主要功能是防止内部叛乱和北方游牧民族入侵，在近代以前，来自海上的威胁很少。 近代以来，来自西方和日本的海上入侵取代了古代北方和西北方向的威胁，因科学技术和工业的落后，陆权主义传统惯性，加之长期内战加外战，中国国防力量短时间内不能适应。 在第二次世界大战中，当以空军军种和海军军种为依靠的战略制空权和战略制海权决定战争胜负已成为20世纪战争的时代特征时，中国仍被迫以落后庞大的陆军军种勉强进行应对。 在反侵略战争中，利用地域宽广和国土纵深，陆军不乏良好表现，成功抵御了侵略，且国防任务主要是保卫本土，这就必然地产生大陆军的强烈意识,同时多多少少影响空军特别是海军的发展。

当改革开放导致中国由传统农耕社会转型成现代海洋国家,当中国出现数千年未有的"海上生命线"和维系本土生存的"海外重大利益地区"问题时,国防范围已经越出本土,海空协同已成战场主角,陆军相对已居次要地位。 在国防预算、军费拨款、武器装备设计更新等方面,陆军主宰战场的传统思维显然与时代的战争要求不相符合。 今后陆、海、空三军协同联合,甚至将以空中精确打击为主、陆军在地面进行辅助行动的作战样式为主。 联合文化的建设必将在相当程度上颠覆以往历史造就的大陆军传统。

(六)嫡系意识

自清末民初以来,中国军队中的嫡系意识根深蒂固、源远流长,无论是革命军队还是反革命军队一概不能摆脱嫡系意识。 嫡系意识是以政治分裂为背景的军阀混战时代产生在军事领域的畸形物。 作为旧时代的落后军队意识,在国家政治统一后,其惯性尚未全部消失。 这点比照先进发达国家的军队便可一目了然。 西方发达国家的军队无嫡系和非嫡系之分,嫡系意识是旧时代军队的残存物。 可以说,军队是否存在嫡系意识是衡量军队是否现代化的一个指标。

嫡系意识是旧时代军事文化的产物之一,对现代化军队建设危害极大。 军队中分嫡系与非嫡系造成军队内部的裂痕、将领之间的矛盾和部队之间的严重隔阂。 国民党军队的战场失败,很大一个原因就是嫡系和非嫡系部队之间的矛盾冲突,不仅严重削弱海、陆、空三个军种的协同,就是一个军种内部都四分五裂。 在孟良崮战役中,国民党非嫡系部队指挥官巴不得得宠的嫡系部队七十四师师长张灵甫栽跟头,在外围担任救援任务的将领行动故意迟缓,导致七十四师全军覆没。 嫡系意识作怪会使同一军兵种内部的协同都无法实施,更不用说更高层次、更复杂的不同军兵种之间的协同了。

(七)我军共产主义军事文化对传统军事文化的克服

上述六种传统负面军事文化现象几乎存在于并影响了所有的中国近现代军队,而且不同程度地影响了军事效率。 在所有中国军队中,中国共产党领导的中国人民解放军在抵制和克服负面的传统军事文化因素方面做得最为成功。 其中的原因是:解放军政治上定位是执行中国革命任务的武装集团,中国革命对外属于国际共产主义运动的一部分，以解放全人类为己任，对内根据中国实际国情进行土地革命等一系列社会主义革命，解放占人口95%以上的贫苦农民和工人阶级，这就使革命战争没有停留在利益层面，而是超越了利益层面上升至理想层面，并且成为共产主义军事文化的核心价值观。

解放全中国和解放全人类是我军军事文化的灵魂，在这种以崇高理想为核心的军事文化体系中，一切负面的传统军事文化因素与之冲突并全部处于下风，处于被消解的地位。"解放军是大熔炉"，在革命战争的过程中，各种农工武装、旧军队、土匪、伪军等，只要进入解放军行列，就像废铁放入高炉，最终百炼成钢，发生质变，关键是共产主义运动在中国派生出来的崭新军事文化具有联合一切、改造一切旧中国武装力量的功能。中国革命战争中产生的军事文化是名副其实的具有中国特色的"联合文化"，它使军队里每个个体自觉地把自己的灵魂与组织目标融为一体，这是我军能够团结一致、战无不胜的根源。这就是我军曾经达到的境界，一种曾经凝练成功的真正的"军魂"。在改革开放的今天和未来很长一个时期，如何保持我军优秀军事文化传统是个重要的课题。

当然，"水无至清，人无完人"，既然有需要抵制、克服的事实，也就是承认我军内部也存在着旧时代延续的负面军事文化现象，问题是在所有中国军队中，我军相对而言是用崭新的军事文化消解负面的传统军事文化最彻底的军队，因而能够战胜所有的敌人，取得革命战争的胜利。而当这种共产主义的军事文化遭到"文革""四人帮"破坏时，本位主义、嫡系意识就会有所抬头甚至沉渣泛起，进而造成军队在"文革"期间的派系分裂，严重影响了战斗力。

上述初步归纳的六种负面的、根植于传统中国军事文化糟粕的现象，在今天社会价值体系重建尚未完成的背景下，有死灰复燃的可能，它们是建设联合文化时必须克服的深层障碍。在战争技术已经发展到太空领域的时代里，这六种弊端简直就是一堆霉烂的细菌，侵蚀着由现代化武器装备、现代先进作战理论、先进的军兵种编成和先进后勤保障组织起来的现代化军队。联合文化的建设就是要从文化的根源上彻底铲除妨碍诸军兵种联合作战原则的天敌。

〔责任编辑：李秋发〕

Influence of Traditional Military Culture on the Formation of Chinese Military Joint Culture

Ni Lexiong

Abstract：Some negative phenomena rooted in traditional Chinese military culture may revive when the reconstruction of social values system is unfinished. These phenomena are the deep－seated barriers to the construction of the united culture in an era of war technology being applied in outer space. They are eroding the modernized army which is organized by advanced weaponry, operational theories, formation of the services and arms and logistical support. To construct united culture is to thoroughly wipe out the natural enemy disturbing various services and arms' principle of joint operations from the root of culture.

Keywords：traditional military culture； Chinese Army； united culture

〔英文校译：梅　娟〕

●专论●

困境与探索：中国工农红军的
人才选拔与培养

张　沛

【摘　　要】中国工农红军在创立初期，由于环境恶劣、斗争残酷，各类人才十分缺乏，人才培养条件极其简陋，人才成分也较为复杂，人才的选拔培养已成为影响红军生存发展的重要问题。为此，红军开展了卓有成效的人才选拔培养工作，通过公开招聘、争取俘虏等方式引进人才，通过相对优厚的福利待遇保留人才，利用各种培训机构培养人才，造就了大量军政指挥及专业技术人员，为红军的发展壮大提供了有力保障，为人民军队的人才选拔培养工作积累了宝贵经验。

【关 键 词】红军　人才　选拔　培养

【作者简介】张沛（1980～），男，四川通江人。西安政治学院军队人事管理学系军队干部工作教研室讲师。主要研究方向：军队干部工作史。

1927 年之后，中国共产党吸取大革命失败的教训，走上了武装斗争的道路。通过一系列武装暴动，组建和掌握了第一支武装力量——中国工农红军。为了在残酷的对敌斗争中能够生存并发展壮大，红军十分注意各类人才的选拔与培养，并开展了卓有成效的有益探索，为日后人民军队的人才选拔与培养工作积累了宝贵经验。

一　中国工农红军创建初期人才
选拔培养所面临的主要困境

（一）人才队伍基础薄弱，各类人才数量较为短缺

大革命失败后，中国共产党许多具有较高理论水平和丰富革命工作经验的人遭到逮

捕或杀害,致使在组建初期,红军人才队伍的基础十分薄弱,懂军事、能指挥、会打仗的军政人才极为短缺。 当时的中央军事部就曾提到"军事干部人才的缺乏与薄弱……以致军运工作常不能走向正轨,这是目前一个很大的危机"①。 同时,由于斗争环境较为恶劣,在作战过程中又不断有人员损失,这种人才短缺的情况在红军中普遍存在,成为影响红军开展军事斗争的一个重要因素。 如红四军在1929年报告:"因战事太多,老的干部损失太大,战斗力不及从前……军官及政治工作人员之缺乏,达于极点。"②红五军也提到"五军目前的困难,即是物质与人才成为了五军涉水燃煤的吃紧问题……现在的五军不独不能扩大其组织,并且有难维持现状的模样……所以欲想挽救五军目前的危机,惟有请求省委与中央速派大批军事政治工作人员前来不可"③。 由此可见,军事政治人才的缺乏不仅在相当范围内存在,而且已发展到关系红军生死存亡的程度。

由于革命根据地大都建在偏僻的农村,经济、文化十分落后,除去指挥人才外,各类专业技术人才也十分匮乏,这当中尤以医疗卫生、通信、机炮、工兵等专业人才最为缺乏。 这些专业人才的缺乏也出现了一个与红军发展相吻合的过程。 最初,出于作战需要,红军从组建伊始就提出了对医务人员的需求,随着革命的发展,红军装备逐渐改善,部分部队拥有了缴获的无线电台,于是开始出现对通信人才的需求。 进入大规模反"围剿"阶段后,随着作战形式的改变、作战规模的扩大和参战部队的增多,红军开始建立相应的专业技术部(分)队,从而使红军对炮兵、工兵专业的人才需求开始增多。 在笔者统计的《建国前干部工作文献史料选编》所收录1936年前红军关于选拔培养知识分子和专业技术干部的12份政策文件中,与医疗人才有关的就有4份,与无线电人才有关的有2份,与炮兵人才相关的有1份,由此可见,这几类人才的紧缺已成为红军亟须解决的问题。 并且由于其专业要求较高,补充渠道有限,这些人才的短缺现象在红军中长期存在。 在1934年一年之内,仅中央军委就发布了2份专门针对无线电专业人才培养的命(通)令,从这些命(通)令可以看出,红军各军团此类人才的培养数额均只有4~6名,江西、福建、闽赣等军区的培养数额仅有2名,远远低于其他专业干部的培养数额。

---

① 《中央军事部:关于干部训练的计划》(1929.10),转引自刘岩《建国前干部工作文献史料选编》,军事科学院军制研究部,2000,第693页。

② 《红四军前委报告:请求中央派军事政治干部来四军工作》(1929.3),转引自刘岩《建国前干部工作文献史料选编》,军事科学院军制研究部,2000,第402页。

③ 《红五军报告:请求省委与中央速派大批军事政治工作人员挽救危机》(1929),转引自刘岩《建国前干部工作文献史料选编》,军事科学院军制研究部,2000,第402、403页。

（二）人才培养条件简陋，培养方式较为落后

红军初创时期，敌我力量悬殊，条件较为艰苦，加之不断机动、作战，部队的战斗、工作节奏非常紧张，人才培养条件十分简陋。正如毛泽东在《井冈山的斗争》中所说："普通的兵要训练半年一年才能打仗，我们的兵，昨天入伍今天就要打仗，简直无所谓训练。军事技术太差，作战只靠勇敢。"在这样的特殊条件下，红军难有精力和条件开展正规化、规模化的人才培养。因此，在人才的培养方式上只能因地制宜、因陋就简，采取了一些较为应急的方式。在师资力量的配备方面，由于"许多领导干部甚至高级干部缺乏培养人才的能力，以至于不得不利用一批民团及俘虏，加之又缺乏经常的政治生活，造成部队较为散漫"①。在培养方式及时间的确定上，由于作战、工作时间的随机性非常大，因此不得不通过在部分地区建立流动训练班、在中央开办短期训练班、印发军运小册子等方式来进行，这些举措虽然在一定程度上缓解了人才培养与需求的矛盾，但由于规模太小、生源数量得不到保证、迫于斗争的需要不得不经常转移等因素，难以满足红军对各类人才的需求。

（三）人才成份较为复杂

红军初创时期，军队主要来自起义的旧军队、各地的工农赤卫队、一些同情或支持中国共产党斗争的地方武装等。这当中部分具备较好军事素养或其他专门能力的人在加入红军之时由于对革命斗争的长期性和艰苦性缺乏思想准备，从而给红军发展埋下了隐患。但在红军组建初期，出于军事斗争的现实需要，正值用人之时，部分部队对人才成份的复杂性没有足够的重视，同时由于缺乏开展政治工作的经验，对他们的思想动态未能及时掌握并采取有效对策，因而造成了日后的出走、逃跑，甚至叛变投敌的情况。中央军委也指出："现在在红军中因为人才的缺乏，而对于阶级组织路线忽视的倾向，还非常浓厚的普遍的存在着。"②这种情况的存在，直接导致了一些身处要害部门，具备一定才能人员的逃跑或叛变。如红五军团的作战科员、谍报科员，三军的作战科长等都在战事紧急的时候逃跑，给部队造成了较为严重的损失。

---

① 《红一方面军：关于培养训练干部问题的指示》（1936.7），转引自刘岩《建国前干部工作文献史料选编》，军事科学院军制研究部，2000，第701页。
② 《中央军委：关于清洗出阶级异己分子的训令》（1932.10），转引自刘岩《建国前干部工作文献史料选编》，军事科学院军制研究部，2000，第1205页。

二　中国工农红军对人才选拔培养
所开展的有益探索

针对红军时期人才选拔培养工作的种种困难,中共中央、红军各方面军及各根据地等都主动作为,从实际出发、从革命斗争需要出发,在战争中摸索,在斗争中总结,采取了一系列行之有效的人才选拔培养措施,为红军的发展壮大以及日后中国革命的不断胜利提供了重要的人才保障。

(一)通过多种方式选拔人才

面向社会公开引进人才。　为满足革命斗争的需要,各根据地和红军各部都面向社会公开招聘人才。　中华苏维埃临时中央政府成立之初就曾公布了招聘人才的启事:"中华苏维埃中央政府现以苏区缺乏技术人员,特以现金聘请,凡白色区域的医师、无线电人才、军事技术人员同情于苏维埃革命而愿意来者,请向各地共产党组织及革命群众团体接洽,并填写履历,转询于中华苏维埃共和国中央政府内务人民委员会,即可答复并谈判条件,于订立合同后,护送入苏区。"①除此之外,各根据地也结合自身的实际面向社会广纳贤才。　如川陕省苏维埃政府的机关报《苏维埃》登载的《西北革命军事委员会总参谋部招聘各种军事人才的启事》,其中就提到"欲召集全赤区各军事技术人才……专门研究、共谋应付革命发展之需要"②。　通过这些公开招聘的方式,引进了一批立志革命斗争且具备专门技能的人才,使红军的人才短缺问题得到了一定程度的缓解。

从旧军人和俘虏中遴选人才。　为弥补自身培养人才的不足,红军十分重视从旧军队和俘虏中争取各类专业人才。　1930 年 4 月,中央军委即决定公开招用旧军队下级军官。　1931 年 8 月,中共中央又发出指示,要求各地红军对俘虏的士兵即便是敌军中的下级干部,亦应利用。　在反"围剿"作战中,红军从国民党军手中缴获了相当数量的机枪、火炮和通信器材。　据不完全统计,从 1930 年 12 月到 1932 年 12 月,缴获的重机枪达 500 余挺,迫击炮 200 余门,山炮 20 多门,电台 20 多部,并俘虏了一批专业技术人员。③ 为尽可能让这些人员为我所用,红军各级指战员开展了卓有成效的争取工作。

---

① 房列曙:《中国历史上的人才选拔制度》,人民出版社,2005,第 734 页。
② 《四川档案史料》1983 年第 1 期,第 43 页。
③ 《中国人民解放军军史》第 1 卷,军事科学出版社,2010,第 239 页。

在龙冈战斗中，毛泽东、朱德甚至亲自做被俘的国民党军第十八师电台工作人员王诤等人的思想工作，说服他们参加红军。经过积极争取，他们中的不少人成为红军组建专业部（分）队的骨干力量，部分人后来还成了我军的高级将领。

（二）管理与优抚相结合，尽力保留人才

加强对人才的计划管理。随着红军的发展壮大，红军陆续创建了部分培训机构为红军培养各类专门人才，虽然是在战争年代，但这些机构的招生数额、考核筛选、分配使用等均严格按照计划实行，这与红军初创时期相比有了较大的进步。在1934年6月29日中央军委发布的《关于各部选送学生应严格审查的命令》中就指出了红军各部未按计划送达彭杨学校的学生，其中江西军区6人，福建军区3人，赣南军区2人，二十二师16人，军委直属队2人，并指示各部要按照规定数目迅速送达学校。在当时的战争年代中，这样的统计之精确，要求之严格，可见红军在人才培养方面的显著进步。除此之外，红军还严格掌握一些专门人才的使用，尽力使其专业与岗位相符，以防止人才浪费。如1933年，红一方面军就专门下达训令，指出："三、五军团均有把卫生员调去任指导员或改变其职务，甚至四师负责同志竟决定医助做医生，事前不征求卫生机关同意，事后连通知都没有一个……这显然是不尊重编制所令之自由主义表现。因此，除责成三、五军团首长详查并设法将已调之卫生员补足外，特此训令各级首长，以后再不许有这种事情发生。"①

提供较好的福利待遇吸引保留人才。首先是从政策上给予红军优良的待遇，既使红军无后顾之忧，又能吸引各类人才踊跃参军。为扭转过去各地苏区政府对于执行优待红军及其家属不够得力的现象，第一届苏维埃大会颁布了《中国工农红军优待条例》，主要有："（1）凡红军战士家在苏维埃区域内的，其本人及家属均可以一般的分得土地、房屋、山林、水池等。（2）在白色区域以及新从白军中过来的，则在苏区内分得公田，由当地政府派人代耕。（3）红军中退伍士兵不能服务准给长假的，准由红军公田分配土地给他耕种，如有在苏区住家的，其家属仍分得土地。（4）红军战士在服务期间，本人及家属免纳一切捐税及房租；红军与家属通信，由直属机关盖章，不贴邮票；子弟读书，免纳一切用费；他的老婆离婚，须得他本人的同意。（5）红军在服务期间，伤病休养

---

① 《红一方面军：关于不得把卫生人员调任改职的训令》（1933.12），转引自刘岩《建国前干部工作文献史料选编》，军事科学院军制研究部，2000，第585页。

时，由国家供给一切费用。 (6) 在红军中服务 5 年以上，年龄满 45 岁的退职休养，国家供给他的终身生活费，每年至少 50 块大洋；红军死亡或残废了的，他的子女弟妹由国家设革命教育学校教育，并供给生活费，直至 18 岁由国家介绍他们职业为止，父母妻子由国家给以津贴。"[1]1932 年 2 月 1 日，中华苏维埃共和国还颁布了执行优待红军条例的 19 项实施办法。 这些措施和规定使红军官兵及其家属得到苏维埃共和国的各种优待，对于动员和鼓励群众踊跃加入红军起了促进作用，客观上也有助于吸引人才。

与此同时，为了能使红军中的各类专门人才最大限度地得到保留并充分发挥出工作积极性，红军出台了一系列针对专业技术人才的待遇保障措施。 早在 1932 年，中央军委就专门颁布了《关于红军技术人员津贴费的规定》。 在此规定中，明确了津贴费的性质是"津贴特别技术人员之费也"，"医官及枪工的津贴，每月不超过大洋十元"。而这一时期红军的重伤员只能领得六元大洋的负伤费，伤残军人每年抚恤费也只有大洋五十元。 由此可见，在当时经济条件极端困难的情况下，红军仍然在津贴待遇方面给予了专门人才以特殊的优待。 除此之外，各根据地或方面军也根据自身情况出台了一系列优待政策。 但随着形势的变化，尤其是第五次反围剿失败后红军所面临的困难极其艰巨，全军开始减少津贴和零用费的发放。 在这种情况下，部分部队和根据地在对各类技术人才的福利待遇保障方面也开始出现不严格落实标准的现象，从而造成这些人员"屡发生逃亡落伍的事，医务技术人员发生的特别多"[2]。 为此，中央军委专门指示："在目前因为经济的困难，暂时减少津贴、发零用费的意义要重新来一次解释工作，使他们在自愿的原则之下，来拥护军委这一决定。 假如他们在改正发零用费后，感觉着无钱用的话，对于技术特别好的人员，可给予用苏维埃纸票兑换现洋的便利，同时打土豪来的食物用具应多多的分配给他们，使他们不感觉缺乏……已规定了马匹、特务员、练习生与行李担子的技术人员，应不使他们感觉缺乏……对于有病的更要很好的照顾，不要使他们掉队。"[3]红军中各级首长尤其是政治工作人员在政治上的不断争取，同时结合上述的各项福利待遇方面的保障，有效地缓解了专门人才离队落伍的现象，这些人才的保留为红军的发展尤其是取得长征的伟大胜利发挥了重要作用。

---

① 《毛泽东军事文集》第 1 卷，军事科学出版社、中央文献出版社，1993，第 259 ~ 261 页。
② 《中央军委关于优待技术人员问题的指示》（1935.2），转引自刘岩《建国前干部工作文献史料选编》，军事科学院军制研究部，2000，第 588 页。
③ 《中央军委关于优待技术人员问题的指示》（1935.2），转引自刘岩《建国前干部工作文献史料选编》，军事科学院军制研究部，2000，第 589 页。

（三）通过各类培训机构培养人才

红军中各类培训机构的建立经历了一个逐步发展的过程。 建军之初，中共中央即通过各种途径培养红军所需的一些专业人才。 除了在上海秘密开办无线电训练班外，还选派了一批优秀党团员前往苏联留学，并派人报考国民党军的无线电学校。 1928 年5 月，中共中央提出创办红军干部学校的要求，中央军事部于 10 月要求各地红军开办流动训练班。 根据这些指示精神，从 1927 年秋到 1930 年春，各地红军根据各自的条件和发展的需要，相继创办了军政干部训练班、教导队、随营学校和红军学校。 如毛泽东在 1927 年创办了工农革命军第 1 军第 1 师第 1 团教导队，初期招收 100 余人；朱德、陈毅于 1928 年创办了红四军教导大队，后发展为闽西红军学校，从 1931 年至 1933 年，该校累计招收了六期学员，共培养军政指挥人才 6000 余人。 各地红军初创时成立的这些培训机构为随后相对正规的红军学校的建立和发展奠定了基础。

红军进入大规模反"围剿"作战后，部队发展很快，作战频繁激烈，急需大量军政干部。 同时，各部队对通信、机炮、工兵、卫生等专业人员的需求也急剧增大。为此，各地红军学校在原有基础上不断发展壮大，并创办了一些新的学校，如中国工农红军军官学校（下辖若干分校）、彭杨军事政治学校、红军中央军事政治学校等。这些学校的培养对象，主要是部队的基层干部和优秀士兵，学制一般为 3 ~ 6 个月，分步兵科、炮兵科、工兵科、机关枪科和政治科等。 其中炮兵科和工兵科专业性较强，学制稍长于其他各科。 同时根据部队需要，红军学校实行灵活的学制，"将重要的科目提前实施，使教育期时间能伸能缩"①，以便当部队有特殊需要时，能及时输送人才。

1933 年，在中国工农红军中央军事政治学校一部的基础上，红军组建了红军大学，该校的成立使红军拥有了专门培养中高级军政指挥人才的学校。 在对学员的培养中，为使其能够更加紧密地联系实际，学校常常派学员到前线参加战斗指挥，甚至让其代替伤亡的部队指挥员指挥作战，这种使学员在实战中接受锻炼与培养的方式成为该校人才培养的一大特色。 第五次反围剿失败后，该校也随同红军部队一起长征，在胜利到达陕北后更名为"中国抗日红军大学"，成为日后闻名遐迩的"抗日军政大学"的前身。

在红军时期，红军通过各类培训机构共培养各级各类军队指挥人才 1 万余人，专业

---

① 《中国人民解放军军史》第 1 卷，军事科学出版社，2010，第 232 页。

技术人才数千人,他们为红军的壮大、革命的发展做出了巨大贡献,其中的许多人日后都成为红军的高级将领,为中国革命建立了卓越功勋。

三　经验教训

红军的人才选拔培养工作始于人民军队创建初期,没有现成的经验可循,经历了一个不断探索发展、成熟完善的过程。 在开展这一工作的过程中,也有一些经验教训值得总结。

(一)无论在何种条件下,都要始终高度重视人才队伍建设,并以正确的人才理论为指导

在红军组建及发展的过程中,条件十分艰苦,逆境始终相随,但毛泽东等老一辈无产阶级革命家始终清醒地认识到无论外部条件如何恶劣,人才的选拔培养工作不能停止,只能加强,人才工作的成效越显著,越有助于红军早日摆脱困境,发展壮大。 在秋收起义部队进入井冈山后的第二年,中共湘赣边界第二次代表大会决议就明确地提出了革命根据地的人才发展战略,明确提出了人才概念并详细论述了人才素质的重要性。毛泽东在《井冈山的斗争》一文中还阐述了人才的重要性和人才的培养问题。 正是在这一过程中,毛泽东人才思想得以萌芽、形成并具备了基本的理论形态。 这些成果、经验对红军乃至后来的八路军、新四军及人民解放军的人才队伍建设都起了不同程度的推动作用。 党领导人民军队在新的形势下,正是由于很好地继承、运用与发展了工农红军在人才选拔与培养方面的成功经验,才赢得了历次国内战争和民族战争的重大胜利。 其中有不少原则,在今天仍对中国军队人才队伍的建设有着不可忽视的借鉴作用。

(二)对人才的选拔必须全面考察,防止思想不纯、意志不坚的人员进入革命队伍

由于斗争形势严峻,人才缺口较大,红军中部分部队在选拔人才的过程中过于看重其专业能力而忽视其他方面的考察,导致了日后的损失。 在从旧军人和俘虏中遴选人才的过程中,由于甄别审查不严,出现个别拖枪投敌或领导投敌的严重现象。 从社会

公开招募的一些技术人员,后也因畏难怕苦、意志动摇脱离部队,部分人员甚至携带器材逃跑。 事后调查发现,这些人员在进入红军队伍时,最初并没有经过严格的鉴定,也不完全是因为他们作战英勇、诚实可靠而被提拔的。 有些完全是因为当时人才缺额较多,为填补空缺临时补充的,这就很容易发生面对强敌临时反水倒戈的问题。 为防止这种现象的发生,中央军委在 1934 年发布了《关于提拔红军中俘虏分子的规定》密令,要求:"以后凡提拔俘虏分子为干部,必须是在长期战斗中表现对于革命忠实勇敢和坚决的分子,并须经上级首长的考察和批准。"①并提出了三条具体的实施办法:一是凡提拔俘虏,其直接领导必须将其在战斗中的表现报告军团或军区首长并经鉴定和批准;二是送红军学校学习的人员必须经过严格考察,要求必须是在战斗中表现忠诚勇敢积极坚决的人员,同时也要经过组织鉴定和介绍;三是各红军学校对前来学习的俘虏分子也要严格审查,如有不实即汇送军委处置,不得留校。 这些办法经过不断完善充实,逐渐形成了一套考核选拔人才的机制,对各类人才的甄别、鉴定、使用等逐渐规范,为红军补充了大量思想坚定、业务精湛、能力突出的人才。

(三)对人才的使用培养必须注重其现实表现,摒弃"唯成份论"

在红军初创时期,我党思想上理论上都不够成熟,由于阶级和认识的局限性,党内发生了过分强调家庭出身和阶级成份、排斥知识分子的错误。 在这个大背景下,红军中也出现了"唯成份论",给人才的培养使用带来了冲击。 1933 年 2 月,红军总政治部发布训令,要求全军登记工人党员,提出指挥人员应当是工人出身的干部。 有些部队在"左"倾错误影响下,把反机会主义变成反知识分子,把反对小资产阶级思想变成反对小资产阶级出身的人。 凡此种种有的部队甚至形成这样一种风气:只要是读过几年书的,就认为成份不好;成份不好的人就不能重用。 错误地处理了一批有文化有技能有专长的官兵,相当一批人才在部队受到不公平待遇和不应有的打击。 在当时的条件下,人才数量本来就不多,革命战争和根据地建设都迫切需要大量人才,但这些错误政策使红军的人才队伍建设受到了影响,削弱了红军的战斗力,教训是沉痛的。 可喜的是,党和红军最终还是从这条错误的路线中走了出来。 土地革命战争时期,随着党的政治路线的发展变化,红军的干部路线及人才

---

① 《中央军委命令:关于提拔红军中俘虏分子的规定》(1934.5),转引自刘岩《建国前干部工作文献史料选编》,军事科学院军制研究部,2000,第 282 页。

的使用培养政策经过了一个曲折发展的过程之后，逐步形成了一条正确的路线和一套符合实际的方针政策。

〔责任编辑：李秋发〕

Dilemma and Exploration: Personnel Selection and Cultivation of the Chinese Workers' and Peasants' Red Army

Zhang Pei

Abstract: The Red Army had a shortage of talented people in its early days due to the harsh conditions and cruel battles. With the poor personnel training conditions and the complex class status of the members, the selection and cultivation of talents had become a crucial problem for the survival and development of the Red Army. Therefore, a series of fruitful work had been conducted for the selection and training of talents through the following measures: fetching talents through open recruitment and absorbing captives, retaining talents with relatively generous welfare, and training talents in various training institutions. Consequently, numerous commanding and technological talents were cultivated for the army, which ensured the development and growth of the Red Army, and accumulated valuable experience for the perfection of talent selection and training system of the PLA as well.

Keywords: the Red Army; talent; selection; training

〔英文校译：陈伟昉〕

● 专论 ●

积极建设任职教育优良学风
培养大批高素质新型军事人才

郁永斌

【摘　要】牢牢把握党在新形势下的强军目标，积极建设新时期军队院校任职教育优良学风，加紧培养大批"听党指挥、能打胜仗、作风优良"的高素质新型军事人才，加快推进国防和军队现代化，是中国人民解放军培养优秀军队任职干部和士官的人才战略工程的关键，也是实现质量建军、科技强军的国防建设重任的关键。

【关 键 词】强军目标　军队院校　任职教育　优良学风　新型军事人才

【作者简介】郁永斌（1968～　），男，江苏启东人。南京政治学院上海校区部队政治工作系军事政治与国家安全教研室讲师。主要研究方向：西方政治思想史。

中央军委主席习近平指出，建设一支听党指挥、能打胜仗、作风优良的人民军队，是党在新形势下的强军目标。要实现党在新形势下的强军目标，必须培养大批高素质新型军事人才，军队院校作为培养高素质新型军事人才的主渠道，如何保证大批新型军事人才的培养质量，成为军队院校教育的当务之急。军队院校学风建设与军队作风建设一样，其重要性已经彰显。积极建设军队院校任职教育优良学风是提高军队院校任职教育质量的根本保证，是实现党在新形势下的强军目标的基础。

一　建设新时期军队院校任职教育优良学风，
关系党在新形势下强军目标的顺利实现

学风建设在新形势下尤其重要，关系着党、国家、军队和人民事业的兴衰。党员、干部、军人和群众的学风正了,中国特色的社会主义事业才能兴旺发达,中华民族的伟大复兴才有希望,中国梦、强军梦才能实现。 那么,什么是学风呢? 学风是"学校的、学术界的或一般学习方面的风气"①。

中央政治局常委刘云山指出:"学风与作风、文风紧密相连,也是党风的体现。 在哲学上,学风是认识论问题。 对一个政党来说,学风是思想路线问题,反映着党的理论自觉程度,反映着党的思想方法和工作方法,也反映着党的精神面貌。 重视学风建设,是我们党的优良传统。""当前党内的学习风气和学习情况总的是好的","同时也要清醒地看到,一些党员干部学风不正的现象依然存在"。 "第一,最大的学风不正就是不重视学习、不注意学习。""第二,学风不正最普遍的现象是'空对空'、'两张皮',也就是学习和应用不统一、理论与实际相脱离。""第三,实用主义、功利主义严重。"②学风不正现象在军队及军队院校任职教育中也不同程度地存在,军人只有端正学风,我党在新形势下的强军目标才能实现,军队事业的人才建设质量和军队院校的任职教育质量才能不断提高。 "端正学风,就应当很好地坚持学以致用,切实解决学与做相脱节、知与行相脱离的问题,真正在求实、务实、落实上下功夫。"③

军队及军队院校的学风正了,才能锻造高素质军人,才能为中国军队源源不断地培养和输送高素质新型军事人才。 军队院校任职教育是新形势下军队院校体系的重要组成部分,其学风建设更加重要。

2011年7月,中国人民解放军召开了第十六次全军院校会议,将军队院校分为学历教育院校和任职教育院校两大体系,共63所。 其中,学历教育院校16所;任职教育院校47所,包括联合指挥院校、军种(系统)指挥院校、兵种(专业)指挥院校和士官院校。 军队学历教育院校为中国人民解放军培养生长型干部;军队任职教育院校为中国人民解放军培养各级各类优秀军队任职干部(也可称军官)和士官,培养现代战争需要的高素质新型军事人才,成为新时期中国人民解放军院校教育的主体。 "这次院校调整改革,我军着眼新型作战力量建设,调整和改建了一些新型院校,使院校结构体系更加科学合理、新型军事人才有了系统培养的渠道。"④新时期军队院校任职教育体系更加完善。

---

① 《现代汉语词典》第3版,商务印书馆,2002,第1429页。
② 刘云山:《谈谈端正学风》,《新华文摘》2013年11期,第1页。
③ 刘云山:《谈谈端正学风》,《新华文摘》2013年11期,第2页。
④ 吕云峰:《第十六次全军院校会议主要观点解读》,《中国军事教育》2012年第3期,第1页。

　　所谓"军队院校任职教育"，就是以部队岗位需求为基本指向，以提高岗位任职能力为教育目标，是军官（士官）任职和晋升应当接受的培训形式。

　　军队院校"任职教育是在学历教育基础上为适应岗位逐级晋升而进行的进修、培训"①。"任职教育要围绕岗位任职需要，培养实际工作能力。"②"任职教育以高等教育为基础和起点，在继续发展学员智力的同时，突出其自学能力、思维能力、表达能力、研究能力、实践能力和创新能力的培养，发展其科学态度、科学思维和科学方法，努力提高学员善于发现并解决岗位实际问题的综合能力。"③军队院校任职教育注重实用性、针对性和实效性，注重应用性与学术性相结合，注重提高学员的创新思维能力，积极培养军队任职干部和士官的创造性，积极推动军队训练模式和作战模式转变，建设创新型军队，使中国人民解放军成为构建和谐社会、建设和谐世界的守护神，成为世界军队的领头雁。

　　高质量的军队院校任职教育为中国人民解放军建设巩固国防和强大军队提供人才保证，为中国奉行防御性国防政策、实现现代化建设提供科学技术支撑。军队及其院校学风端正了，中国人民解放军的现代化战略任务才能圆满实现，中国坚不可摧的国际威望才能牢固树立，才能为中国内政外交提供强大的军事力量支持，为国家和社会稳定奠定基础。

　　党的十八大报告指出："建设与我国国际地位相称、与国家安全和发展利益相适应的巩固国防和强大军队，是我国现代化建设的战略任务。"要建成巩固国防和强大军队，必须"坚持以推动国防和军队建设科学发展为主题，以加快转变战斗力生成模式为主线，全面加强军队革命化现代化正规化建设"。要实现这一目标，必须"培养大批高素质新型军事人才"。"中国奉行防御性的国防政策，加强国防建设的目的是维护国家主权、安全、领土完整，保障国家和平发展。中国军队始终是维护世界和平的坚定力量"，"在国际政治和安全领域发挥积极作用"。"中国将继续高举和平、发展、合作、共赢的旗帜，坚定不移致力于维护世界和平、促进共同发展"，"推动建设持久和平、共同繁荣的和谐世界"④。

①　董会瑜：《现代军校教育学教程》，军事科学出版社，2000，第121页。
②　董会瑜：《现代军校教育学教程》，军事科学出版社，2000，第87页。
③　董会瑜：《现代军校教育学教程》，军事科学出版社，2000，第175页。
④　胡锦涛：《坚定不移沿着中国特色社会主义道路前进　为全面建成小康社会而奋斗——在中国共产党第十八次全国代表大会上的报告》，《人民日报》2012年11月18日，第4版。

二　新时期中国人民解放军院校任职教育，担负着培养大批"听党指挥、能打胜仗、作风优良"的高素质新型军事人才的重任

新时期中国人民解放军院校任职教育是适应国防和军队现代化需求的军官和士官岗位职业培训，目的是满足中国人民解放军实现新军事变革中机械化和信息化双重历史任务的需求，担负着为中国人民解放军培养大批"听党指挥、能打胜仗、作风优良"的高素质新型军事人才的重任。

新时期军队任职教育院校是军队各级各类军官和士官进行任职教育培训的摇篮。军官和士官为了晋升职务、职称、职级，需要到相应的军队任职教育院校参加培训，获取相应的军队岗位任职能力和素质，以胜任未来新的岗位任职需求。　提高军队院校任职教育质量，推动国防和军队科学发展，实现党在新形势下的强军目标，"要以指挥军官队伍、参谋队伍、科学家队伍、技术专家队伍、士官队伍这'五支队伍'建设为重点，加大实施人才战略工程的力度，加大在职学习，加强院校培训，加强实践锻炼，努力造就大批适应军队信息化建设、胜任信息化条件下作战任务的高素质新型军事人才"①。　重点加强联合作战指挥人才、信息化建设管理人才、信息专业技术人才、新装备操作和维护人才培养，突出发展任职教育。

从任职军官的种类来看，中国人民解放军军官任职教育院校主要培训指挥军官、参谋军官和专业技术军官三大类军队任职干部；从任职军官的级别来看，中国人民解放军军官任职教育院校主要培训初、中、高三级优秀军队任职干部。　"指挥军官按六级培训的要求分级设置专业，专业技术干部按三级培训的要求分级设置专业，参谋（干事、助理员）按师以下机关、军及大区级机关、大区级以上机关三级培训的要求分级设置专业，全面规范我军各级各类人才逐级培训的专业设置。"②"完善生长干部初级指挥、兵种（专业）指挥、合同作战指挥、联合作战指挥为重点的指挥军官逐级培训制度。""完善新型高素质军事人才培训体系。　生长干部培养实现指挥技术融合，中高级指挥军官实现军政后装同班培训，士官培养实现技能管理兼顾。"③

---

① 《国防和军队建设贯彻落实科学发展观重要论述选编》，解放军出版社，2008，第 26 ~ 27 页。
② 董会瑜：《现代军校教育学教程》，军事科学出版社，2000，第 169 页。
③ 吕云峰：《第十六次全军院校会议主要观点解读》，《中国军事教育》2012 年第 3 期，第 2 页。

中国人民解放军士官任职教育院校培训各级各类优秀士官，"建立资格培训、升级培训、专题轮训相结合，院校与训练机构相结合的士官培训体制。完善士官中高级职业技术教育制度，全面推行士官职业技能认证。强化指挥士官培训，加强队属训练机构建设，发挥'随营学校'作用。充分利用地方优质教育资源，探索军地院校联合培养士官路子"①。

要圆满完成新时期军队院校任职教育任务，必须以优良的教风和学风作支撑。只有军队院校任职教育的风气端正，教学质量才会提高。因此，积极探索新时期军队院校任职教育的优良学风建设规律尤其重要。军队干部学员和士官学员作为军队院校任职教育的主体，他们是否具有端正的学习风气和优良的学习态度，决定我军任职教育的成败。军队院校任职教育的教学内容是否科学合理，决定中国人民解放军任职教育的质量高低；军队院校任职教育的课程体系是否紧跟世界发达国家军事科技的发展前沿，决定中国人民解放军新时期质量建军、科技强军的历史进程和发展方向。新时期军队院校任职教育对军队院校教员的科研能力、教学水平和任职经验提出了更高更严的标准，否则，就无法实现新时期军队院校任职教育目标。

三　建设新时期中国人民解放军院校任职教育的优良学风，必须充分发挥中国人民解放军院校办校方针的指导作用

2000 年中央军委提出了新的军队院校办校方针，《中国人民解放军院校教育条例》第 5 条中规定："院校教育必须坚持以马克思列宁主义、毛泽东思想、邓小平理论和江泽民一系列论述为指导，以新时期军事战略方针为依据，面向现代化，面向世界，面向未来，适应军队建设和'打得赢'、'不变质'的需要，使受教育者成为德、智、军、体等方面全面发展的高素质人才"②。

"一九九三年初我们制定了新时期军事战略方针，把打赢一场现代技术特别是高技术条件下的局部战争确立为未来军事斗争准备的基点。"③

新时期军队院校的办校方针和军事战略方针为中国人民解放军院校任职教育制定了

---

① 吕云峰：《第十六次全军院校会议主要观点解读》，《中国军事教育》2012 年第 3 期，第 2 页。
② 董会瑜：《现代军校教育学教程》，军事科学出版社，2000，第 175 页。
③ 《江泽民文选》第 3 卷，人民出版社，2006，第 577 页。

战略目标,明确了战略任务,提出了严格要求,指导着中国人民解放军国防建设的人才培养。

2013年两会期间,中央军委主席习近平在解放军代表团全体会议上强调:"建设一支听党指挥、能打胜仗、作风优良的人民军队,是党在新形势下的强军目标。 听党指挥是灵魂,决定军队建设的政治方向;能打胜仗是核心,反映军队的根本职能和军队建设的根本指向;作风优良是保证,关系军队的性质、宗旨、本色。 全军要准确把握这一强军目标,用以统领军队建设、改革和军事斗争准备,努力把国防和军队建设提高到一个新水平。 要铸牢听党指挥这个强军之魂,坚持党对军队绝对领导的根本原则和人民军队的根本宗旨不动摇,确保部队绝对忠诚、绝对纯洁、绝对可靠,一切行动听从党中央和中央军委指挥。 要扭住能打仗、打胜仗这个强军之要,强化官兵当兵打仗、带兵打仗、练兵打仗思想,牢固树立战斗力这个唯一的根本的标准,按照打仗的要求搞建设、抓准备,确保部队召之即来、来之能战、战之必胜。 作风优良是我军的鲜明特色和政治优势。 要把改进作风工作引向深入,贯彻到军队建设和管理每个环节,真正在求实、务实、落实上下功夫,夯实依法治军、从严治军这个强军之基,保持人民军队长期形成的良好形象"①,强调确保中国人民解放军能够在各种复杂形势下有效应对危机、维护和平,遏制战争、打赢战争。

胡锦涛强调:"要继续实施科技强军战略,按照建设信息化军队、打赢信息化战争的要求,坚持以机械化为基础、以信息化为主导,走机械化信息化复合发展的道路。"②"信息化条件下的战争是陆、海、空、天、电(磁)五维一体的作战体系的对抗。"③"未来作战将是信息化程度很高的诸军兵种一体化联合作战。""要适应信息化战争需要,加紧构建一体化联合作战体系。"④要做到仗怎么打,兵就怎么练,军队任职教育就怎么进行。 "要加紧培养高素质新型军事人才,为军队的信息化建设和作战提供强有力的人才和智力支持。"⑤特别是要加紧培养联合作战指挥人才和专业技术人才。

江泽民指出:"培养高素质的军事人才,必须把院校教育摆在优先发展的战略地

---

① 《习近平在解放军代表团全体会议上强调牢牢把握党在新形势下的强军目标　努力建设一支听党指挥能打胜仗作风优良的人民军队》,《解放军报》2013年3月12日,第1版。

② 《国防和军队建设贯彻落实科学发展观重要论述选编》,解放军出版社,2008,第93页。

③ 《国防和军队建设贯彻落实科学发展观重要论述选编》,解放军出版社,2008,第7页。

④ 《国防和军队建设贯彻落实科学发展观重要论述选编》,解放军出版社,2008,第22、26页。

⑤ 《国防和军队建设贯彻落实科学发展观重要论述选编》,解放军出版社,2008,第41页。

位。　这是我军现代化建设的重要历史经验，也是现代军事发展的客观要求。　军队院校教育，对军队现代化建设，具有基础性、全局性和先导性的重要作用。""军队院校要更好地担负起培养高素质新型军事人才的历史使命。"①要完成这一神圣的历史使命，必须坚决贯彻落实新时期我军院校的办校方针，搞好顶层设计和规划，充分发挥我军院校办校方针的指导作用。

"要进一步抓好军队院校建设，发挥院校人才培养的'基地'作用。"②军队院校任职教育必须根据办校目的和任务，严格培训在校学员，为我军培养各级各类优秀的军队任职干部和士官。　"院校教育越来越成为影响军队综合实力和国际军事竞争能力的关键因素。　我军要赢得人才资源优势，跻身世界强师劲旅之林，必须建设一批高水平的军事院校。""院校建设是全军的事情，必须全军办院校，合力育人才。　着眼促进教育资源的合理配置，调整改革院校体制编制，建立起总体规模适当、结构合理、效益较高的具有我军特色的新型院校体系。"③新时期军队任职教育院校要实行集约化办学，充分利用部队资源，优化军事教育资源配置。　"任职教育集约化，就是任职教育实行归口分类培训，提高人才培养效益。"④

新时期军队任职教育院校要办好、办实、办严，向世界发达国家的军事院校看齐，走跨越式发展的军队办学模式，缩短与发达国家军事院校之间的水平差距和时间差距。"实现跨越式发展，就是要努力走出被动追赶式的发展模式，最终进入与发达国家同步发展的轨道。"⑤"要加强军队院校建设，深化军队院校改革。"⑥要结合中国人民解放军实际，参照发达国家的军队院校标准，形成有中国特色的军队院校任职教育培训格局和模式。

新时期军队任职教育院校要引入竞争机制和淘汰机制，形成优胜劣汰的风气，形成公正、公开、公平的用人制度，用好的作风选人，选作风好的人，把优秀人才和精英分子留在军队建功立业。　"把教育训练摆到战略位置，深入开展科技练兵，加强军队院校建设，培养大批高素质新型军事人才。"⑦

---

① 《江泽民国防和军队建设思想学习纲要》，解放军出版社，2003，第62~63页。
② 江泽民：《论有中国特色社会主义（专题摘编）》，中央文献出版社，2002，第463页。
③ 《江泽民国防和军队建设思想学习纲要》，解放军出版社，2003，第62~63页。
④ 吕云峰：《第十六次全军院校会议主要观点解读》，《中国军事教育》2012年第3期，第1页。
⑤ 《江泽民文选》第3卷，人民出版社，2006，第588页。
⑥ 《"三个代表"重要思想学习纲要》，学习出版社，2003，第77页。
⑦ 《军队保持共产党员先进性教育读本》，长征出版社，2005，第257页。

四　建设新时期中国人民解放军院校任职教育的优良学风，必须积极发挥军队院校教员的示范作用

新时期军队院校的办校方针为军队院校任职教育指明了方向，对军队院校任职教育的教风提出了新的要求，指导军队院校任职教育的优良学风建设。

江泽民指出，"办好院校最重要的是要有坚强的领导班子，有高质量、高水平的教员队伍，有优良的校风"①，"教员作为军校的主要教育者，对院校教育质量具有决定作用"②。

新时期军队院校任职教育要积极发挥教员的示范作用，以教风带学风，以学风促教风，用严谨教风培育优良学风。"只有老师教得好，学生才能学得好。"③只有教风严谨，学风优良，校风才能端正。教风与学风相互影响，相互作用。教风严谨务实，学风就不会松松垮垮；反之，教风松松垮垮，学风将更浮而不实。当然，如果学风不正，同样也会影响教风，侵蚀教风。如果学风端正，教风也不敢懈怠。总之，在军队院校任职教育中，学员是主体，教员起主导作用。严谨的教风是建设优良学风的基础，优良学风又能敦促教风和学风进入良性循环的轨道。教风是学风建设的风向标。教员是学风建设的关键，是学员的引路人，起着排头兵的作用。教员要严于律己，精心备课，因材施教。教员要高屋建瓴，指点迷津，触类旁通。教员要身正为范，学高为师，谦虚谨慎。军队院校教员对军队院校任职教育的优良学风建设起着示范作用，其潜移默化的影响是巨大的。

建设军队院校任职教育的优良学风要从教员做起，"教书者必先强己，育人者必先律己"④。要不断提升军队任职教育院校教员的整体素质，这样才能逐渐形成严谨务实的教风，才能对学风起到良好的熏陶作用，严师才能出高徒，才能形成人才辈出的良好局面。

只有军队任职教育院校教员的政治素质、军事素质、科技素质和科研、教学水平提

---

① 董会瑜：《现代军校教育学教程》，军事科学出版社，2000，第 49 页。
② 董会瑜：《现代军校教育学教程》，军事科学出版社，2000，第 114 页。
③ 《邓小平文选》第 2 卷，人民出版社，1994，第 55 页。
④ 《江泽民文选》第 3 卷，人民出版社，2006，第 502 页。

高了，教学效果才能得到提升，才能打牢军队院校任职教育优良学风建设的基础。"其身正，不令而行；其身不正，虽令不从。"①军校任职教育院校教员只有不断更新知识结构、不断提升科研能力和教学水平，严格要求自己，才能培养出优秀的军队任职干部和士官。军队"任职教育院校应努力实现院校教员和部队干部的双向交流，建立专家型教员、教官型教员和外聘教员科学组合的教员队伍"②。"以培养指挥军官为主的院校，建设'双员型'（教员、指挥员）教员队伍；以培养专业技术军官和士官为主的院校，建设'双师型'（教员、工程师或技师）教员队伍。"③教员必须有良好的理论素养和丰富的实践经验，以满足军队院校任职教育的需求。

新时期军队院校任职教育对教员提出了更高的要求，对教风提出了更严的标准，教员要率先垂范，以优良的教风熏陶学风，为建设优良学风夯实基础。"要树立好的风气。讲风气，无非是党风、军风、民风、学风，最重要的是党风。好的党风也要体现在教育中，这才能培养出好的学风。"④

五　建设新时期中国人民解放军院校任职教育　优良学风，必须积极发挥军队干部　学员和士官学员的主体作用

建设新时期军队院校任职教育的优良学风，必须积极发挥军队任职干部学员和士官学员的主体作用，把他们培养成新时期军队院校任职教育优良学风建设的主力军。来自全军的各级各类军队任职干部学员和士官学员为满足岗位晋升需要，集中到相应的军队任职教育院校进行培训，主要是为了提高政治素质、军事素质和科技素质，更好地沟通各军兵种之间实践经验，满足新的任职岗位需求。

在军队院校任职教育中，要充分调动干部学员和士官学员的学习积极性和主动性，积极建设优良学风，切实提高学习效率。

胡锦涛强调："要坚持理论联系实际的马克思主义学风，做到学以致用、学用结合，不能学归学、做归做，甚至学的是一套、做的是另一套。""要特别强调依法治

---

① 《论语·子路》。
② 董会瑜：《现代军校教育学教程》，军事科学出版社，2000，第117页。
③ 吕云峰：《第十六次全军院校会议主要观点解读》，《中国军事教育》2012年第3期，第4页。
④ 《邓小平文选》第2卷，人民出版社，1994，第54页。

军、从严治军,克服工作上的主观随意性。"①要下功夫学理论,学科技,学管理。"学习掌握高科技知识是时代和战争发展的客观要求。""要把学习高科技知识与研究现代战争、解决军事斗争准备现实问题和履行岗位职责结合起来,增强学习效果。"②治军先治校,练兵先练官,要做到真学、真懂、真信、真用,形成爱学习、创先进、争优秀、解难题的优良学风。 把军队任职干部学员和士官学员培养成想干事、肯干事、敢干事、干成事的优秀学习群体,带动军队现代化建设。 这样,军队院校的任职教育就会成为军队干部学员和士官学员人人珍惜的学习、锻炼和提高的机会,军队任职教育院校就会成为军队干部学员和士官学员提高自己、锤炼自己的科学殿堂。 "领导干部要以身作则,减少应酬,挤出时间抓学习,以自己的示范作用带动全党全社会形成良好学习风气。""要引导广大党员树立重视学习、坚持学习、终身学习的观念,自觉做到学以立德、学以增智、学以创业。"③

　　中央军委主席习近平指出:"要弘扬理论联系实际的学风,善于运用马克思主义立场、观点、方法分析和解决面临的实际问题,借鉴历史经验和总结新鲜经验,不断增强工作的原则性、系统性、预见性、创造性。"④"马克思主义是关于自然、社会和思维发展规律的科学,是关于工人阶级和人民大众解放与发展的科学,是关于社会主义、共产主义的科学。 它为人类社会提供了最科学、最完整、最严谨的世界观和方法论。"⑤"历史经验告诉我们,要充分发挥党的理论优势,必须坚持理论联系实际、理论与实践相结合、学习理论与运用理论相结合。"⑥"学习是文明传承之途、人生成长之梯、政党巩固之基、国家兴盛之要。"⑦"学习的目的在于运用,学习的成效在于解决实际问题。"⑧

　　新时期军队院校任职教育是满足部队需要、服务部队实际、提高部队机械化和信息化战争能力的军队职业教育。 军队任职干部学员和士官学员的学习动机和学习任务明

①　《国防和军队建设贯彻落实科学发展观重要论述选编》,解放军出版社,2008,第85页。
②　《国防和军队建设贯彻落实科学发展观重要论述选编》,解放军出版社,2008,第59页。
③　胡锦涛:《努力开创新形势下党的建设新局面》,《新华文摘》2010年第5期,第3页。
④　习近平:《坚持实事求是的思想路线》,《新华文摘》2012年第16期,第3页。
⑤　习近平:《领导干部要树立正确的世界观权力观事业观》,《新华文摘》2010年22期,第1~2页。
⑥　习近平:《始终坚持和充分发挥党的独特优势》,《新华文摘》2012年19期,第1页。
⑦　习近平:《关于建设马克思主义学习型政党的几点学习体会和认识》,《新华文摘》2010年第3期,第1页。
⑧　习近平:《领导干部要认认真真学习　老老实实做人　干干净净干事》,《新华文摘》2008年第15期,第2页。

确了，学习动力才能激发出来，学习效果才能得到优化，优良学风才能发扬光大，才能形成学以促用，用以促学，学用相长的良好局面。"学习动机是激励学员从事学习的直接原因和内部动力，并有维持行为与指示方向的作用。培养激发学员的正确学习动机是提高学习效果的有效措施。"①

六　建设新时期中国人民解放军院校任职教育的优良学风，必须科学设置课程体系，积极打造核心课程，发挥课程体系和核心课程的规范作用

"课程是院校教育的主要依托和院校建设的核心，没有高质量的课程体系，培养高素质军事人才将成为一句空话。而核心课程建设计划，是确保任职教育培训质量的重要举措。""所谓核心课程，是指在课程体系中居于核心地位且具有生成力、对学员形成岗位任职能力起支撑作用和主导作用的课程，是课程体系中最重要、最基础的部分。""实施任职教育核心课程计划，逐级建立全军、军种、兵种（专业）三类军事核心课程。统一规范各级任职教育教学内容设置，按照'精、新、实'的要求，构建任职教育课程体系。建立院校与部队联合审定、动态更新教学内容机制，使教学内容及时体现部队建设、作战训练、装备发展的最新成果。"②

建设新时期军队院校任职教育的优良学风，必须科学设置课程体系，积极打造核心课程，发挥其规范作用，为军队培养优秀任职干部和士官，确保实现新时期军队院校任职教育的办学目的，突出各院校的办学特色，形成优势互补的办学格局。"要建立新型的院校体系，合理确定院校的规模和数量，提高生长军官培训层次，改革教学内容，加大高技术知识、新型武器装备知识、现代军事指挥知识的含量，培养既懂政治又懂军事、既懂指挥管理又懂专业技术的复合型人才。"③

根据各级各类军队任职干部和士官岗位培训要求，军队任职教育院校要坚持科学设置课程体系，积极打造核心课程，科学安排军队任职干部学员和士官学员来到相应的军队任职教育院校的学习任务。

---

①　董会瑜：《现代军校教育学教程》，军事科学出版社，2000，第229页。
②　吕云峰：《第十六次全军院校会议主要观点解读》，《中国军事教育》2012年第3期，第4页。
③　《江泽民文选》第2卷，人民出版社，2006，第89页。

新时期军队任职教育院校，根据各自的培训目的确定各自的培训任务、培训规模和培训时间，合理安排课程设置和教学计划。 促进"全军院校改革教学内容和方法，加大高技术知识的教学内容，努力培养高素质新型军事人才"①。 科学合理、难度适合的教学内容，严谨有序、劳逸结合的教学安排，为军队院校任职教育的优良学风建设提供必要的外部环境。 "搞好劳逸结合，不仅不会降低而且有助于提高教学质量。"②

新时期军队院校任职教育，要求"调整院校培训内容，增加科技知识和现代管理知识比重"③。 "要大力推进教育创新，调整培训任务、培训体制、培训方式，改革教学内容，不断提高教育质量。"④要加大实践教学的比重，保证各培训班次实践教学不低于总教学时间的 60%，想定作业和现地教学(含实装、模拟教学)不低于实践教学时间的 60%。 要"注重任职教育的针对性、贴近部队作战任务、贴近武器装备发展、贴近训练管理实际、贴近任职岗位需要，构建职业化的课程体系"⑤。

新时期军队院校任职教育的课程体系确定了军队干部学员和士官学员在军队任职教育院校培训期间必须完成的课程内容，也确定了军队任职干部学员和士官学员必须达到的岗位任职要求。 科学设置军队院校任职教育的课程体系是建设优良学风的必然要求，军队任职干部学员和士官学员在规定的培训时间内要达到预定的培训目的，就必须完成相应的课程体系学习，尤其要完成核心课程的学习，以满足军队岗位任职需要。

新时期军队院校任职教育的课程设置必须从实际出发，科学安排，符合强军梦的要求，符合中央军委和四总部对军队任职干部学员和士官学员提出的打赢高技术条件下局部战争的能力要求，适应军队胜任机械化和信息化战争的要求，适应新时期国防和军队现代化建设的要求，全面提高军队任职干部学员和士官学员的德、智、军、体等方面素质，实现新时期质量建军、科技强军的战略目标。

〔责任编辑：李秋发〕

---

① 《江泽民文选》第 2 卷，人民出版社，2006，第 463 页。
② 《邓小平文选》第 2 卷，人民出版社，1994，第 55 页。
③ 《国防和军队建设贯彻落实科学发展观重要论述选编》，解放军出版社，2008，第 51 页。
④ 《江泽民文选》第 3 卷，人民出版社，2006，第 593 页。
⑤ 董会瑜：《现代军校教育学教程》，军事科学出版社，2000，第 87 页。

Constructing a Fine Study Style in Professional Education and Cultivating a Large Number of New Type High-quality Military Personnel

Yu Yongbin

Abstract：The Chinese People's Liberation Army is implementing the strategic project for talents in an effort to train excellent military professional officers and noncommissioned officers，which is essential to the national defense construction task of building a strong and high- quality army through science and technology. With the Party's goal of strengthening the armed forces under the new conditions in mind， we must focus on constructing a good style of study in military academies in the new period， speeding up the training of a large number of high-quality military personnel of a new type who are loyal to the CPC， able to win and persistent with the good traditions， and accelerating the modernization of national defense and the army.

Keywords：goal of strengthening the army； military academies； professional education； fine study style； new military personnel

〔英文校译：陈伟昉〕

● 专论 ●

和平建设时期军事文化视野中的
社会文化成长

张武波　　魏延秋

【摘　　要】新中国成立后,军事与政治紧密互动的全新国家建构历程致使军队在政治文化更新中发挥了主体作用。 大量复转军人进入政府部门开始治国理政、企事业单位仿照军队设立政治部门、人民公社按照军事化模式进行组建等,全社会不断开展 "学习解放军" 运动,军事文化深刻影响甚至主导了社会文化建设的发展。

【关 键 词】和平建设时期　文化建设　军事文化

【作者简介】张武波(1982 ~),男,陕西韩城人。 边防学院政治工作教研室讲师。 主要研究方向:中共党史、军事政治学。 魏延秋(1973 ~),女,河北承德人。 《军队政治工作理论》编辑部编辑,副教授,法学博士。 主要研究方向:军事历史。

马克思主义理论和现代国家成长的进程都表明,军队发展和军事活动一方面反映国家成长的基本规律,另一方面,军事作为相对独立的历史发展力量,深刻影响着国家变迁的历史轨迹。 现实的社会主义国家都是暴力革命的产物,是在枪杆子中产生的政权,中国是第一个在社会主义革命中展开史无前例的军事斗争局面的国家。 军事与政治如此紧密互动的全新国家建构历程致使现代国家成长的进程深深地烙上了军事活动的印记。 与此同时,军事文化就在一定程度上影响甚至主导了社会文化①的成长与建设。

新中国成立后,为应对国内外危机,中国共产党通过不断开展 "学习解放军" 运动以及媒体宣传等各种途径,使社会的组织建制、文化意识等层面染上了浓厚的军事色

---

① 这里的 "社会文化" 并非与军事文化严格对立,仅为论述方便特指区别于军队内部文化的地方文化。

彩。 军队成为社会组织、社会行为与流行文化的参照和样板，企事业单位也依照军队建制设立了政治部门，并有大量军队干部和复转军人进入各类企事业单位。 农村的人民公社按照军事化模式组织建立后，也试图用军队的管理模式和"大兵团作战"的方式组织农业生产。① 结果，军人的道德形象成了社会价值观的指向，军队则成为整个社会的"大学校"和道德大熔炉。 由此，军事文化深刻影响了社会文化建设的发展，军队在更新政治文化中发挥了主体作用。

一　军事文化主导社会文化成长的原因透析

（一）社会主义政治生活的内在逻辑决定

马克思主义认为，以公有制为核心的社会主义经济关系不可能在私有制占统治地位的资本主义经济形态中孕育成长。 这就决定了社会主义革命的首要任务是夺取和掌握国家政权，并利用国家政权在剥夺剥夺者的基础上，建立社会主义生产关系。②

要通过革命夺取政权，除了政党是首要的政治前提之外，革命军队成为关键性要素。中国革命开创的有中国特色的革命道路，是军事斗争锻造社会主义国家的生动演绎。 世界上没有一个国家像中国这样，军队在现代国家的成长当中发挥了如此重要的作用。

需要特别指出的是，马恩经典作家所讲的暴力革命与中国共产党领导的军事斗争局面是有很大差别的。 "马恩在总结工人阶级斗争经验的基础上提出的暴力革命，主要指的是工人阶级的武装起义，其形式是城市战，即在城市内部展开的筑垒巷战。"③中国革命通过实践证明以城市暴动取得胜利的社会主义革命模式已经过时。 中国革命的胜利，是中国共产党领导各革命阶级，通过艰苦卓绝的斗争，彻底消灭和打垮反动政权的军事力量后取得的。

所以说，社会主义政治生活的内在逻辑决定中国军队的发展和军事活动深刻影响了新中国国家政权的建构历程，由此，军事文化在一定时期内也影响了社会文化的成长与建设。

---

① 李月军：《20世纪中国三种文武关系模式与国家现代性的成长》，《当代中国研究》2005年第2期。

② 基于私有制的共性，资本主义的经济关系可以在封建社会孕育、成长，资本主义革命的首要任务是使经济上占统治地位的阶级上升为统治阶级，从而使国家政权成为日益成熟的资本主义生产关系的维护和保障力量。 参阅林尚立《中国共产党执政方略》，中国社会科学出版社，2002，第7页。

③ 孙力：《军事视野中的国家成长》，陈明明主编《共和国制度成长的政治基础》，上海人民出版社，2008，第27页。

（二）中国军事的现代化转型早于政治的现代化转型

宏观地讲，新中国的政治成长与军事发展密切交融。然而以英美为代表的西方国家较早地推翻了封建统治，也较早地形成了现代国家的政治框架，这使得军事的现代转型完全是现代政治引导之下的产物。① 中国属于后发现代化国家，结束封建专制时代并开启政治现代化进程的任务迟迟没有完成，而在军事领域，由于受到外部的强烈冲击，较早地开始了现代化进程。② 在这样的历史背景下，军事转型的先行就对政治发展产生了巨大影响。具有中国特色的革命和建设征程同样延续了这样的逻辑，尤其体现在新中国成立后国家治理模式中军事化色彩的凸显。

经历了长期的革命斗争，中国社会无法为新政权提供大量的治国英才，而走在政治转型前面的人民军队，不仅在现代化方面引领其他领域，而且为国家培养输出了大量治国理政的人才。面对一个超大规模的社会和不时出现的紧迫任务，利用军队干部的优势，从军队中抽调部分干部充实地方各项工作是中国共产党和中国政府的一贯做法，也是政权建构初期的人事配置需要。③ 所以，军队成为社会的标杆，军队的统领人物在治国理政中脱颖而出就不足为奇，军事的现代转型导引政治的现代转型也就在情理之中。

历史和现实逻辑表明，新中国国家政权的建构历程军事色彩浓厚，因而，军事文化元素不可避免地大量融入社会文化的成长与建设中。

二　军事文化主导社会文化成长的实践分析

（一）开展教育运动：军队在社会政治文化更新中的主体作用

80 多年的历史证明，人民军队不仅是单纯的武装力量，而且还是一支中国共产党领导下的政治力量。作为国家政权的重要成分，人民军队不仅走出军营踏入社会进行灌输政治价值观念、传授政治技能等工作，也以自己特有的品质熏陶民众、影响社会。

---

① 孙力：《军事视野中的国家成长》，陈明明主编《共和国制度成长的政治基础》，上海人民出版社，2008，第 29 页。

② 从清政府建立新军开始，到北洋政府和国民党政府，都重视军事的现代化，而政治的现代化却步履维艰，如民主与法制建设远远不适应时代的要求。

③ 乔林生：《为共和国输送优秀人才——50 年部队建设成就综述之七》，《解放军报》1999 年 9 月 18 日。

　　浓厚的意识形态色彩和动员政治是改革开放前中国政治的突出特点。① 中国政治生活出现一场接一场的思想政治运动，不仅为中国的权力结构提供了一种合法性，还是贯彻政策和推动社会发展的手段。 军队不仅是这些运动的参与者，也是推动者。 "向人民群众宣传党的路线和政策，发动群众为其实现而奋斗，是部队应当做而且能够做到的"②。 新中国成立伊始，为了宣传党的政策主张，动员教育广大群众，破除反动宣传谣言，中共中央决定开展声势浩大的社会主义教育运动，军队被纳入国家的宣传力量之中。 一方面，军队的做法③得到肯定和推广，另一方面，军队干部被分期分批地抽调到地方参加社会主义教育运动，以弥补地方干部力量的缺乏。 毛主席做出"全军从排长以上，除年老、重病者外一律分期，在两年内（可分四期，每期半年，全军搞完），都到地方参加社教工作"④的指示，将军队干部参加地方社会主义教育运动推向高潮。 中央军委制定了《关于军队干部参加地方社会主义教育运动的决定》，解放军总政治部作出《关于排以上干部参加城乡社会主义教育运动的指示》，到 1965 年 9 月初，全军第一期参加地方社教运动的干部共 219212 人，其中师以上干部 4074 人。⑤

　　此外，1955 年 7 月颁布的第一部《中华人民共和国兵役法》，一改此前的志愿兵役制，开始在全国实行义务兵役制。 这样的制度安排，显然既有促进社会军事化的军事战略考虑，也有对国民进行政治教化的政治战略考虑。 每年有相当数量服役期满的军人退伍回乡参加建设。 经过三年至五年的集中训练，所有退伍回乡的军人不仅学会了许多科学知识和技术，而且提高了政治觉悟和爱国热情，并且得到了组织性和纪律性的锻炼，使国家能够不断地获得大量的受过社会主义教育和有一定技能的建设人才，从此，军队如同学校一样在思想政治教育方面起着重要作用，成为向社会输送政治合格公民的基地。 义务兵制的实施，"从 1950 年到 1958 年，约复员了 700 万军人"⑥，他们发挥军队的优良传统，认真贯彻执行党的各项政策，多数成为地方各项工作的基层骨

---

① 〔美〕莫里斯·梅斯纳：《毛泽东的中国及其发展 —— 中华人民共和国史》，社会科学文献出版社，1992，第 111 ~ 112 页。

② 转引自李世源《新中国政权建构的军事透视》，南京政治学院上海分院博士学位论文，2008。

③ 解放军总政治部在其提交的报告中总结了军队开展社会主义教育运动的做法：首先由高级首长和各级领导干部原原本本地向官兵进行宣讲，让党的政策不走样地同群众直接见面；其次发动群众进行专题讨论，深入解决官兵的模糊认识、解开思想疙瘩；最后总结提高，使教育落到实处。 参阅《建国以来毛泽东文稿》第 11 册，中央文献出版社，1996，第 45 页。

④ 《建国以来毛泽东文稿》第 11 册，中央文献出版社，1996，第 437 页。

⑤ 姜思毅：《中国共产党军队政治工作七十年史》（5），解放军出版社，1992，第 274 页。

⑥ 〔美〕詹姆斯·R. 汤森等：《中国政治》，顾速等译，江苏人民出版社，2003，第 56 页。

干,促进了社会主义建设事业。

事实上,社会主义教育的过程也是清除政治生活中的封建主义政治文化和资本主义政治文化,形成社会主义政治文化的主导地位的过程。 在中国政府改变中国政治文化的过程中,军队和党一样,被视为"革命准则和信仰的载体"①,并以其特有的品质熏陶了民众,为社会主义政治文化增添了新的元素。 军队在长期的革命斗争中培育的革命精神、涌现的英雄人物都成为新政权的精神基础和不可舍弃的宝贵财富。 这些精神在社会主义建设中被释放,形成了忠于党、忠于国家、忠于社会主义、忠于人民的政治情感,为民族国家自由独立而献身、为人民利益而死重于泰山的政治价值,反对官僚主义、反对特权和腐败的政治认识,坚定不移地坚持共产主义信念的政治理想。 英烈们的事迹被传播,他们的品质被效仿,为全社会树起了一面面旗帜,激励一代代人努力奋斗。

(二)设立政治机关:国家行政机构的军事借鉴

人民军队政治机关的设立始于人民军队建立之际,它对中国军队的成长壮大发挥了不可磨灭的巨大作用。 新中国成立后,在政府机构和企事业单位中建立政治工作机构成为新中国政权建构中的一大特色。

20世纪60年代初的中国并不太平,国内一定范围内的阶级斗争表现得比较激烈,加之边境局势紧张,如何战胜困难,重新振奋起全国人民的革命精神,防止外敌入侵,就成为执政党面临的重大问题。 注重政治思想和革命精神的教育是中国共产党取得革命成功的宝贵经验和优良传统,所以政治思想工作在此时理所当然地被置于格外突出的地位。 解放军作为工作队,在政治工作方面"积累了一套好经验,他们的工作比各地方、各部门都搞得好些,很值得学习"②,因此,学习解放军的政治工作经验,建立政治机关成为中国社会风行的浪潮。

此外,新中国成立伊始,基于地方党委忙于社会改革、地方政府部门和企事业单位内部党的基础薄弱的现状,中国共产党为了弥补党和政府在组织和制度上的供给不足,保证各项事业沿着正确的政治方向发展,于是在铁道、交通、公安、教育、基本建设和

---

① 〔美〕莫里斯·梅斯纳:《毛泽东的中国及其发展——中华人民共和国史》,社会科学文献出版社,1992,第328页。
② 《毛泽东、周恩来关于工业学大庆问题的讲话摘录》,《党的文献》,1994,第6页。

地质等政府部门和企事业单位设立了政治工作机构。①

在石油工业部的示范带动下，②在中共中央的肯定支持下，③从 1963 年起，拉开了各行各业建立政治工作机构大潮的序幕。在这个过程中，军队为地方政治工作机构的建立再一次提供了样板。遵照毛泽东的"从解放军调几批好的干部去工业部门那里去做政治工作（分几年完成，一年调一批人）"④的指示，解放军从军队中派出思想好、干劲大、政治工作经验丰富的干部到地方建立政治工作机构和开展思想政治工作。⑤

同时，解放军对地方派来人员进行政治工作培训，将思想政治工作的方式方法传授给地方政治工作人员。结果，中央和地方各级政府的交通运输、机械工业、国防工业、财政贸易、基本建设和科研、体育、新闻等部门，以及各企事业单位，先后建立政治部（处），设立政治教导（指导）员。这样，整个社会组织都或多或少地带上了军队组织的色彩。

---

① 1951 年 2 月 9 日，中共中央为加强铁道部党的工作，决定建立铁路系统自上而下的政治部；1952 年 8 月决定在财经部门增设专司政治工作的副职，9 月在部分高等学校进行设立政治机构的试验，11 月决定在各级公安部门一律设立政治工作机关，或专职政治工作人员；1953 年 12 月 8 日决定在基本建设部门中建立党的政治机关；1954 年 8 月 10 日决定在交通部门中建立政治工作机构；1955 年决定在地质部系统建立政治工作机构，12 月决定在高等学校配备政治工作干部。参阅《中国共产党组织史资料（1921～1997）（9）——文献选编（下）（1949.10～1966.5）》，中共党史出版社，2000，第 40、132、136、196、247、265 页。

② 石油工业部比较全面系统地学习了解放军的政治工作经验，找到了一套适合于工业情况的比较完整的方法，取得了显著成绩，其抓思想政治工作的经验主要是：一是在设立政治部的同时，学习解放军"支部建在连上"的光荣传统，每个井队都建立党支部，设立政治指导员。"全国石油厂矿的基层生产队（车间），普遍建立了党支部，设立了政治指导员"。二是用毛泽东思想、革命精神武装员工，进行活的思想教育，提高职工的社会主义觉悟和阶级觉悟；三是树立革命化的榜样，培养"三老、四严、四个一样"的革命作风；四是领导干部与群众同甘共苦，发扬政治、生产技术和经济民主。参阅《薄一波文选（1937～1992）》，人民出版社，1992，第 303～306 页。

③ 中共中央当时认为"虽然有其特殊性，但是具有普遍意义。他们贯彻执行了党的社会主义建设总路线，坚持政治挂帅，坚持群众路线，系统地学习和运用解放军政治工作经验，把政治思想、革命干劲和科学管理紧密结合起来，把工作做活了，把事情做活了。它的一些主要经验，不仅在工业部门中适用，在交通、财贸、文教各部门，在党、政、军、群众团体的各级机关中也都适用，或者可做参考"。参阅《建国以来重要文献选编》第 18 册，中央文献出版社，1998，第 136 页。

④ 《建国以来毛泽东文稿》（10），中央文献出版社，1996，第 454 页。

⑤ 第一次抽调 205 名师以上各级政治领导干部，分别到工业交通、财贸和农村部门的政治部承担领导工作。第二次抽调 5300 名（师级干部 79 名、团级干部 174 名、营级干部 47 名、连级干部 5000 名），其中 2335 名（师级 57 名、团级 131 名、营级 47 名、连级 2100 名）分配到中央工交、财贸、农林部门所属企业事业单位，师、团级干部担任中央直属企业政治机构的主任、副主任，营、连级干部担任企业事业单位车间的支部（总支）书记或政治教导员、政治指导员；2965 名（师级 22 名、团级 43 名、连级 2900 名）分配到各中央局，师、团级干部担任大城市工交、财贸政治部的主任、副主任，连级干部担任国营企业事业单位车间的支部（总支）正副书记或政治教导员、政治指导员。参阅马齐彬、陈文斌《中国共产党执政四十年（1949～1989）》，中共党史资料出版社，1989，第 242 页；《中国共产党组织史资料（1921～1997）（第九卷）——文献选编（下）（1949.10～1966.5）》，中共党史出版社，2000，第 1087～1088 页。

（三）实行军事化管理：人民公社的军事色彩

"大跃进"是中国共产党快速实现现代化的"大试验"，与"大跃进"同时兴起的是新的农村社会组织①——人民公社。 人民公社的普遍推开，无论是人民公社的思想渊源还是形成过程以及基本特点都带有鲜明的军事色彩。

人民公社在 1958 年创建时就提出了在人民公社实行"组织军事化、行动战斗化、生活集体化"②的执行体制。

最早提出和实施了"组织军事化，行动战斗化，生活集体化"的是河北省的徐水县，它按军队的团、营、连、排、班的编制组织社员的各项活动。 该县在大搞农田水利建设中，将全县 8 万多名劳动力组成若干个大队、中队，在工地搭棚宿营，并组织随营食堂，吃住在工地；在大规模的抗旱春种中，成立田间指挥部，划分战区，实行集体吃、集体住，开始了全面军事化；尔后又将全部劳动力编成 2 个团、191 个营，666 个连，有的乡还给青壮年农民发枪支。③ 徐水县的做法得到毛泽东称赞，④ "三化"被视为解放和发展生产力、形成人与人之间完全平等关系的捷径而被推广，各地农村在公社化的同时，普遍运用军事管理方法来管理农民（社员）。⑤

实行全民皆兵是 20 世纪 50 年代末中国共产党应对帝国主义的军事挑衅和台湾当局"反攻大陆"的战略措施，当时中央要求"必须在全国范围内把能拿起武器的男女公民武装起来，以民兵的形式，实行全民皆兵"⑥，而人民公社是实施全民皆兵的载体。 基干民兵要按照规定的时间进行军事训练，普通民兵也要在劳动间隙进行适当的训练，以便为实行全民皆兵准备条件，⑦做到人人学会打枪和利用地形地物，民兵干部学会指挥管理。 民兵组织的普遍建立、军事训练的经常开展强化了人民公社的军事色彩，并将

① 丛进：《曲折发展的岁月》，河南人民出版社，1989，第 141 页。

② 所谓组织军事化，也就是组织工厂化，即公社的劳动应当像工厂、像军队那样有组织有纪律；所谓行动战斗化，就是搞生产要像打仗一样，实行大兵团作战，指到哪里打到哪里，雷厉风行，军令如山；生活集体化就是要求人民公社作为生活的组织者要兴办公共食堂、托儿所、幼儿园、敬老院、集体宿舍、住读学校等多种集体福利事业。 参阅中国行政管理学会《新中国行政管理简史（1949～2000）》，人民出版社，2002，第 181 页。

③ 罗平汉：《农村人民公社史》，福建人民出版社，2003，第 32、38 页。

④ 薄一波：《若干重大决策与事件的回顾（下）》，中共中央党校出版社，1993，第 739 页。

⑤ 李世源：《新中国政权建构的军事透视》，南京政治学院上海分院博士学位论文，2008。

⑥ 《建国以来重要文献选编》第 11 册，中央文献出版社，1995，第 468 页。

⑦ 《建国以来毛泽东文稿》第 7 册，中央文献出版社，1992，第 573～574 页。

广大社员纳入其中。

在稳固政权的进程中，中国共产党为了注重政治思想和革命精神的教育，在国家行政机构设立了政治机关，也弥补了党和政府在组织和制度上的供给不足。同时，把军队作为主力纳入政治社会化的力量体系之中，极大地加速了政权合法性的塑造。参照军队进行组织和管理人民公社，便于集体化生产和国防战略力量的加强。这一切都在有形无形之中使得军事文化在这一时期内深刻影响甚至主导了社会文化的成长与发展。

〔责任编辑：李秋发〕

Development of Social Culture in the Period of Peaceful Construction from the Perspective of Military Culture

Zhang Wubo, *Wei Yanqiu*

Abstract：The close interaction between military and politics in the process of constructing a new nation after the founding of new China led to the Army's critical role in the political and cultural innovation. A great number of demobilized soldiers began to govern the state in government departments. Enterprise and public institutions set up political departments like the Army. The people's commune was established in a militarized mode. The "Learn From the PLA" movement was launched throughout China. It is evident that military culture had profoundly influenced and even dominated the development of social culture construction.

Keywords：peaceful construction period；cultural construction；military culture

〔英文校译：陈伟昉〕

● 专论 ●

话语创新与军队思想政治教育实效增强

吴 彬

【摘 要】话语在军队思想政治教育过程中扮演着重要角色。 在新的形势任务面前,话语创新是增强军队思想政治教育实效的有力抓手之一。 必须跳出固有话语体系思维模式,充分考虑话语的工具性与思想性双重作用,规范话语创造范式,注重提升思想政治教育工作者自身的话语素质。

【关 键 词】话语 创新 军队 思想政治教育

【作者简介】吴彬(1982~),女,安徽安庆人,武警安徽总队政治部干事,军事学博士,武警少校警衔。 主要研究方向:军队思想政治教育。

恩格斯在《劳动在从猿到人转变过程中的作用》中指出:"语言是从劳动中并和劳动一起产生出来的"①。 早在没有出现文字的时期,语言就已经成为人类沟通和交流的重要工具,这也是人有别于动物的重要特征。 其本质上是一种功能、运动、关系或是一种实践的活动,而话语的意义正是由此产生、发展和变化的。 这种原本发轫于人的自我生存和交流的需要而产生的实践活动,在人类社会的不断发展进程中,逐渐被人所熟练掌握运用,并在思想政治教育中起到不可或缺的重要作用。

从中国人民解放军建军之日起,话语在军队发展的各个阶段都充分发挥了重要作用,为军队战斗力的提升、有效履行历史使命和军队政治工作的形成、发展、完善提供了不竭的精神动力。 随着时代的发展,新的形势任务要求军队思想政治教育话语不断进行自我更新、进化,以适应军队未来发展建设的需要,为"能打仗、打胜仗"提供有力的精神保障。

---

① 《马克思恩格斯文集》第 9 卷,人民出版社,2009,第 553 页。

一　跳出固有话语思维

基于意识形态的需要，一个社会中的统治阶级从一开始就必须要采用一整套符合自身价值体系要求的话语体系，但是话语在使用过程中，会随着习惯出现固化的现象，这种情况不论是在多么新颖的话语体系中，随着时代的变迁都有可能逐渐发生，这并不说明该话语体系出现问题，而是由社会发展的规律性和时代性决定的。因此我们看到，一方面，军队思想政治教育经过长期的发展，已逐步形成了自己的一整套话语体系；另一方面，话语的自我更新速度仍滞后于思想政治教育的更新速度和军队建设的进度，很大程度上，这种滞后是由于话语思维固化造成的。

在思想政治教育开展过程中，话语的固化分为两种，一种基于时代发展与社会变迁。因为所谓传统的话语并不是从出现就成为传统的，它们也曾经是非常新鲜的语汇，在军队建设的历史上发挥了极大作用。比如战争年代，从社会话语的变革中就能够体现革命的脉动，当革命的浪潮到来，新的社会话语会营造出一种新的氛围。当"人民子弟兵"取代了"拉壮丁"，"同志"取代了"先生""太太"等旧称谓，这些带着特定的色彩和性质的词语在被广泛使用和传播的过程中，也将新的理念植入了人们的观念，在不断使用中赢得了生命。

但是随着时代的变迁，过去发挥过重要作用的话语体系在很多方面都出现了缺失，以至于丧失了其主导地位，这种缺失是一个动态的和隐性的过程，虽然从表面上看，传统的话语思维仍然占据军队主流的教育场域，但是其强势地位已经无法避免地日渐式微，比如"阶级斗争""两个凡是"。正如萨丕尔所说："词不只是钥匙，它也可以是桎梏。"①但正是由于一些话语曾经占据着重要的"正统"地位，使得军队思想政治教育依然习惯于用这一套话语体系进行言说。然而从整个社会的发展步伐来看，它们在很多方面无疑是与新的时代相脱节的。大量词语在长期的使用中已被概念化为符号和象征，失去了原本的鲜活性，很难有效阐释先进理论的出现、充分说明社会变化的原理，传统话语体系的外壳已无法包裹住新的思想，反而成为思维进步的桎梏。

另一种话语固化的现象更为危险。由于西方发达国家掌握着大量的文化、科技方

---

① 〔美〕萨丕尔：《语言论》，商务印书馆，1964，第11页。

面的话语权与资源,我们在制订各种法规、制度时,往往习惯于"参照国际惯例""外军做法",在制定标准时,也往往将"与国际接轨"和"外军标准"作为参照标准。 甚至在军营内部,也大量流行西方语言,如世界贸易组织我们习惯称之为"WTO",官兵喜爱模仿好莱坞影片中"美国大兵"的谈吐等,这就很容易使得西方意识形态逐步渗透进其思想中,而这正是以美国为首的西方发达国家向我灌输其意识形态的重要手段。 这无疑是一种非常危险的做法,这种话语习惯一旦形成,就很容易给思维方式带来巨大的冲击与破坏,使官兵失去精神阵地,造成文化不自觉和理论不自信。 实际上,不同社会形态和国情都是截然不同的,不能简单地认为套用西方的模式就能得出相同的结果,用西方的话语、眼光和标准来衡量中国军队的发展建设,无疑是非常荒谬的,不但无法相融,更容易使官兵产生一种自我怀疑和自我否定的错觉,陷入只有"世界的中国",而没有"中国的世界"的怪圈。 在这种情况下,必须保持高度的警惕意识和清醒的头脑,经常审视和反思思想政治教育话语的使用,有意识地跳出窠臼,保持话语在不受任何干扰下不断自我更新和生长的原动力,用能够代表中国特色,符合中国国情,便于官兵理解和接受的话语开展思想政治教育,这样才能收到良好的效果。

二　重视话语双重作用

语言发轫于人类的劳动,但并不囿于工具性的作用。 进入 20 世纪以来,从当代哲学开始,众多的社会科学都纷纷开始"语言学转向",学界开始关注语言在思想和思维方面的显著意义,"哲学史充分说明,很多重大理论基础和思维方式的突破常常是术语、概念的突破。 思想上的'元概念'的分裂有如物理中的'原子'的分裂一样力量巨大"[①]。 因此,语言也具有其本体性,它不但是思想的载体,更是思想本身。 思想政治教育从本质上是一个强调将语言具化为带有明确意识形态目的性的话语,落脚于"如何说"的过程。 由于话语本身的复杂性,军队思想政治教育话语在运用过程中必须要注重工具性和思想性的双重作用。 无须讳言,中国人民解放军的思想政治教育话语也经历了从说"神的话"到说"人的话",再到理直气壮地说"自己的话"的过程,[②]这是军队思想政治教育话语在教育理念不断创新的前提下,也在不断进行自我更新的体现。

---

① 高玉:《论语言的工具性和思想的本体性及其关系》,《社会科学辑刊》2007 年第 4 期。
② 李德顺:《"中国梦想"的现实路径》,http://theory.people.com.cn/GB/10446390.html。

在军队这一特定场域中，思想政治教育话语经常会在战争中对敌人使用"恐怖分子""反动派""三座大山"等一些带有极端贬义色彩的词语，以此来强调己方战争的正义性，强化官兵概念中敌人的丑恶形象，激发出官兵对敌人的仇恨和打击敌人的热情，这属于话语的工具性范畴。在对于一些诸如"枪"与"祖国"这样的特指名词，在官兵的思维中可能会是两个不同的维度，一个是具象的实物，而另一个则是差异化的抽象。此外官兵由于自身的能力、素质等差异对于同样的词语也会有不同的理解。因此军队思想政治教育话语的目标就是要尽量消除抽象的差异化，使官兵听到"枪"就能够联想起"站岗放哨"的职责所在，听到"祖国"就能联想到"保家卫国"的光荣使命，这就是将语言的工具性上升到思想性的高度，使受教育的官兵在认识上达到高度的统一。

新的历史时期，"和谐社会""美丽中国""强军梦"等词语的出现，很好地将当代中国价值观和人民群众的奋斗目标紧密结合起来。实际上，新中国成立以来，全国人民就一直在为"中国梦"的实现而奋斗，习近平总书记提出"中国梦"的概念，高度地提炼了下一步的发展方向，很好地契合了思想政治教育"人本化"的教育理念。从话语层面来说，"中国梦"首先是一种平民化的表述，从中透露出党和国家领导人的话语范式正在由过去的书面化、教条化和指令性语言逐步走向为大众所喜闻乐见的、更加近似于口语化的表达形式，这种更加亲民的表达方式更贴近实际，贴近生活，可以更好地与人民群众沟通，也得到了广大人民群众积极正面的良好反馈。这种表述风格具有鲜明的示范意义，对于之前一些将八股式的套话、模板式的制式范文、生硬刻板的工具性话语风格是一种显著的校正与改变，对于我军思想政治教育话语也具有非常大的启示意义。对于官兵来说是抽象的、缥缈的思想性名词具化为努力奋斗的目标和对美好生活的展望，变得容易接受与理解，其中的思想精髓也逐步内化为一种思维和价值的评判，使得话语从单纯的载体的工具性的功能中拓展出其价值理性，更加具有思想性，这就是话语的双重作用。

在兼顾话语的工具性与思想性双重作用的同时，要注意避免流于形式或者生搬硬套。"中国梦"固然非常易于被官兵接受，引起的反响也很大，但如果因此将什么东西都贴上"中国梦"的标签，不分场合地反复使用，或者只从字面上理解"中国梦"，就会使这个词出现一种话语的膨胀，转而变成空洞贫乏的桎梏，失去其本来的意义，成为另一种意义上的"八股"。

三　规范话语创造范式

在军队中,纪律和规范历来具有严格的规定性,军营物质的硬性设置如整齐划一的内务设置、队列秩序,带给官兵一种有序的暗示。军队思想政治教育话语也必须要设置这样一种规范,使得官兵能够借助话语工具,在有序的环境下展开交流,这就是话语的范式。规范话语的创造范式是一项十分重要的工作,因为,"当无数人都接受了一种公式、口号和称呼的时候,这些东西就获得了一种力量"①。在特定的术语、概念和范畴之中,话语会产生特定的范式,思想政治教育话语范式创新正是要不断地开拓和规范话语范式,达到统一思想的目的。当叠得好的军被以"豆腐块"来代指,纵然是初入军营的新兵,也会立刻明白军被的标准,并立刻加入军营中的价值评价系统。在这个战士今后的军旅生涯中,"豆腐块"成为军被得到褒扬的标准,也成为他在叠军被这件事情上的目标。正是有了大量的话语范式,规范了军营中的行动准则,指导了官兵的行为。当然"换一种语言、换一种话语方式,'问题'就会变化,就会是另外一个'问题'。例如队列指挥员使用的一套话语,如果脱离了特定的军营话语氛围,队列也将不能成为队列。有时,我们似乎是在谈论一个'问题',但我们不过是在谈论语言本身,因为'问题'就是话语方式,就是语言本身"②。

话语并不是一个单项的传输过程,必须考虑到信息的发出与反馈同样重要。因此,考虑到官兵的特点、心理特征,军队思想政治教育话语范式的创造最基本的原则是其能受教育者接受,什么样的话语范式可以让官兵接受、推广并达到预期的效果,是思想政治教育话语必须要考虑的问题。不同的话语也许大意相同,但用不同的表述得到的结果往往大相径庭。未来的战场已经明朗化,集约精确的思想政治工作释能模式,点对点的思想政治教育开展样式,既是信息化战场所需,也是我军思想政治教育话语未来的发展趋势。思想政治教育话语建设要依靠多媒体所带来各种资源,积极开拓运用多媒体技术开展思想政治教育的新战场。加大在互联网、军网上建设集政治性、思想性、教育性、趣味性于一体,服务于大众的门户网站、空间、博客的力度,如铁血网、

---

① 郑也夫:《语镜子》,中信出版社,2014,第 15 页。
② 高玉:《论语言的工具性和思想的本体性及其关系》,《社会科学辑刊》2007 年第 4 期。

军事网等，用一整套的话语体系，打造一个军队特色突出的话语范式，为官兵提供良好的学习交流平台；对一些社会上的热点敏感问题和社会事件设立专门的反应机制，分析研究应对不同突发情况的话语范式，及时传达权威信息，搞好舆论引导；投入参与各种军事题材的影视作品的制作，使用艺术手法和微观话语展现当代军人勇猛顽强、积极进取的良好形象，反映新时代的军营生活、表现战争中军人的战斗精神，以及其个人追求和生活世界。注重在影视作品中融入代表我军先进理念的教育性话语，树立军队特有的话语形象。如《亮剑》中的"独立团从来没有丢下过一个兄弟"，《士兵突击》中的"不抛弃，不放弃"、"好好活就是做有意义的事"等，潜移默化地让官兵受到教育，让受教育者认识到这才是军人应有的风范，这才是军队应有的形象。此外，充分利用网络快速传播的特点，加强对军旅歌曲、军事标语口号等具有强大思想政治教育功能的话语形式的创作，注重将军人的爱国情怀、尚武精神和生活世界融入作品。总之，军队思想政治教育话语范式要重视借助更多的技术手段和艺术手法，让教育内容得到充分、生动的展现，让官兵能够自觉接受和遵循。

四　提升教育者话语素质

话语的表达思维在头脑中的建构要求话语的言说者尽可能全面和完整地把握所讨论的问题，但同时我们只能用头脑中已知的词语来描述事物或表达观点。教育者是否"有话可说"，一方面取决于思想政治教育话语不断地吸收新的词汇，另一方面对思想政治教育工作者的素质提出了较高的要求。在现代思想政治教育理念中，"教育者与受教育者之间的关系是平等互动的关系"[①]。当把受教育者也纳入教育的主体地位后，教育双方能够在平等对话中实现心灵的碰撞与交流，对于官兵来说，他们"在任何时候都不是在说话和听话，而是在听真实或虚假，善良或丑恶，重要或不重要，接受或不接受等等"[②]。如何能够使官兵在思考、交流、交锋中提高对教育内容的认同，巩固教育的"话语权"，对思想政治教育工作者自身的素质也是个极大的挑战。

第一，要提高教育者的教育意识和能力。需要教育者加强自身的理论学习，经过

---

① 张耀灿等：《现代思想政治教育学》，人民出版社，2006，第271页。
② 钱文中：《巴赫金全集》第2卷，河北教育出版社，1988，第416页。

"真学、真信、真懂"的自我学习过程,使得话语具有严密的逻辑和论证能力;第二,要加强对思想政治教育话语的研究,积极适应新的社会环境和时代特征,在传承发扬传统的思想政治教育话语模式的同时,不断创新和探索新的教育模式,在教育中能够了解和判断对方的态度和不同立场;第三,教育者必须考虑到受教育者的内在需求和表达需要。 在教育过程中,教育者在言说的同时必须对整个话语过程有一个正确的把握,"包括把判断推迟到整个观点完成时做出;把问题记在脑中,直到已经决定何时、何地或是否能回答它们;用所有相关的经历作为现有观点的反证。 还必须能够舍弃那些同所涉观点无关的知识和经历"①。 当受教育者有了表达的愿望时,教育者要设置一个适合表达的环境,并且引导其接收正确的观点,防止滥用话语表达。 要给予受教育者一定的自主权利,让受教育者能动地感受、选择、判断、内化和践行教育内容,以利于话语背后的思想内容被充分释放与吸收。

第二,在军队这一特定的场域中,教育者必须具备一种言传身教的能力,或者是一种个人魅力,因为军队中的教育者往往也是管理者,教育者个人素质是产生凝聚力的关键,也关系到官兵对教育者的话语认同,以及职业和使命荣誉感的产生,这并非是物质上的满足感,而是精神上的同一性,这才是军队发展的推动力。 教育者自身的形象对此具有举足轻重的作用。

〔责任编辑:李秋发〕

Discourse Innovation and Effectiveness of Ideological and Political Education in the Army

Wu Bin

Abstract:Discourse plays an important role in the process of ideological and political education in the army. Under the new circumstances, discourse innovation is one of the most important ways to enhance the effectiveness of ideological and political education. Jumping out

---

① 〔美〕波兹曼:《娱乐至死》,章艳译,广西师范大学出版社,2004,第32~33页。

of the inherent mode of thinking in the discourse system, this paper fully examines the dual role—being instrumental and ideological—of discourse, standardizes the pattern of discourse creation, and emphasizes the improvement of the discourse quality of ideological and political education workers.

Keywords：discourse；innovation；army；ideological and political education

〔英文校译：陈伟昉〕

● 专论 ●

近代中国军阀政治产生的根源及其特征

鲁月棉

【摘　要】军阀政治是中国近代社会由君主专制向民主立宪过渡过程中出现的一种特殊的政治形态。 在中国近代社会急剧转型以及新旧政治权威模式的转换过程中,社会危机始终未能得到合理有效的解决,造成了适于军阀政治生存并成长的社会生态环境。 在这一土壤中生存发展的中国近代军阀政治具有一系列特征:政治干预的暴力性、政治行为的投机性、利权攫取的独占性、政治形象的虚伪性等。

【关 键 词】军阀政治　根源　特征

【作者简介】鲁月棉(1973 ~),女,浙江余姚人。 中共上海市宝山区委党校副教授,上海市党建研究会常务理事。 主要研究方向:政党建设。

军阀政治是中国近代社会由君主专制向民主立宪过渡过程中出现的一种特殊的政治形态。 在中国近代社会急剧转型以及新旧政治权威模式的转换过程中,社会危机始终未能得到合理有效的解决,整个社会陷入了一种口头上高唱民主共和、行动中加强中央集权的悖论之中,这就造成了适于军阀政治生存并成长的社会生态环境。 政治生态环境的畸形,加之民族危亡、国弱民贫的特定历史背景,使得军阀政治的崛起成为近代中国社会难以避免的历史现象。

一　近代中国军阀政治产生的主要根源

军人干政和军人政权研究是比较政治学和发展政治学的一个重要研究领域,西方学者对这一问题的研究提供了诸多研究框架,以解释军人干政和军人政权兴起的原因。

其重要代表美国著名学者塞缪尔·亨廷顿认为，军人政权的兴起不是源于军人内部而是在于他们所存在的国家结构或社会条件的变化，"因为军队干预政治的最重要原因不是来自军事方面，而是来自政治方面，它所反映的不是军队体制在社会和组织方面的特点，而是社会在政治上和制度上的结构问题"①。很显然，在亨廷顿看来，一个社会内部的政治制度或社会结构的变迁是造就军人政权的主要原因。以此理论来观察近代中国军阀政治产生的根源，似乎是十分贴切的。

清朝末年，清王朝在帝国主义面前的节节败退，极大地削弱了传统王权曾经拥有的权威，王朝政治显得不堪一击。西方帝国主义通过战争要求清政府赔偿的巨额外债使清政府的中央财政陷入几近崩溃的境地。同时，西方帝国主义入侵的不断深入打断了中国军事现代化的进程，大大削弱了清帝国的军事能力，王朝政治合法性日渐丧失，政治危机日趋严重，这一切为民国初期军阀政治的兴起提供了土壤。

（一）传统王朝权威弱化，遂成军阀争雄格局

清王朝在帝国主义面前表现出的极度无能使人们对王朝的统治能力产生了怀疑，高度集权的统治方式遭到挑战。这种危机主要表现为中央政府对地方的控制能力大大削弱，国家权力出现分散化倾向。晚清以来，在镇压太平天国起义中膨胀起来的地方势力对中央权威构成了严重挑战，和平有序的集权政治发生裂变，王朝的财政、军事和行政权开始下移至地方督抚手中。军权、财权下移之后，与地方政权结合已属必然。清朝本以文臣为督抚，以文制武，以防武官的跋扈，但是，1855 年，清廷以胡林翼署湖北巡抚，次年实授，不仅突破了督抚不以武官开列的旧制，而且正式开始了湘军将帅与地方政权、财权的结合，特别是到了同治年间，全国地方大吏"几尽为湘淮军人物所占据"，清廷亦渐视"典兵为地方疆吏当然之事，且有随意编练军队之权"②。这种以督抚专权为特征的地方分权势力使过去统一有序的机制遭到彻底的破坏，清王朝的中央权威急剧弱化，集权系统之内的分裂离心趋势已然形成。清王朝逐渐出现了内轻外重、督抚专权的局面。光绪年间，中央的各类命令要求已经难行于地方，"一兵一卒一饷一糈，朝廷皆拱手待之督抚"③。到了 1900 年前后，此种情况进一步发展为东南各省督抚公开漠视朝廷对外宣战的诏书，私自与西方列强达成"两不相扰"的东南互保协

①　〔美〕塞缪尔·亨廷顿：《变化社会中的政治秩序》，王冠华译，上海人民出版社，2008。
②　萧一山：《清代通史》卷下，华东师范大学出版社，2006，第 1388 ~ 1389 页。
③　康有为：《康南海文集》第四册，文海出版社，1972。

议。 也正是基于此，康有为以 18 小国比喻当时 18 行省，事实上就是对当时分崩离析的政治格局的一种形象描述，其本质就是军阀政治的雏形。

清末"新政"采取了一些中央集权措施，想收回督抚部分权限，但引起了督抚们的反对，中央与地方的矛盾与满汉官员矛盾交织在一起，更进一步加剧了地方对中央的离异态势，以致清朝中央政府处境危急之时，地方督抚不但不予支援，反而纷纷宣布独立，使得清王朝土崩瓦解。 清朝灭亡宣告了封建王统政权的终结，也使社会失去了最大的权威中心。

辛亥革命在一定程度上是地方挑战中央集权和要求增加地方权力的一种直接反应。武昌起义后，独立各省信奉地方主义，拥兵自重，但由于革命派实力有限，执政时间很短，因而孙中山在《临时大总统宣言书》中提出的"民族之统一""领土之统一""军政之统一""内治之统一""财政之统一"的政务方针，①便难以实现。 袁世凯上台后，曾有中央集权的措施，试图在制度框架内实现"统一政权""统一民国"的目标，先后提出过"统一军令""统一政令""统一国权""统一行政""统一制度""统一秩序"等号令。② 然而袁世凯的"军事统一"，其主旨在于裁减南方各省的军队；"财政统一"则预谋断绝地方财权，独占借款权；"行政统一"的目的是掌握地方民政长官的任免，以强化中央集权，因此，遭到了国民党人的强烈反对。 中央集权的企图和他的帝制梦想一起幻灭后，中央权威更是每况愈下，各省都督、将军、督军、督办、巡阅使等，不但专擅军政、财政、司法、外交等各权，并且互相攻伐，支配改组中央政府，于是，近代中国就出现了军阀争雄混战的政治局面。

（二）传统社会阶层裂变，助推军阀政治发展

晚清以后，以士绅阶层衰落为特政的社会阶层裂变，是军阀政治产生的又一个重要诱因。

在中国传统的社会组织结构中，士绅阶层始终处于十分重要的地位。 士绅阶层身份的取得主要通过科举考试，一般指"外在于国家行政系统的，在地方享有一定政治和经济特权的知识群体，涵盖了居乡的官员和所有科举功名之士"③。 他们一方面与官僚集团有着天然的联系，存在着上下流动的关系；另一方面，享有与普通百姓不同的特

---

① 《孙中山全集》第 2 卷，中华书局，1982，第 1~2 页。
② 唐德刚：《袁氏当国》，广西师范大学出版社，2004，第 117、119 页。
③ 李世众：《晚清士绅与地方政治——以温州为中心的考察》，上海人民出版社，2006，第 13 页。

权，占有较为丰富的经济、政治等资源。 这些特征使得这一阶层在社会结构中具有较高的位次和影响力，成为联结整个王权社会的核心要件。 晚清以后，士绅阶层逐渐走向衰落，这就打破了王权社会一直以来稳固的社会组织结构。 士绅阶层衰落的原因是多方面的：太平天国后军人阶层的崛起和洋务运动新的经济政治力量的发展，使士绅阶层的地位日趋下降；西方近代文明的传播和新式学堂的创办使封建道统受到极大冲击，传统士人在近代化潮流面前表现出的固执使他们失去了稳定整合王权社会的能力；特别是科举制的衰败及最后废除，使士绅阶层失去了取得社会承认和尊崇的体制和符号，其社会地位日益"边缘化"。 清末民初，传统士绅阶层作为一个整体已不复存在，它分裂和解体为四个阶层（当然这些阶层的来源并不仅仅限于士绅阶层）：近代工商业者、近代知识分子、新式军人、土豪劣绅。① 由此，这一阶层彻底衰落。

士绅阶层的衰落直接导致整个乡村社会失去领导阶层，进而导致宗族社会政治结构的失衡。 同时，宗族社会的一些农家子弟在近代新式教育推动下，或多或少受到了西方自由、民主、平等思想的影响，开始怀疑甚至否定家族伦常制度，宗法关系开始淡化，社会冲突日趋尖锐，成为动乱的渊薮和革命的温床，这就为可能出现的军阀政治提供了生存的土壤。

与此同时，绅、商、学、军等新的社会群体迅速崛起，特别是军人阶层，由社会边缘走向中心，一跃而为社会的主干和领导者。 在传统中国王权社会中，军人阶层长期处于传统社会组织结构的边缘位置。 太平天国起义后，大批湘、淮军将领出任督抚等官职，极大地提高了军人的地位，并使传统士绅走向武化。 甲午战争后日益严重的民族危机进一步促使中国重视军队建设。 王权统治者开始宣扬"尚武""文武并重"的文化意识，并把依照西方国家军制编练新军作为一项国策来推行，从而创造了一个迥然不同于旧式"绿营""勇营"的新式军人集团。 需要指出的是，科举制度的废除使社会晋升失去合法途径，这就进一步增加了军人的社会威望和吸引力。 于是，军队越来越被奉为国家的楷模，甚至被视为先导。 加之新式军人大多受过现代军事教育，组织严密，社会整合能力强，因而迅速成为社会权势的中心，并在清末民初的政治动荡中成为获取政权的主导力量。 但由于他们在自己的专业领域之外缺乏更深邃、更广阔的现代化目光，过分迷信"铁血为经国之谋"，本身又分为不同的利益集团，因而没有也不能

---

① 孙立平：《改革前后中国大陆国家、民间统治精英及民众间互动关系的演变》，《中国社会科学季刊》（香港）第一卷，1994 年 2 月。

成为定型社会基本制度和框架的力量,反而发展成为割据的军阀。

此外,绅、商、学等新兴社会群体也是军阀政治形成的重要推动者。 进入20世纪以后,绅与商的界限已日趋模糊,很多人一身二任。 他们在清末政治格局的变动中控制了谘议局等地方权力机关,但与军人相比,他们的力量软弱而涣散,社会动荡中他们甚至希望有地方强权来保护他们的利益,因而,他们常常成为军阀的附庸和帮凶。

二　中国近代军阀政治的主要特征

军阀政治的泛滥,使"军人干政"成为普遍现象,军阀遂成为政治斗争的主角。 随着军人阶层社会地位的上升和"军事集团政治化",军阀或军队首领凭借武力非法干预国家政治和政府决策,而政治领导人和政府机构以及政客则成为军队的附庸、工具或摆设,中国近代的政治生态发生了重大改变,政治带有赤裸裸的暴力色彩。 总体而言,中国近代的军阀政治主要有以下特点。

(一)政治干预的暴力性

以掌控的武力直接干预政治,军事力量的强弱直接决定其政治干预能力的大小,这是军阀政治最为显著的特征。 军队作为一种暴力机器,历来是国家政权的重要组成部分,是执行政治任务的武装集团。 而军阀则不受中央政府的领导和指挥,当他们在政治角逐中不占上风的时候,就以军事行为作为最后解决办法。 这当中,军阀拥有的军事实力往往决定其政治干预能力的强弱或大小。 以袁世凯为例,其以北洋军队的武力为后盾,纵横捭阖,上下其手,实现既威逼清帝退位,又迫使革命派交出民国权柄的目的。 袁氏死后,各派军阀拥兵自重并控制政权的特征更为突出。 总之,谁的人多枪多,谁的地盘就大;谁的地盘大,谁的军事力量也就不断增强;谁的军事力量最强,谁就可控制中央政权。 这就是军阀政治的残酷现实。

(二)政治行为的投机性

追逐个人利益最大化是一切军阀行为的出发点,军阀们在政治舞台的角逐中往往罔顾政治规则和政治道德,进行政治投机。 袁世凯是这样,其后继者段祺瑞、曹锟及张作霖等也一脉相承。 如,在"府院之争"中,围绕着阁员、制宪及对德国宣战等问题,段祺瑞采用政治阴谋、军事要挟并用的两手办法,无视总统与国会的法定职权,既背着总统擅自召开"督军团会议"，提出对德宣战案；又以数千便衣军警和游民充当"公民请愿团"，企图胁迫国会通过该案；甚至在被免除国务总理职务后，仍以国务总理名义通电各省。对军阀而言，没有永恒的朋友，也没有永远的敌人，只有不变的利益。选择盟友和敌人，多数情况下不是根据政治志趣和阶级观念，而是以利害关系为标准。除此之外，换帖拜把、儿女亲家等私人关系也起着重要作用。总之，军阀政治毫无原则可言，"有奶便是娘"的行为特征充斥于他们的政治活动之中。

（三）利权攫取的独占性

军阀一般都有自己的势力范围，即所谓的地盘。地盘是军阀兵源、财源和活动发展的主要空间舞台，带有极大的攫取性、保守性和排他性，绝不允许他人染指。"地盘上有安全的基础以及税收、物资和人力。一位司令如果没有对地方的权威，就无异于在别人领地里做客。处于这种不明确并且危险的地位上，通常他就不得不发动战争以赢得对地方的权利，不然就只好接受一种从属地位或一个不利的联盟。"[1]而"每个小军阀都想成为大军阀，每个大军阀都想统治全中国。要想由小变大，就得扩充军队；要想扩充军队，就得扩大地盘；而要扩大地盘，就得和别的军阀冲突"[2]。于是，对地盘的瓜分和掠夺便成了军阀间最主要的矛盾和争端的核心问题。占有一定地盘后，各派军阀则巧取豪夺，敲诈勒索，疯狂搜刮民脂民膏。军阀占有地盘的大小不但关系着军阀的经济利益，还与其政治利益密切相关。北洋军阀中皖、直两系和奉系的地盘最大，因而在政治上最有发言权，北京政权就先后控制在它们手中。大军阀的纵横捭阖和小军阀的摇摆不定，都是以地盘利益为转移的，这决定了它们之间的相互矛盾和冲突不可调和，所有的妥协和联合都是暂时的，而冲突和战争则是永远的，进而造成了军阀之间纷争不断的局面。

（四）政治形象的虚伪性

军阀虽然以军事实力来谋取公权私利，但大都不愿或不敢公开抛弃民主政治的外衣。最为典型的就是袁世凯，其摧毁民主共和成果的所有步骤，几乎都是在所谓的制度化和程序化的名义下完成的。尽管其在本能上是厌恶共和政治的，但在 1912 年 2 月

---

① 〔美〕费正清：《剑桥中华民国史》第 1 卷，上海人民出版社，1991。
② 李新：《军阀论》，《史学月刊》1985 年第 1 期。

13日致南京临时政府的电报中说:"共和为最良国体,世界之公认,今由帝制一跃而跻及之,是诸公累年之心血,亦民国无穷之幸福……从此努力进行,务令达到圆满地位,永不使君主政体再行于中国。"1913年5月,针对国民党一党独大及反袁呼声高涨的情形,袁世凯拨款160万元,力促王揖唐等人将共和、民主、统一三党合并成进步党,以求在国会中与国民党相抗衡。 即使是袁世凯称帝也经历了请愿、选举和推戴等程序,先有筹安会及各省北洋军政势力的请愿,再有所谓国民代表大会进行变更国体的投票。而投票之后袁立即声称:"查约法内载民国之主权,本于国民之全体,既经国民代表大会全体表决,改用君主立宪,本大总统自无讨论之余地。"①这一切充分表现了袁世凯的虚伪和对民意的肆意强奸。 军阀以武力占有民主共和的制度化政治资源,扭曲或有选择地利用民主政治的形式来达到独裁专制的目的,从而使"民主共和"蜕变为"专制共和"。

此外,近代中国军阀政治还表现出不惜出卖国家民族利益来换取列强对其独裁专制地位的承认和支持、以封建政治伦理为核心的道德教化建立军队中的人身依附关系的特征,军阀之间的混战连绵不绝也严重影响国家统一与建设等进程。

总之,近代中国所面临的社会变迁直接导致了军阀政治的产生,而军阀政治一登上政治舞台就以其暴力手段使近代中国的政治生态发生了巨大变化,经年的军阀纷争、割据与混战,使战火遍及大半个中国,给国家和民族带来了空前灾难,严重阻碍了中国的经济发展、社会进步及现代化进程。

〔责任编辑:李秋发〕

Origin and Characteristics of Warlord Politics in Modern China

Lu Yuemian

Abstract:Warlord politics was a special polity in modern China as it transitioned from

---

① 李新:《中华民国史》第2编第1卷(下),中华书局,1981,第594页。

autocratic monarchy to democratic constitutionalism. While undergoing the dramatic social transformation and the transition of political authority patterns， the society failed to effectively solve the social crisis， resulting in social ecological environment suitable for the survival and development of warlord politics. The warlord politics born in modern China had the following characteristics：the violence of political intervention， the speculation of political behavior， the monopoly of power and benefits， and the hypocrisy of political image and so on.

Keywords：warlord politics； origin； characteristics

〔英文校译：陈伟昉〕

● 专论 ●

解放军幸福观培育的历史考察[*]

孙 柳

【摘 要】中国人民解放军从创建之初就着手树立体现无产阶级性质的新型人民军队性质宗旨的革命的幸福观念和幸福思想。 革命战争年代、社会主义革命与建设时期、改革开放等各个历史时期,培育幸福观始终是中国军队思想政治工作的重要内容。 经过不懈的探索、发展和创新,中国军队幸福观培育卓有成效,对其始终保持坚定的革命意志和旺盛的战斗精神发挥了重要作用。

【关 键 词】解放军 幸福观 培育 历史考察

【作者简介】孙柳(1979~),女,江苏如皋人。 南京政治学院上海校区基层政治工作系连队政治工作教研室副教授,硕士生导师,军事学博士。 主要研究方向:军队基层政治工作。

中国人民解放军没有幸福观的提法,也没有专门的幸福观教育,但解放军的幸福观培育从未间断,解放军政治工作的优势,从一定层面上讲,就突出表现在对这个问题的引导上。 长期以来,解放军形成了人民军队所特有的人生幸福观念体系和价值论,这种蕴含于思想政治工作之中、对于幸福不懈追求的精气神,已成为官兵战斗力的重要源泉,是军队必须十分珍视且需大力发掘的政治优势。

一 新民主主义革命时期中国军队幸福观的培育

中国人民解放军从创建之初就着手树立体现无产阶级性质的新型人民军队性质宗旨

---

* 本文系 2013 年全军军事科研"十二五"计划课题"当代革命军人幸福观研究"(课题编号:13QJ004 —105)的阶段性成果。

的革命的幸福观念和幸福思想。 革命战争年代，中国共产党将马克思主义幸福思想①中国化、具体化为争取民族独立和人民解放，落实在人民军队建设这一层面上。

（一）确立党对军队绝对领导的根本原则，坚持先进思想灌注，为官兵的幸福实现指明方向

确立并坚持党对军队的绝对领导是中国共产党经过艰辛探索得出的真理性认识和一以贯之的建军原则，也是人民军队官兵幸福实现的方向性问题和根本问题。 从诞生之日起，人民军队官兵就在中国共产党的领导下，自觉担当起为中国人民创造幸福生活的神圣使命，并为完成这一使命进行了接力探索和不懈奋斗，从而不断把人民对幸福的期盼变为美好的现实。 党的绝对领导的思想和制度在革命战争时期各个阶段得到充分巩固，以听党指挥、推动革命战争胜利发展，进而实现人民幸福为自己最大幸福的理想观念得到充分灌输。 1943 年 11 月，邓小平在中共中央北方局党校开学动员时，曾语重心长地说，"在以毛泽东思想为指导的党中央的领导之下，我们回忆起过去机会主义领导下的惨痛教训，每个同志都会感觉到这九年是很幸福的"②。 中国共产党不仅缔造了这支军队，而且一直教育和培养着这支军队。 革命战争年代，中国共产党用马克思列宁主义、毛泽东思想武装官兵，用崭新的革命精神贯注部队。 毛泽东在不同场合指出，"共产党、国民党、全国人民，应当共同一致为民族独立、民权自由、民生幸福这三大目标而奋斗"，"民族解放、民权自由、民生幸福的三大理想，谁能说不会实现于中国的？ 我们要使全中国人都有这种明确的认识与坚固的信念"③。 相继开展延安整风、新式整军等运动，着力涤除各种非无产阶级思想，使官兵牢记实现人民解放、实现人民幸福是自己的价值追求和幸福所系，在党的领导下为正义事业与人民解放和幸福而斗争。 正是在这些先进思想和理念指引下，人民军队最终解决了使中国人民站起来的问题。 "我们团结起来，以人民解放战争和人民大革命打倒了内外压迫者，宣布中华人民共和国的成立了。 我们的民族将从此列入爱好和平自由的世界各民族的大家庭，以勇敢而勤劳的姿态工作着，创造自己的文明和幸福"④，党绝对领导下的人民军队使人

---

① 马克思主义幸福思想是马克思主义的世界观与方法论在幸福领域的体现，是科学、理性、辩证的幸福思想。 它以全人类的幸福实现为目标，集中阐述了对幸福的理解和观点、达成幸福的方法和途径等问题。

② 《邓小平文选》第 1 卷，人民出版社，1994，第 88 页。

③ 《毛泽东文集》第 2 卷，人民出版社，1993，第 114 ~ 115 页。

④ 《毛泽东文集》第 5 卷，人民出版社，1996，第 344 页。

民获得第一次解放,即政治解放,"现在的革命是第一步,将来要发展到第二步,发展到社会主义。 中国也只有进到社会主义时代才是真正幸福的时代"①。

(二)确立全心全意为人民服务的根本宗旨,揭示革命军人幸福观的实质

确立军队官兵为人民当兵打仗的根本立场和态度,坚持全心全意为人民服务,是人民军队一切奋斗发展的归宿和源泉。 毛泽东在回答"为什么要革命"时就讲到"为了使人民得到经济的幸福"②。 他在不同场合教育官兵,革命就是为了解除广大人民群众的痛苦,改善生活,使广大人民群众获得民主、自由、幸福,并明确指出,军队"不是为他人打仗,而是为自己为人民打仗"③。 共产党人、革命军人没有自己的私利,完全是为广大人民谋幸福,"他们完全不谋私利,而只为民族与人民求福利"④。 1945 年 4月,毛泽东在《论联合政府》报告中指出,"紧紧地和中国人民站在一起,全心全意地为中国人民服务,就是这个军队的唯一的宗旨"⑤。 朱德指出,军队"它是人民的,因为它是从人民当中来,始终是为人民的解放和幸福而奋斗"⑥。 中国共产党领导的军队正是拥有了让人民得解放、为人民谋幸福的胸怀,树立了无私奉献的共产主义、集体主义的幸福观,才使革命斗争具有了最深厚最广泛的群众基础。 建立在为人民谋解放、谋幸福基础上的革命军人也同时感受着幸福。 "把自己的幸福建筑在'使别人痛苦'的基础上,是一切剥削者的共同特点。 牺牲全人类或大多数人的幸福,把全人类或最大多数人民弄到饥寒交迫与被侮辱的地位,来造成个人或少数人们特殊的权利与特殊的享受,这就是一切剥削者的'高贵'、'伟大'与'被人尊敬'的基础,一切剥削者的道德的基础",在论人的阶级性时,刘少奇曾强调,"无产阶级与共产党员就与此相反,是把自己的幸福建筑在'使别人同享幸福'的基础上。 是在努力于最大多数劳动人民与全人类的解放斗争中来解放自己,来消灭少数人的特殊权利,这就是共产党员的高贵、伟大与被人尊敬的基础,共产主义的道德的基础"⑦,中国共产党领导的军队最初

---

① 《毛泽东选集》第 2 卷,人民出版社,1991,第 683 页。
② 《毛泽东文集》第 1 卷,人民出版社,1993,第 21 页。
③ 《毛泽东选集》第 1 卷,人民出版社,1991,第 138 页。
④ 《毛泽东文集》第 3 卷,人民出版社,1996,第 47 页。
⑤ 《毛泽东选集》第 3 卷,人民出版社,1991,第 1039 页。
⑥ 《朱德选集》,人民出版社,1983,第 158 页。
⑦ 《刘少奇论党的建设》,中央文献出版社,1991,第 224 页。

就是为了服务于人民而建立的，一切革命者的牺牲、努力和斗争，都是为了人民群众的幸福和解放。"实现中国人民之幸福与愉快的生活"①这是革命军队向全国人民做出的庄严承诺。

（三）确立官兵一致、官兵平等的新型关系，创造幸福实现的内部民主环境

实行官兵一致，破除旧军队的封建雇佣制度，克服军阀主义，消除官兵隔阂，官兵之间相互尊重，激发了官兵的革命热情，成为中国共产党领导的人民军队团结自己、战胜敌人的重要法宝，更成为军队官兵幸福感提升的重要基础。"从一九二七年创立人民军队以来，就废除了打骂制度。我们这里，承认官兵人格平等，只有职务的区别，不允许有军官压迫士兵或上级军官压迫下级军官的行为。我们的士兵为人民当兵，而不是为军官当兵……尊干爱兵就是说士兵要尊重干部，干部要爱护士兵。这一运动，大大地加强了部队的团结，大大地提高了官兵的积极性，使军队的各方面工作有了飞跃的进步"②。自三湾改编起，人民军队确立了内部的民主制度，红军官兵一致、官兵平等，和白军是两重天。这种强烈的反差使广大士兵真正体会到做人的尊严，也使官兵之间建立了充分的良性关系，士兵们在军队内部民主主义良好氛围中感到幸福。"红军的物质生活如此菲薄，战斗如此频繁，仍能维持不弊，除党的作用外，就是靠实行军队内的民主主义。官长不打士兵，官兵待遇平等，士兵有开会说话的自由，废除烦琐的礼节……士兵很满意。尤其是新来的俘虏兵，他们感觉国民党军队和我们军队是两个世界。他们虽然感觉红军的物质生活不如白军，但是精神得到了解放。同样一个兵，昨天在敌军不勇敢，今天在红军很勇敢，就是民主主义的影响……中国不但人民需要民主主义，军队也需要民主主义"③。1943 年 4 月，朱德把官兵一致原则作为革命军队管理原则的重要内容，指出："在革命军队中不应有亲、疏、厚、薄之分，不应有爱、恶、生、熟之别，只有大公无私、一视同仁，如家人兄弟一般的工作"④。在革命队伍这种团结互助、亲如兄弟的战友情谊中，广大官兵生活是愉悦的、幸福的，建立在这种团结氛围中的人民军队也是攻无不克、战无不胜的。

---

① 《周恩来选集》上卷，人民出版社，1980，第 77 页。
② 《朱德选集》，人民出版社，1983，第 163 页。
③ 《毛泽东选集》第 1 卷，人民出版社，1991，第 65 页。
④ 《朱德选集》，人民出版社，1983，第 89 ~ 90 页。

二 社会主义前期解放军幸福观的培育

在新民主主义向社会主义过渡及对社会主义建设曲折探索的时期,中国共产党领导人民创造性地实现了中国历史上最广泛最深刻的社会变革,从根本上改变了国家面貌和人民生活。但国际国内形势发生深刻变化,帝国主义对新生政权的包围和封锁,"左"的错误、"文化大革命"等对人民军队产生了影响,解放军幸福观培育在这样的大环境下有不少经验和教训,也走过了一段弯路。

(一)坚持把保家卫国、巩固新生政权作为幸福所系

新中国成立后 10 多年间,美帝国主义先后发动了侵略朝鲜、越南的战争,强化以保家卫国、保护人民胜利果实和新生政权为幸福所系的幸福观培育任务在解放军中突出出来。在抗美援朝战争中,中国军队广泛开展国际主义、爱国主义和革命英雄主义教育,注重从现实与历史结合的角度,向广大官兵分析战争的正义性,指出朝鲜的存亡与中国的安危和人民的幸福密切相连,揭露美帝国主义侵华百年、造成中华民族的巨大不幸。注重从国际主义与爱国主义结合的角度,强调爱国主义就是国际主义在民族解放战争中的实施,教育广大官兵只有为保卫祖国而战,才能打败侵略者,使民族得到解放;只有民族得到解放,才有使无产阶级和劳动人民获得解放和幸福的可能。当祖国和人民给予志愿军以"最可爱的人"的光荣称号时,当志愿军争当最可爱的人、做最可爱的事时,广大官兵的荣誉感、幸福感与责任感得到了显著提升。报告文学《谁是最可爱的人》一文中有这样的描写:一位志愿军战士指着狭小潮湿的防空洞说:"我在那里蹲防空洞,祖国的人民就可以不蹲防空洞呀。他们就可以在马路上不慌不忙地走呀。他们想骑车子也行,想走路也行,边溜达边说话也行。只要能使人民得到幸福,就是我们最大的幸福。"①广大志愿军战士为了祖国人民的幸福,甘于吃苦,并把这种吃苦当作一种幸福。"从朝鲜归来的人,会知道你正生活在幸福中。请你们意识到这是一种幸福吧,因为只有你意识到这一点,你才能更深刻了解我们的战士在朝鲜奋不顾身的原因"②。面对世界头号帝国主义国家的挑战,没有为祖国而战的英勇气概,没有

---

① 王立柱、张伟:《马克思主义箴言——奉献与幸福》,天津人民出版社,2012,第 104 页。
② 王立柱、张伟:《马克思主义箴言——奉献与幸福》,天津人民出版社,2012,第 105~106 页。

为人民幸福而战的斗志豪情，没有革命的荣誉感，没有革命的英雄主义，就不可能形成强大的战斗力。 中国军队发挥政治工作优势，培育为祖国和人民的幸福而战的幸福观念，以鲜血和生命捍卫了祖国的尊严和人民的幸福。

（二）坚持把幸福观培育融入提升官兵荣誉感、处理官兵关系和军民关系之中

自 1954 年初，人民解放军开始实现由革命战争向和平时期建设的战略转变，开始了向现代化进军的新阶段。 在加强现代化正规化建设的新形势下，义务兵役制、薪金制、军衔制和颁发勋章奖章四项制度的重大改革积极推进。 全军各级党委和政治机关进行了广泛深入的宣传教育工作和周密细致的组织准备工作。 通过反复的思想动员和政治教育，提高了广大官兵对实行四项制度改革对于军队建设重大意义的认识，妥善处理了实施四项制度过程中的各种问题，激发了革命军人的荣誉感、责任感和幸福感。 随着毛泽东《关于正确处理人民内部矛盾的问题》讲话的发表，全党全军深入开展整风运动。 全军整风运动主要围绕官兵关系，领导机关与部队、领导干部与群众的关系，军民关系等问题，进行全面整顿，提出基本措施。 针对官兵关系中出现的不良现象，提出建立士兵代表会议制度、保证士兵控诉权、教育改造落后分子、改进处理犯错士兵的方式方法、实行连队干部与士兵同劳作制度、加强干部法制教育，以及广泛开展遵守纪律、服从命令、尊重干部、忠于职守的教育等，官兵一致的原则在新的形势下得到了很好的贯彻，幸福、愉悦的良好氛围得到进一步营造。 针对军民关系中出现的少数不和谐因素，教育部队官兵严格分清敌我，建立固定联系，增进军民了解，适当调整军民利益问题，全心全意为人民服务，为人民的利益和幸福而奋斗牺牲的思想在官兵头脑中进一步巩固。 1958 年 9 月，总政治部作出"军队各级干部每年下连当兵一个月"的规定，70 多位将军先后下连当兵，在军内外引起极大反响。 1960 年 7 月，中央军委作出规定，要求坚决克服"五多"现象。 同年 11 月，总政治部发出通知，要求军、师、团负责干部建立同连队党支部的联系制度。 这些做法改进了领导作风，促进了官兵关系的良性发展，进一步营造了团结、和谐、愉悦、幸福的民主环境。

（三）坚持在学雷锋等一系列大项活动中彰显共产主义幸福观

1960 年，中央军委根据部队的初步经验，决定在全军开展创造"四好"连队和"五好"战士活动。 这项活动得到了全军的热烈响应，调动了基层官兵的积极性，鼓舞了

比学赶帮的高昂热情，增强了集体主义精神，活跃了连队的工作和生活气氛，团结互助和互帮互学氛围浓厚，官兵幸福感进一步提升。 人民解放军历来是锻造英雄模范的大熔炉。 1963 年，全军普遍开展了学习雷锋、学习好八连的活动。 1963 年 2 月，总政治部发出通知，号召全军开展宣传和学习雷锋活动。 随着毛泽东、刘少奇、周恩来等党和国家领导人题词的发表，向雷锋学习的群众性运动在全国全军迅速展开。 不断提高无产阶级觉悟、树立共产主义世界观，热爱集体，保持和发扬艰苦奋斗精神等，是雷锋精神的体现，更是共产主义幸福观的彰显。 "自己活着，就是为了使别人过得更美好"；"一个人只有当他把自己和集体事业融合在一起的时候才能最有力量"；"人的生命是有限的，可是，为人民服务是无限的，我要把有限的生命，投入到无限的为人民服务之中去"；"世界上最光荣的事——劳动。 世界上最体面的人——劳动者"；"我觉得一个革命者就应该把革命利益放在第一位，为党的事业贡献出自己的一切，这才是最幸福的"……雷锋名言体现了一个伟大战士高尚的幸福观，体现了他忠于革命、忠于党和人民的崇高品格。 全军广大官兵以雷锋为榜样，大力开展学习雷锋精神活动，自觉树立共产主义世界观、幸福观，做全心全意为人民服务的好战士。 "南京路上好八连"是一个集体学习雷锋精神的先进典型。 上海警备某团三营八连，保持和发扬人民军队艰苦奋斗优良传统，身居大上海，却一尘不染，成为对部队进行共产主义思想教育的活教材。 广大官兵结合学习雷锋精神，深入开展学习"好八连"活动，思想觉悟进一步提高，全心全意为人民服务和艰苦奋斗的优良传统得到继承和发扬，革命军人共产主义幸福观进一步彰显。

不可否认，中国共产党在为人民谋幸福的奋斗过程中，也曾经因为工作中的失误，特别是"大跃进"和"文革"两大全局性错误，客观上给人民造成了某种程度的"不幸"。 由于受党内"左"倾错误的影响，军队建设和军队政治工作也出现了严重失误，逐渐偏离了建设现代化革命军队的正确方向，破坏了人民军队的优良传统，损害了人民军队的光辉形象，给军队建设和军队政治工作造成了严重危害。 坚持"以阶级斗争为纲"，损害了部队内部的团结；宣扬对领袖的个人崇拜，形式主义、实用主义和简单化、庸俗化盛行；政治工作机关受到严重冲击，总政治部一度被"砸烂"和实行"军事管制"；败坏了政治工作的优良传统和作风，助长了讲大话、空话、假话的歪风；执行"三支两军"任务对稳定局势起到了一定作用，但破坏军政、军民关系，带来了消极后果。 广大官兵最起码的物质利益需要，情感、审美等精神需要，受到极大贬低和歪曲，幸福观培育遭受了严重挫折。

三　社会主义新时期解放军幸福观的培育

党的十一届三中全会以来，伴随改革开放的深入和社会主义市场经济的发展，在探讨人的价值、人生的幸福要义，呼唤人的主体地位和人生幸福、人的价值实现的大背景下，解放军官兵幸福观培育也朝着尊重官兵主体地位、科学的幸福观迈进。

（一）开展军民共建精神文明活动，大力发展先进军事文化，培育科学的幸福观

幸福观与世界观、人生观、价值观紧密相连，将幸福观寓于"三观"教育之中，成为精神文明建设的题中应有之义。1980年12月，邓小平提出大力发扬"革命和拼命精神，严守纪律和自我牺牲精神，大公无私和先人后己精神，压倒一切敌人、压倒一切困难的精神，坚持革命乐观主义、排除万难去争取胜利的精神""五种革命精神"，为革命军人幸福观培塑指明了方向。1982年以来，解放军开展了以"四有三讲两不怕"为基本内容的建设社会主义精神文明先进连队等群众性活动。1985年8月，总政发出《关于深入开展"有理想、有道德、有文化、有纪律"教育的通知》，把"四有"教育活动纳入军队精神文明建设之中。解放军还把学习雷锋精神活动作为加强军队精神文明建设的一件大事常抓不懈，要求广大官兵树立远大共产主义理想和幸福观。解放军在搞好自身精神文明建设的同时，还主动与地方挂钩，共同开展军民共建社会主义精神文明活动，进一步巩固新型军政军民关系。在解决与人民群众利益相关的问题时，尤其是在房屋、土地等问题上，各部队认真执行上级指示，利用各种途径，较为稳妥地解决了历史遗留问题，获得了广大人民群众的认可，进一步把为人民谋幸福的观念引向深入。中共十四大以来，全军部队把强化精神支柱作为精神文明建设的核心，坚持用爱国主义、集体主义和革命英雄主义等马克思主义幸福观教育部队，针对发展社会主义市场经济新条件下，官兵面临的新情况新问题，围绕培养"四有"革命军人目标，加强思想道德建设。1995年2月，各部队又普遍开展学雷锋、学苏宁、学徐洪刚活动，引导官兵树立正确的世界观、人生观、价值观和幸福观，全心全意为人民服务，做人民的忠诚卫士。1996年11月，中央军委印发《关于贯彻党的十四届六中全会精神加强军队精神文明建设的意见》，强调加强军队精神文明建设，

必须首先解决好社会主义和共产主义的理想信念问题，保证全军永远忠于党、忠于祖国、忠于人民、忠于社会主义，进一步树立了共产主义幸福观。 2001年10月，根据《公民道德建设实施纲要》，总政向全军颁发施行《军人道德规范》，确定军人道德规范的内容，即"听党指挥、爱国奉献、爱军习武、尊干爱兵、严守纪律、坚守气节、艰苦奋斗、文明礼貌"。 军人道德规范要求广大官兵把听党指挥、对党忠诚作为最高行为准则，强调尊干爱兵，巩固新形势下官兵关系。 抓住树立人生观、价值观这个根本，不断提高革命军人思想修养和精神境界，保持道德上的纯洁性，革命军人幸福观得到进一步强化和巩固。 2012年，中央军委下发《关于大力发展先进军事文化的意见》，提出以保持军队高度团结统一为重要着力点，以满足官兵精神文化需求为出发点和落脚点，坚持着力保持军队高度团结统一，坚持促进官兵全面发展，指明了官兵幸福观培育的方向。

（二）持续革命人生观等基础性教育，强化革命军人幸福观

人生观决定幸福观。 只有树立正确的人生观，才会有正确的幸福观。[①] 自1995年开始，全军把爱国奉献教育、革命人生观教育、尊干爱兵教育、艰苦奋斗教育"四个教育"作为部队政治教育的重点，加深了广大官兵对立身做人、追求人生幸福的理解，正确对待金钱、名利、苦累和成长进步等问题，取得较好成效。 自1999年初开始，党的"讲学习、讲政治、讲正气"教育活动在全军部队展开。 针对广大官兵党性党风方面存在的问题，坚持理论上划清是非界限，从世界观、人生观、价值观上剖析思想根源，从事物发展规律上思考问题，在讲学习、讲政治、讲正气中培育马克思主义幸福观，自觉强化党性修养，校正人生追求。 2001年3月，全军开始学习实践"三个代表"重要思想、保持共产党员先进性教育，广大官兵坚定理想信念，坚定不移地走中国特色社会主义道路，自觉做最高纲领与最低纲领的统一论者，把实现共产主义幸福目标与坚持走好现实每一步幸福目标统一起来，始终代表最广大人民群众的根本利益，为实现人民群众的幸福生活贡献力量。 2005年4月，胡锦涛提出，要创新和改进思想政治教育的内容、形式和手段，通过细致入微的工作，切实解决官兵思想上的困惑和问题，引导他们树立坚定的理想信念和正确的世界观、人生观、价值观，始终保持政治上的坚定性和思想道德上的纯洁性，始终保持坚强革命意志和旺盛战斗精神。 同年10月，又强调：

---

① 《深化对"幸福"的认识和实践》，《南方日报》2011年5月9日，第1版。

"要持久地开展以坚定理想信念和树立正确的世界观、人生观、价值观为核心的思想政治教育，使广大官兵始终保持政治上的坚定和思想道德上的纯洁，始终保持坚强的革命意志和旺盛的战斗精神。"①"一个树立"是对官兵立身做人、实现人生幸福的根本性基础性要求，"两个始终保持"体现了军队作为武装集团对幸福实现的特殊需要。2006年5月，胡锦涛提出了军队思想政治建设必须突出抓好的四项重大教育："要大力加强思想政治建设，坚持不懈地用党的创新理论武装官兵，紧密结合形势任务，深入开展军队历史使命教育、理想信念教育、战斗精神教育和社会主义荣辱观教育，始终保持部队正确的政治方向。"②"四项教育"集中体现了履行军队历史使命、培育"四有"革命军人对思想政治教育提出的本质要求。从根本上说，增强使命意识、坚定理想信念、铸牢精神支柱、弘扬战斗精神，纯洁道德操守，是一个合格的革命军人不可或缺的精神支柱，因而构成了新的历史条件下官兵幸福观培育的基本内容和现实要求，具有取向的一致性和高度的融合性。

（三）坚持"以人为本"，确立新形势下幸福观培育的基本理念

进入新世纪新阶段，作为科学发展观的核心，以人为本成为解放军各项建设中必须始终坚持的基本理念。胡锦涛指出，坚持以人为本，"对军队来说，就是要始终坚持人民军队的宗旨，全心全意为人民服务，坚决维护人民群众的根本利益。在军队建设中，必须充分尊重官兵的主体地位和创造精神，心系基层、情系官兵，切实维护官兵的权益，不断改善官兵的物质和文化生活条件"③。特别强调了军队贯彻以人为本最重要的是必须始终坚持人民军队的根本性质，坚决维护人民群众的根本利益这一特殊性。这进一步阐明了当代革命军人追求幸福的归宿，要把维护人民群众的幸福作为价值指向。同时，对军队自身建设来说，就是要发挥官兵在军队建设中的主体作用，把推动部队建设与促进官兵全面发展有机统一起来。在为人民群众谋幸福的基础上，促进官兵个体自身幸福的实现。要不断提高官兵的思想政治素质、科学文化素质、军事专业素质和身体心理素质，要关心官兵正当的民主权益，加强新形势下军队内部的政治民

---

①　《全军要认真学习贯彻党的十六届五中全会精神　坚决履行好新世纪新阶段党和人民赋予的历史使命》，《解放军报》2005年10月20日，第1版。

②　《坚持把科学发展观作为加强国防和军队建设重要指导方针　不断提高履行新世纪新阶段我军历史使命的能力》，《解放军报》2006年5月17日，第1版。

③　《国防和军队建设中贯彻落实科学发展观》，解放军出版社，2010，第9页。

主、经济民主、军事民主建设,努力促进和实现官兵的全面发展,把他们培养成为有理想、有道德、有文化、有纪律的新一代革命军人。 胡锦涛还强调,要紧贴时代变化、紧贴使命任务、紧贴官兵实际,切实改进和创新思想政治工作,要把解决思想问题与解决实际问题结合起来,与落实完善政策制度结合起来,热情帮助官兵解决实际困难。 要紧密联系部队建设的新形势新特点,切实加强和改进思想政治工作。 这是确保党对军队领导的必然要求,是确保打得赢、不变质的必然要求,也是确保广大官兵健康成长的必然要求。 所有这些都详细阐发了军队建设中贯彻以人为本的本质内涵和特殊要求,彰显了思想政治建设必须始终坚持的出发点和落脚点,进一步为解放军官兵追求幸福指明了方向。

(四)深入培育当代革命军人核心价值观,引领官兵幸福观塑造

　　幸福观与人生观、价值观紧密相连,有什么样的幸福观,就有什么样的人生追求、价值取舍、行为准则。[①] 当代革命军人是一个特殊的社会群体,其幸福观在很大程度上体现了军队的价值取向,并对军队的发展产生影响。 2008 年 12 月,胡锦涛提出要围绕强化官兵精神支柱,大力培育"忠诚于党、热爱人民、报效国家、献身使命、崇尚荣誉"的当代革命军人核心价值观。 当代革命军人核心价值观对军人思想道德和行为方式起着主导作用,反映解放军官兵与党、人民、国家、军队的关系以及官兵关系最基本、最核心的价值观念。 引导当代革命军人树立正确的幸福观,应以当代革命军人核心价值观为指导,以全心全意为人民服务为宗旨,以保家卫国、勇于牺牲奉献为前提。 从 2009 年起,全军连续三年以"当代革命军人核心价值观"为重点开展主题教育活动,持续开展践行当代革命军人核心价值观新闻人物评选活动。 2011 年,总政又印发《深入持久培育当代革命军人核心价值观实施意见》,进一步深入持久培育当代革命军人核心价值观。 军人所追求的幸福是和崇高联系在一起的,是与家国情怀息息相关的,是以社会主义核心价值观和当代革命军人核心价值观为价值取向的。 2011 年,《解放军报》以培育当代革命军人核心价值观为牵引,持续开展"说说我们的幸福观"大讨论,把探讨军人幸福观培育问题推向高潮。

---

　　① 《在全社会大力弘扬助人为乐的幸福观　推动涌现更多郭明义式的道德模范和雷锋传人》,《光明日报》2010 年 10 月 21 日,第 1 版。

四　新历史起点上把培育当代革命军人
幸福观引向深入

在中国共产党的领导下，人民军队从创建一开始就把进步的思想政治工作贯穿于部队之中，着力解决"建设什么样的军队、怎样建设军队"以及"为谁当兵、为谁打仗"等问题，所有这些问题的根源就在于对幸福观的思考和探讨，经过革命战争年代、社会主义革命与建设时期、改革开放等各个历史时期，形成了解放军所特有的人生幸福观念体系和价值论。这种蕴含于思想政治工作之中、对于幸福不懈追求的精神元素，已经成为军队战斗精神培育和战斗力生成的重要源泉，使这支军队由小到大、由弱到强、从胜利走向胜利，创造出以劣势装备打败拥有先进装备的国内外敌人的战争奇迹，应该成为必须十分珍视且需善于挖掘的政治优势。

在新历史起点上，面对人民群众过上更加幸福美好生活的新期待，习近平代表中国共产党作出庄严承诺，"人民对美好生活的向往，就是我们的奋斗目标"①，并指出，"人世间的一切幸福都是要靠辛勤的劳动来创造的"②，"实现中华民族伟大复兴的中国梦，就是要实现国家富强、民族振兴、人民幸福"③，"让老百姓过上更加幸福的生活，还有大量工作要做"④。强国梦，对军队来说，也是强军梦。习近平强调，"要坚持不懈加强我军光荣传统和优良作风教育，加强战斗精神培育"⑤，要"真正使我军的光荣传统和优良作风薪火相传、发扬光大，使老红军本色长久不衰、永远不变，更好地肩负起党和人民赋予我军的神圣使命"⑥。当前，全军深入开展以为民、务实、清廉为主要内容的党的群众路线教育实践活动，着眼永葆人民军队性质、宗旨、本色，着眼形成和发展团结、友爱、和谐、纯洁的内部关系，着眼促进军队各项工作和建设，始终把为人民谋幸福放在高于一切的地位，从思想根源和灵魂深处坚定信念、铸牢军魂，强化宗旨意识，为中国梦强军梦的实现提供保证。广大官兵以党在新形势下的强军目标为引领，加强组织纪律性，强化忧患意识、危机意识、使命意识，坚决抵御拜金主义、享

---

① 《人民对美好生活的向往就是我们的奋斗目标》，《人民日报》2012年11月16日，第4版。
② 《人民对美好生活的向往就是我们的奋斗目标》，《人民日报》2012年11月16日，第4版。
③ 《在第十二届全国人民代表大会第一次会议上的讲话》，《人民日报》2013年3月18日，第1版。
④ 《国家主席习近平发表二〇一四年新年贺词》，《人民日报》2014年1月1日，第1版。
⑤ 《胡锦涛习近平出席中央军委扩大会议并发表重要讲话》，《解放军报》2012年11月18日，第2版。
⑥ 《胡锦涛习近平出席中央军委扩大会议并发表重要讲话》，《解放军报》2012年11月18日，第2版。

乐主义、个人主义的侵蚀,做到信念不动摇、思想不松懈、斗志不衰退、作风不涣散,在筑牢强军之魂、聚力强军之要、夯实强军之基,保持坚定的革命意志和旺盛的战斗精神中,将培育树立科学的幸福观不断引向深入。

〔责任编辑:李秋发〕

A Historical Study of the Cultivation of PLA's Concept of Happiness

Sun Liu

Abstract:The People's Liberation Army (PLA) has started to establish the revolutionary concept and idea of happiness embodying its proletariat nature and goal since the new people's army was founded. Cultivating the concept of happiness has always been an important part of PLA's ideological and political work in different historical periods of the revolutionary war, the socialist revolution and construction, and the reform and opening up. With persistent exploration, development and innovation, PLA has been highly effective in fostering the concept of happiness, which has also played a significant role in maintaining a firm revolutionary will and exuberant fighting spirit.

Keywords:PLA; concept of happiness; cultivation; historical study

〔英文校译:陈伟昉〕

● 专论 ●

新中国处理边界争端中军事力量运用的基本原则

陆　旸

【摘　　要】军事力量作为维护国家利益的安全保障和处置国家间争端的最后手段，其使用的时机、方式、规模、时限及其所要达成的目标限度，实质上反映了争端双方或多方在对待军事力量解决问题上的价值分歧，即国家在维护自身安全和利益时，对军事力量运用的价值认知、路径依赖和实效评估。新中国在处理边界争端时始终遵循军事力量运用的三原则：底线原则、尚义原则、有限原则。

【关 键 词】中国　边界争端　军事力量　基本原则

【作者简介】陆旸（1980 ~ 　 ），女，江苏东台人。南京政治学院上海校区部队政治工作系军事政治与国家安全教研室副教授。主要研究方向：军事历史、军事政治学。

军事力量作为维护国家利益的安全保障和处置国家间争端的最后手段，其使用的时机、方式、规模、时限及其所要达成的目标限度，实质上反映了争端双方或多方在以军事力量解决问题上的价值分歧，即国家在维护自身安全和利益时，对军事力量运用的价值认知、路径依赖和实效评估。从价值认知的角度而言，对军事力量的运用反映了不同国家在处置争端中使用武力的政治态度和利益认知。从路径依赖的角度而言，对军事力量的运用反映了不同国家在处置争端中使用武力的手段选择和习惯依赖。从实效评估的角度而言，对军事力量的运用反映了不同国家在处置争端中使用武力的现实考量与效果预测。自 1949 年 10 月 1 日成立以来，新中国历经朝鲜战争、中印边境冲突、中苏边境冲突和对越自卫反击战，以及以西沙海战为代表的南海争端等重大危机事件。在这些主要涉及国家主权和领土争端的重大危机事件中，新中国面对着不同类型的国家,既有强大如美国和苏联的超级大国,又有刚刚获得独立统一的越南和人口众多的印度。 中国在处置与相关国家的领土争端时,既表现出了足够的政策灵活性,又保持了相对稳定的战略定力。 这一战略定力集中反映了中国在使用军事力量解决争端时的谨慎态度。 具体来说,新中国在处理边界争端中军事力量的使用原则主要表现在三个方面:底线原则、尚义原则、有限原则。

一 军事力量运用的底线原则

所谓底线原则主要是指军事力量在维护国家领土主权完整、解决边界争端中发挥的功能作用和选择的优先次序。 本质上它是指在处置涉及国家利益的争端时,国家对军事力量作用和功效的认知判断。 具体来说,这一原则主要涉及国家对两个关键问题的立场与看法。

一是国家对构建国际政治的主观认知。 军事力量作为强制性力量,既是国家政权构成的主要权力支撑,又是国家间关系中一国权力彰显的主要标志。 作为具有极强破坏性的武力,对军事力量在解决国家间争端时选择的优先与否,直接反映了国家对国际关系和国际政治本质的主观认知。

自近代国际关系形成发展以来,军事力量在相当长的历史时期内是国际关系调整、国家争取自身利益的主要手段,是大国伸张国家意志的权力表达工具。 诚如梁启超所言:"民族帝国主义者何? 其国民之实力,充于内而不得不溢于外,于是汲汲焉求扩张权力于他地,以为我尾闾。 其下手也,或以兵力,或以商务,或以工业,或以教会,而一用政策以指挥调护之是也。"①无论是传统的欧洲国家,抑或是新兴的美国,以军事力量解决冲突的战争基因早已融入其国家构建的制度文化心理之中。 正如迈克尔·霍华德指出的那样,"欧洲的版图是在战争的铁砧上锤出来的"②。 西方列强"强权即公理"的国际政治观也由此得以塑造和确立。 其间虽有两次世界大战的惨痛教训而有所改进,但西方列强所主导的国际政治经济旧秩序仍未得到根本改变,只不过对实力政治的奉行更加隐蔽而已。

新中国自成立以来,虽然迭经朝鲜战争、中苏珍宝岛冲突、中印边境冲突和中越边

---

① 吴嘉勋、李华兴:《梁启超选集》,上海人民出版社,1984,第 209 页。
② 〔英〕迈克尔·霍华德:《欧洲历史上的战争》,褚律元译,辽宁教育出版社,1998,第 1 页。

境自卫反击作战等边界争端，但是对军事力量的运用仍然奉行慎战慎用的原则。 无论是解决争端前的外交谈判努力，还是处置争端时的军事打击限度，都反映了中国对国际政治的新看法。 一方面，中国承认，自近代国际政治形成以来，西方列强在国际关系中的强势地位依然保持，广大亚非拉国家在国际政治舞台上的弱势地位并没有因为独立而得到根本改变。 基于国家实力决定权力的国际政治观仍然是西方列强处理与别国关系时的根本立场。 正是对这一国际政治本质的清醒认识，从毛泽东时代开始，加强国防和军队建设就一直是新中国的既定方针。 毛泽东指出："世界上从有历史以来，没有不搞实力地位的事情。 任何阶级、任何国家，都是要搞实力地位的。 搞实力地位，这是历史的必然趋势。 国家是阶级统治的机关，军队是阶级的实力。 只要有阶级，就不能不搞军队。 当然我们是希望不打世界大战的，我们是希望和平的。"[1]另一方面，在承认旧的国际政治仍然是实力至上的同时，中国主张建立一种有别于西方列强主导的国际政治经济新秩序。 "国家不分大小强弱，在国际关系中都应该享有平等的权利，它们的主权和领土完整都应该得到尊重，而不应该受到侵犯。"[2]和平共处五项原则是中国处理同周边国家关系的首要政治原则。 周恩来指出："新中国成立后就确立了处理中印两国关系的原则，那就是互相尊重领土主权、互不侵犯、互不干涉内政、平等互惠和和平共处的原则。 两个大国之间，特别是像中印这样两个接壤的大国之间，一定会有某些问题。 只要根据这些原则，任何业已成熟的悬而未决的问题都可以拿出来谈。"[3]

二是国家对实现国家利益的方式选择。 实现和维护国家利益的方式不外乎文武两途。 从文的方面来讲，主要包括谈判、磋商、调解等方式，其行为主体主要以职业外交官为代表。 从武的方面来讲，主要包括威慑、恐吓、干涉等方式，其行为主体主要以军事力量为代表。 作为维护国家利益的方法途径，文武两道并非截然分开，而是相辅相成，互为支撑的。 不过，在实现和维护国家利益时，如何处理外交与武力的关系以及由此决定的优先顺序，却能反映出一个国家使用军事力量的基本态度。

在"真理在大炮射程之内"的信条下，西方列强以武力解决争端或冲突的习惯与冲动，使人类社会在 20 世纪的前半叶，先后经历了两次席卷全球的世界大战。 在战争毁灭性后果的警醒下，创制一种新的维护世界和平的集体安全机制——联合国——

---

① 《建国以来毛泽东军事文稿》下卷，军事科学出版社、中央文献出版社，2010，第 69～70 页。
② 《周恩来选集》下卷，人民出版社，1984，第 149～150 页。
③ 《周恩来选集》下卷，人民出版社，1984，第 118 页。

就成为历史发展的必然选择。 然后，冷战的爆发及其后长达近半个世纪的美苏争霸，使得军事力量再次成为超级大国展示"肌肉"、攫取利益的最有效途径。 联合国沦为美苏两国的斗气场。 而在苏联解体、冷战结束后，失去了权力制衡的美国一超独霸，为了维护其世界警察的地位，美国对联合国奉行合其利者则用之、违其意者则弃之的实用主义原则。 以美国的国家利益为导向，动辄以武力威胁、干涉相关冲突国家，表现出处理国家间争端和冲突的赤裸裸的实力政治原则和对军事力量使用的无所顾忌。

新中国在维护国家主权领土完整等国家核心利益时，无论是面对强大的苏联，还是在处理与周边小国的边界争端时，都主张首先通过和平谈判的方式来化解双方的矛盾。刘少奇指出："我们争取在五项原则的基础上首先同我们的所有邻国建立睦邻关系。我们同这些国家有深厚的传统友谊，而没有不可解决的争端。 在我们同某些邻国之间，存在着一些历史上遗留下来的问题。 帝国主义者力图利用这种情况来破坏和阻挠我们同邻国发展和建立友好关系。 但是，这种企图是注定要失败的。 我们同邻国之间的一切问题，都可以根据五项原则，通过和平协商的途径，求得解决。 我们同邻国发展和建立友好关系，既符合我国的利益，也符合我们邻国的利益。"[1]以中国处理中缅边界划界问题为例，早在1955年时，中缅双方的前哨部队由于误会就发生过武装冲突。 但是，在中国和缅甸双方的努力下，这一偶发的武装冲突事件得到了有效控制，并为后来的中缅边界谈判提供了积极的借鉴意义。 周恩来指出："我国政府一贯主张，我国和其他国家之间所有悬而未决的问题，都应该通过和平协商的途径，求得公平合理的解决。 中缅边界问题由来已久，问题本身也很复杂，因此，政府从着手处理这个问题的时候起，就采取了审慎从事的态度，有准备、有步骤地寻求这个问题的解决。"[2]

当然，外交谈判是解决边界争端的主要方式，但绝非唯一手段。 事实上，"中国对外使用武力的所有案例，全都与其边界与主权有关"[3]。 中国在维护国家主权领土完整时，从来都不会以国家利益作为政治交换的筹码，军事力量向来都是中国维护国家核心利益的保底手段。 这是中国维护国家利益使用军事力量的底线原则。 习近平主席指出："国防和军队建设是国家安全的坚强后盾。 没有一个巩固的国防，没有一支强大

---

①　《刘少奇选集》下卷，人民出版社，1981，第262页。

②　《周恩来选集》下卷，人民出版社，1984，第239~240页。

③　〔美〕戴维·蓝普顿：《中国力量的三面：军力、财力与智力》，姚芸竹译，新华出版社，2009，第16页。

的军队，和平发展就没有保障。 新中国成立以来，正是因为我们高度重视国防建设，敢于在关键时刻亮剑，才顶住了来自外部的各种压力，维护了国家的独立、自主、安全、尊严。 现在，虽然维护国家安全的手段和选择增多了，我们可以灵活运用、纵横捭阖，但千万不能忘记，军事手段始终是保底的手段。"①

二　军事力量运用的尚义原则

所谓尚义原则主要是指军事力量在维护国家领土主权完整、解决边界争端中的合理性、合法性问题。 实质上反映了一国在使用军事力量时寻求和争取政治主动的精神体现。 新中国在处理边界争端时始终遵从军事力量运用的尚义原则。 对这一原则的尊崇，既有传统战略文化的影响，又是中国谋求自身发展的现实选择。 具体来说，主要表现在两个方面。

一是中国义战文化的传统影响。 尚义战是中国传统战略文化道义价值的集中体现，所谓"兵苟义，攻伐也可，救守也可。 兵不义，攻伐不可，救守不可"。② 中国传统战略文化历来强调在战争观念上的"义兵""义战"，强调战争的正义性和对待战争的慎战态度。 所谓"兵者，不祥之器，非君子之器，不得已而用之"。③ 具体表现在三个方面。 一是在战略决策上，主张兵以昭德，以义诛不义。 如墨子言："义战曰诛，不义曰攻。"在战争策略上，主张师必有名，以"恭行天之罚"相号召，所谓"以义诛不义，若决江河而溉爝火，临不测而挤欲堕，其克必矣"④。 二是在战争进程中，强调实行以"仁"为核心的军事人道主义。 "兵入于敌之境……不虐五谷，不掘坟墓，不伐树木，不烧积聚，不焚室屋，不取六畜。"⑤三是在战争预测上，强调德不可敌，义战必胜，所谓"顺道而动，天下为响；因民而虑，天下为斗"⑥。 以毛泽东为代表的中国共产党人运用历史唯物主义与辩证唯物主义的方法，继承中国传统"义兵""义战"思想，形成了中国共产党自己的战争观，明确宣告："我们拥护正义战争，反对非正义战

---

① 《深入学习贯彻党的十八大精神军队领导干部学习文件选编》，解放军出版社，2013，第296页。
② 《吕氏春秋·禁塞》。
③ 《老子》第三十一章。
④ 《三略·下略》。
⑤ 《吕氏春秋·怀宠》。
⑥ 《淮南子·兵略训》。

争"①。 中国在处理边界争端时，始终强调军事行动的自卫性，坚决不打第一枪，以争取在军事上、政治上与道义上的主动权。

二是和平发展的必然选择。 中国处理边界争端时不以军事力量作为解决问题的首要方式，坚持武力使用的尚义原则，从根本上来说这是由中国选择的和平发展道路决定的。 新中国自成立以来，作为一个人口众多、地域辽阔，有着大国传统的国家，其在国际政治舞台上的一举一动都备受关注。 尤其是近代以来帝国主义和殖民主义为了分化、弱化中国的地区影响，给新中国与周边国家制造了许多边界遗留问题。 新中国走什么样的发展道路、选择什么样的解决方式，就成为国际社会关注的焦点。 对此，从毛泽东时代开始，新中国就始终保持着清醒的认识，强调中国的发展道路是和平的，"我们绝不要别国的一寸土地"②，中国绝不会走西方国家一强就霸的老路。 1960年5月，英国蒙哥马利元帅来华访问。 毛泽东在与蒙哥马利的谈话中，就明确回答了蒙哥马利对中国未来强大后会走什么样的道路，会不会和西方国家一样，要向外侵略的问题。 蒙哥马利问道："中国大概需要五十年，一切事情就办得差不多了，人民生活会有大大的改善，房屋问题、教育问题和建设问题都解决了，到那时候，你看中国的前途将会怎样?"毛泽东明确表示，如果向外侵略就会被打回来："外国是外国人住的地方，别人不能去，没有权利也没有理由硬挤进去"，"如果去，就要被赶走，这是历史教训"。 在被问及五十年以后中国成为世界上最强大的国家，它的命运会怎么样时，毛泽东以风趣的语言再次肯定了中国决不称霸的决心。 他说："五十年以后，中国的命运还是九百六十万平方公里。 中国没有上帝，有个玉皇大帝。 五十年以后，玉皇大帝管的范围还是九百六十万平方公里。 如果我们占人家一寸土地，我们就是侵略者。 实际上，我们是被侵略者，美国还占着我们的台湾。 可是联合国却给我们一个封号，叫我们是'侵略者'。 你在同一个'侵略者'说话，你知道不知道? 在你对面坐着一个'侵略者'，你怕不怕?"③

总之，始终坚持边界争端中军事力量运用的尚义原则是中国对军事力量作为国际关系体系中强制性权力作用的深刻洞察和辩证思考。 习近平主席指出："我们坚持走和平发展道路，决不干称王称霸的事，决不会搞侵略扩张，但如果有人要把战争强加到我们头上，我们必须能决战决胜。 我们渴望和平，但决不会因此而放弃我们的正当权

① 《毛泽东选集》第2卷，人民出版社，1991，第174页。
② 《建国以来毛泽东军事文稿》下卷，军事科学出版社、中央文献出版社，2010，第57~58页。
③ 《建国以来毛泽东军事文稿》下卷，军事科学出版社、中央文献出版社，2010，第94~95页。

益，决不会拿国家的核心利益做交易。　能战方能止战，准备打才可能不必打，越不能
打越可能挨打，这就是战争与和平的辩证法。"①

三　军事力量运用的有限原则

所谓有限原则主要是指军事力量在维护国家领土主权完整、解决边界争端中使用的
时限、规模和达成预定目标的程度。　中国在处理边界争端时坚持军事力量使用的有限
原则，主要是由两个方面的因素决定的。

一是自卫防御的战略规制。　坚持国防战略的自卫性和防御性，根源于中国传统
"释远谋近"的战略思维。　费正清指出："中国的决策人历来强调防御性的地面战争，
这反映了一种官僚的保守性伦理，与欧洲帝国主义行动中所显示的商业扩张主义的进攻
理论截然不同。"马克·曼考也指出："中国对自己文明的认识没有那种侵略性的使
命。"托马斯·克利瑞说："中国将武力的使用限于防御目的，是受源出于道家和儒家
道德思想的影响。　战争只是不得已的手段，而且必须有正当的理由，这通常是指防御
战争，但不排除惩罚性战争，以制止以强凌弱的行为。"②新中国成立以后，积极防御
的战略思想就被确立起来，成为指导国防和军队建设的军事战略方针。　1956 年 3 月 6
日，中央军委扩大会议正式确定我国的积极防御军事战略方针。　彭德怀对积极防御的
战略方针做了全面阐述。　他指出："积极防御的战略方针，应该是（在战前）不断地加
强我国的军事力量，继续扩大我国的国际统一战线活动，从军事上和政治上来制止或推
迟战争的爆发。　当帝国主义不顾一切后果向我国发动侵略战争的时候，我军要能够立
即给予有力的还击，并在预定设防地区阻止敌人的进攻……把战线稳定下来，打破敌人
速战速决的计划，迫使敌人同我军进行持久作战，以便逐渐剥夺敌人在战略上的主动
权，使我军逐渐转入战略的主动，也就是由战略的防御转入战略的进攻。"③1980 年 10
月 15 日，在全军高级干部战略问题研究班（即 801 会议）上，邓小平进一步阐述了这一
方针。　他说："我们未来的反侵略战争，究竟采取什么样的方针？　我赞成就是'积极
防御'四个字。　积极防御本身就不只是一个防御，防御中有进攻。　既然是积极防御，

---

① 《深入学习贯彻党的十八大精神军队领导干部学习文件选编》，解放军出版社，2013，第 299 页。
② 《中国军事科学》1997 年第 1 期，第 9 页。
③ 《彭德怀传》，当代中国出版社，1993，第 537 页。

本身就包括持久作战。 战争肯定是持久的，一定要搞持久战，中国有这个条件。"①积极防御的军事战略方针决定了中国在处理边界争端时军事力量使用的有限性，即不主动进攻或不主动挑起战争。

二是大国身份的责任认同。 中国作为联合国五大常任理事国之一，有义务有责任承担起维护地区与世界和平的重任。 这既是联合国赋予的法定权利，同时也是中国国防法赋予的权利。 《中华人民共和国国防法》明确规定："中华人民共和国在对外军事关系中，维护世界和平，反对侵略扩张行为。"②对还处于社会主义初级阶段的中国来说，要想发挥好维护世界和平的坚定力量的作用，首先需要解决的问题就是自身的发展问题。 只有中国真正发展起来了，世界和平才能得到真正的力量保障。 因此，"同心同德地实现四个现代化上来，是今后一个相当长的时期内全国人民压倒一切的中心任务，是决定祖国命运的千秋大业"③。 作为社会主义国家，中国的发展既符合中国人民的利益，也符合世界人民的利益。 "我们提出维护世界和平不是在讲空话，是基于我们自己的需要，当然也符合世界人民的需要，特别是第三世界人民的需要。"④无论过去、现在还是将来，我国都不谋求世界或地区范围内的霸权，不参加任何军事集团，不进行任何形式的军备竞赛，不在外国派驻一兵一卒或建立军事基地，更不会发动战争去侵略别的国家。 中国"永远不会称霸，永远不会欺负别人"⑤。

但同时，中国国防政策的防御性与保卫国家利益的坚决性是相统一的。 在涉及民族利益和国家主权的问题上，我们决不屈服于任何外来势力，中国决不允许任何人损害中国的主权和领土完整，不怕任何强加在中国头上的战争。 中国坚持后发制人，坚持自卫立场，不首先挑起冲突，但一旦有人侵略中国的领土主权，中国有权采取自己认为必要的包括军事手段在内的一切手段，给予坚决回击。 习近平强调："在国家主权和领土完整遇到重大挑战时，我们没有退路，必须针锋相对，寸土必争。 有位老领导当年跟我说，我们执政的同志始终要把3件事放在心上：五千年的优秀文化不能搞丢了，老前辈确立的正确政治制度不要搞坏了，老祖宗留下来的地盘不要搞小了。 这确实是必须把握的几点。 我们希望周边保持稳定，在涉及国家核心利益的原则问题上，我们

---

① 《邓小平军事文集》第3卷，军事科学出版社、中央文献出版社，2004，第177页。

② 许江瑞、方宁：《国防法概论》，军事科学出版社，1998，第540页。

③ 《邓小平文选》第2卷，人民出版社，1994，第208～209页。

④ 《邓小平文选》第2卷，人民出版社，1994，第417页。

⑤ 《邓小平文选》第3卷，人民出版社，1993，第56页。

既要坚守底线、坚决斗争，同时又要着眼大局、管控风险，做好经略周边工作，保持周边安全稳定。"①

〔责任编辑：李秋发〕

Basic Principles for Military Force Utilization in China's Dealing with Boundary Dispute

Lu Yang

Abstract：The occasion， method， scale， duration， and the aim of military force utilization， the ultimate means for security guarantee of national interest and dealing with the international dispute， actually reflects the value differences on solving problems by military force between or among the sides. That is， the value cognition， path dependence and effect evaluation of the military force utilization for maintenance of it security and interest. New China has been following the Three Principles of military force utilization in Dealing with boundary dispute：Bottom－line principle， justice－advocate principle and limitation principle.

Keywords：China；boundary dispute； military force；basic principle

〔英文校译：李丛禾〕

---

① 《深入学习贯彻党的十八大精神军队领导干部学习文件选编》，解放军出版社，2013，第220页。

● 专论 ●

印军战斗作风建设路径及制约因素

唐国东

【摘　要】战斗作风是作战部队战斗力的重要组成部分,是战斗精神的主要体现。印军战斗作风建设与"英雄心态"教育、宗教文化影响、演习演练、政策制度保障等相关联,具有一定的借鉴意义。但其内部体制存在先天性不足,这些问题在其心理态势上得到了充分暴露,影响了战斗精神的提升和发展空间。

【关 键 词】印军　战斗作风　路径　制约因素

【作者简介】唐国东(1979～),男,江苏如东人。南京政治学院上海校区军事心理与心战系军事心理学教研室主任、副教授,军事学博士。主要研究方向:军事心理学基本理论。

战斗作风是作战部队战斗力的重要组成部分,是战斗精神的主要体现,是战胜一切困难、夺取战争胜利必不可少的重要条件。近年来,印军在"冷启动"作战理论指导下,形成了"前进政策""实力政策""核威慑政策""保陆制海政策",以及"东联、西攻、北防、南进、内稳"的国防军事战略,对华军事战略逐渐由消极"防御"型向积极主动"进攻"型转变,高度重视战斗作风建设,锤炼和铸造官兵过硬的战斗作风。

一　印军战斗作风建设主要路径

在印军战斗作风建设中,"英雄心态"教育是基础、宗教文化影响是内核,演习演练是条件,政策制度保障是动力。

（一）强化教育，激发官兵战斗精神

各种教育可概括为四个方面。①"印度中心论"教育。特殊的地理条件造就了印度国民"众星捧月""一家独大"的心态。近年来，印度积极融入美国"边缘遏制战略体系"，庇护达赖集团的"藏独"活动，企图牵制中国发展，不断宣传印度"大国战略"思想，强调印度是南亚地区大国，是核武器拥有国，在南亚拥有支配权，可以成为世界性大国，主张"大印度联邦"应包括阿富汗、巴基斯坦、缅甸及南亚各国、中国西藏等英国殖民者曾经统治过或染指过的国家和地区。在这种宣传教育下，印度军队形成了严重的战略自负心态，鼓吹"陆军战斗力优于中国军队"，大肆在中印边境扩充部署军队，修建战场设施，不断进行挑衅。②"献身国家"教育。国防军事战略是印军官兵心理活动的精神支柱，是左右印军官兵情绪、激发战争意志的主导因素。印军一直强调"国家、服从、献身"是最基本的军人品质，要求官兵必须从民族、宗教、语言、地区、种姓的束缚中解脱出来，为印度全民族的利益而奋斗，为保卫祖国而献身。在此种教育下，有关资料表明，有"48%以上的印军官兵愿意不惜一切代价，主张与中国再次进行决战"。③"作风纪律"教育。主要灌输"绝对服从"和"勇敢献身"思想，要求官兵善于把个人意愿融合在集体利益之中，放弃对钱财和享受的追求，坚决服从军队的整体利益，时刻保持高度警惕，为祖国献身。2011年6月11日，印度总统帕蒂尔在印度军事学院发表演讲时，强调要求"年轻军官要遵守纪律，面临困境要保持镇定，向其部属传递团结友爱的观念"。④"复仇意识"教育。印军部（分）队经常进行战备形势教育，所用材料通常由作战或情报部门提供，内容涉及敌情动态、时事政治等，主要介绍国际安全形势和印度周边军事斗争态势，渲染印度安全受到的威胁，以增强官兵的战备观念。

（二）多维并举，提高官兵战斗素质

印军十分重视官兵心理承受能力、心理适应能力和心理抗压能力训练。①严把心理测试筛查关。生长军官入伍之初，必须经过严格的心理测试。既有书面测试、小组测试，还有严格的领导面试，任何一项成绩不过关，即被淘汰。②强化心理适应训练。印军主要通过各种战役和战术演习与训练，来增强部队官兵实战条件下的心理适应能力，锤炼部队官兵对敌心理战的防御能力，其中包括核威慑条件下常规作战训练、模拟信息战条件下战场环境训练、高海拔战场环境心理承受力训练、敌心战攻击时心理稳定

性训练、野外生存和登山探险训练等。 ③注重军官多级培训。 印军指挥军官训练通常分为四个阶段进行，职前训练通常包括 3 年的文化学习和 1 年以上的专业知识和技能训练；在职训练主要包括日常演习演练、晋升考核、定期轮换等；院校进修培训，其陆军从少尉至准将至少需经过 5 次培训，海军 8 次，空军 10 次左右；出国考察深造培训，印军每年选拔各军兵种优秀军官出国深造，掌握先进军事技术和军事理论，近年来已与美军和俄军形成了良好的人才交流培训机制。

（三）借助宗教，强化官兵精神控制

印度在世界上号称"人种和宗教博物馆"，民族精神和宗教感情奠定了印军官兵勇敢作战的心理基础。 ①利用宗教对官兵进行精神控制。 印度是一个普遍信仰宗教的国家，主要信奉印度教，印度教徒约占全国人口的 84.2%，伊斯兰教徒占 12%，基督教徒占 2.3%，锡克教徒占 1.9%，信奉其他宗教的人数较少。 占据主体的印度教教义以及严格的宗教管理使得印度教士兵更具组织力和凝聚力。 ②运用宗教活动对官兵进行说教。 印军《战时教育》称，"一个印度士兵，必须是一个虔诚的教徒"。 印军官兵基本上都信教，每个营都设有经堂，并配备有专职宗教教员，每天早晚进行祈祷、诵经，每个连都配有一名宗教军士，设有祭坛。 新兵入伍要举行宗教仪式，宣誓维护宗教理想。 平时定期举行各种宗教活动，遇宗教节日时活动规模更大。 ③利用宗教培育"尚武"意识。 印军尚武意识的培育与民族宗教因素的张扬有着密切的关系，宗教的"唯灵论"荣誉观念深入人心，一方面使分属不同民族、不同宗教的士兵，产生崇尚英雄的情结，培育了印军的战斗精神，如锡克联队强悍好斗；马德拉斯联队英勇善战、不屈不挠；廓尔喀联队平时沉默寡言、作战勇敢、吃苦耐劳，善于猛打猛冲，适合山地作战。但另一方面，宗教所培育的这种"崇尚英雄"意识也是印军内部时有哗变、刺杀案件的重要原因。

（四）配套法规，助推官兵军心士气

行之有效、配套完善的政策法规是印军官兵军心稳定、士气高昂的助推力。 ①借助社会辅助功能稳定官兵情绪。 为有效解决军人后顾之忧，印度政府针对伤残军人和退伍退役安置等问题制定了详细的规章制度。 印度国防部退伍军人福利局负责制定有关安置和福利政策，退伍军人安置总局负责有关政策的落实和协调工作。 伤残或死亡军人的家属及子女在公立学校学习免费；为就学子女每月发放住宿补贴；烈属在国内旅

游时机票半价、火车票免费等。 这些措施和政策有效安定了基层一线军人的心理和情绪。 ②提高各种福利待遇，激发官兵作战热情。 印度军人的福利待遇大大高于同等发展水平国家的保障水平，主要包括各种福利性津贴、补贴及各种优待。 印度军人享受的各种补助津贴达 30 多种，包括物价补贴、城市补偿津贴、交通补贴、服装补贴、野战补贴、高原补助、招待补贴。 此外还享受各种休假补贴、贷款优惠、购物优惠、伙食优待及税收优惠等。 印军对退役军人还提供了丰厚的福利保障。 规定服役期满 15 年官兵，退休后每月均可领取退休金；军官服役满 20 年以上人员按退役前最后 10 个月月薪平均值的 50% 发给退休金；继续享受在军队医院免费就医的待遇；遭遇自然灾害亦可获得相应补偿。 ③通过奖惩措施约束部队作战纪律。 印军认为，精神灌输必须和奖惩制度结合起来，只有这样才能保证官兵忠实履行职责。 印军奖励名目繁多，施奖及时，大体可分为对敌作战功勋奖章、优异服役奖章、平时勇敢勋章和纪念章四类，各类奖章获得者均可获得一笔数额可观的奖金。 对军人违纪违法和犯罪，印军依据情节轻重量刑处理。 印军法共列出 40 种违法和犯罪类型以及 12 种不同程度的处罚措施，其中包括死刑、终身监禁、有期徒刑、撤销职务、开除军籍、降衔(士兵)、警告(军官)等。

二　制约印军战斗作风提升的主要因素

从印军在历次战争中的表现和当前面临的现实情况看，印军内部体制存在先天性不足，而且这些问题都在其心理态势上得到了充分暴露，影响和制约了其战斗作风的形成和提高。

（一）文官治军、权责分离、三军分立的国防体制严重制约了军队战略决断和执行能力的统一

印度实行文官治军体制，政府通过"内阁政治事务委员会"和国防部从权力结构、决策程序和预算决算等方面对军队实施控制，削弱了军队在国家权力机构中的地位作用。 印度国防部、外交部、内政部与武装力量之间，国防部文官与三军参谋长之间的权责分离导致决策和执行严重脱节。 三军分立，没有统一的作战指挥机构、训练机构和后勤领导机关，这种高度分散的作战指挥体制不仅影响了印军作战能力的提高，而且导致相互制约、矛盾重重。 印度前外交部部长贾斯万特·辛格在其编写的《印度的防务》一书中就认为，在 1962 年，印度国防部文官参谋的乐观估计和尼赫鲁本人的错误

判断产生的"前进政策"是战争的"导火索"，印度的失败是外交政策和国防政策的失败。　事实上，我们感到，这种失败最核心的就是体制的问题造成了决策和执行的分离、政府和军队及军种之间的矛盾。　印度文官缺乏对军事和技术的了解，同时国大党和政客普遍对军队不信任，导致指挥决策失误，这在历次战争中已被证实。　在 2001 年印度国会恐怖袭击案、2008 年孟买恐怖袭击案之后的印巴边境对峙中，印度当时调集重兵于印巴边境，最后却因军方无法向政府保证会取得胜利，政府又下不了作战决心，而最终放弃了进攻计划。

（二）军官养尊处优导致献身冒险精神不足、决战决胜意志淡薄

英国殖民者在印度起初不招收军官，后来为扩大其殖民地才开始在印度招收当地军官，但条件极为苛刻，要求应招者要像英国绅士一样。　印度建国后沿袭英国殖民者的做法，继续从中产以上精英阶层招收军官。　因此，印军高层军官均出身于富豪阶层，身份高贵，他们参军的目的就是为了获得社会地位，靠他们为国家和民族去冒险、去献身，结果可想而知。　中层军官虽然比不上高层军官，但也处在社会地位的上升期，也不愿冒险断送了自己的前程，同样不愿承担风险，自主决策和临机处置战场情况积极性低。　低级军官尽管处于下层，但待遇在整个社会中属于中上阶层，他们也不愿去冲锋陷阵，甚至牺牲生命；他们也不愿与士兵同甘共苦，在几次印巴作战中，巴军官兵死伤比例是 1:16，而印军是 1:28。

（三）雇佣募兵制度导致下层士兵"保命求全"思想严重

印度是当今世界拥有最庞大雇佣军的国家，陆军、海军设有 60 个联合募兵局，空军设有 13 个募兵局，按民族、宗教或地区分别招募、训练和编组部队。　招募的士兵绝大多数来自社会最底层，没有政治地位，没有国家自豪感和责任感；受雇佣的目标就是"养家糊口"，不是为国家尽义务，保命求全的思想也比较突出。　在 1962 年中印边境自卫反击作战中，我参战部队积极开展对印军战场喊话，配合军事打击，对俘虏不打、不杀、不辱、不搜腰包，利用俘虏劝降，削弱印军士气。　在宽俘政策攻心瓦解下，印军下层士兵以装死来逃命，闻声而出，放下武器投降，甚至主动带路搜山，呼唤藏匿的印军散兵出来投降，帮助收缴逃散士兵枪支。　在搜剿阶段，由于中国军队执行宽待俘虏政策，争取了大批隐匿在密林中的印军停止顽抗，缴械投降。　在整个反击作战中，我军共俘敌 3900 余人。

（四）错综复杂的内部矛盾严重制约了团结勇敢顽强作风的形成

印度是世界上人种、民族、宗教、语言和种姓最多的国家，由此衍生出的矛盾也最多，反映到军队中主要有四个方面。①民族矛盾。印军为消除民族宗教因素对部队的影响，实行以不同民族宗教的兵源构成的"联队中心制"，按民族联队进行编组。目前印军共有27个联队，各联队均有专门的队旗、队歌、队服、队徽，以及具有宗教色彩的战斗口号。但狭隘的民族观念使得各联队间互不信任，在1962年中印边境作战中就出现了不同联队之间互不支援的情况。②宗教矛盾。印度官兵基本都信教，军队内部也形成了不同的宗教团体和派别，相互之间矛盾和隔阂极深。比如，印军对伊斯兰教官兵极不信任，不允许穆斯林单独组成联队，把他们分散编入其他民族联队。印度教官兵与锡克教官兵也是相互仇视、互不信任。③种姓矛盾。种姓制度虽然已经废除，但种姓制度对印军官兵思想的影响没有消除。印军中约有5%的"贱民"士兵，他们毫无地位，被人瞧不起，只能干一些"下贱"工作。"低种姓"和"贱民"士兵不仅要受军官的奴役，而且还被"高种姓"士兵歧视，矛盾难以调和。④官兵矛盾。印军内部等级森严，随意使唤、污辱和体罚士兵的现象非常严重，致使官兵关系紧张、对立严重。近年来，仅在印东北和西北地区的作战部队就发生了至少30起枪杀战友和上级的案件。

〔责任编辑：李秋发〕

Route and Restraining Factors of Indian Army's Fighting Style Construction

Tang Guodong

Abstract：Fighting style， an important part of fighting capacity of combat troops， is a main reflection of fighting spirit. The construction of Indian army's fighting style is related to the education of "heroic complex"， influence of religious culture， military exercise， and the support of policies and systems. Although it has some significance to some extent， the inner system of the construction is congenitally deficient. The inherent problems have manifested themselves in psychological situation and hindered the promotion and development of the fighting spirit.

Keywords：Indian army； fighting style construction； route； restraining factor

〔英文校译：梅　娟〕

● 专论 ●

苏联军队崩溃原因再分析

薛小荣

【摘　　要】苏联军队在戈尔巴乔夫改革末期的无作为，是苏联发生亡党亡国历史剧变的重要原因。 究其原因，就在于外表强大至极的苏联军队其实早已滋生弊病，无力抗拒苏联社会变革带来的巨大冲击和影响。 可以说，丧失和丢弃对苏联共产党的信仰，军内特权横行、腐败丛生，是苏联军队最终崩溃的两大主因。

【关 键 词】信仰危机　苏联军队　腐败

【作者简介】薛小荣（1977~　），男，陕西安康人，南京政治学院上海校区教学科研办公室副教授，硕士生导师，法学博士。 主要研究方向：中国国防思想史、军事政治学。

1991 年 8 月 29 日，戈尔巴乔夫签署了撤销苏联武装力量、苏联国家安全委员会部队、苏联内务部队和铁道部队中军事政治机构的命令，强盛一时的苏联军队正式解体。回首 1991 年苏联亡党亡军亡国的惨痛教训，苏联军队在保卫苏联共产党执政地位时的无所作为，导致苏联"共产党同它的将军们手挽手、肩并肩地走向灭亡"[①]，留给后世的仍然是无数未解"历史之谜"的"谜中谜"。 究其原因，就在于外表强大至极的苏联军队其实早已滋生弊病，无力也无法抗拒苏联社会变革带来的巨大冲击和影响。 可以说，丧失和丢弃对苏联共产党的信仰，军内特权横行、腐败丛生，是苏联军队最终崩溃的两大主因。

---

① 〔美〕威廉·奥多姆：《苏联军队是怎样崩溃的》，新华出版社，2000，序言第 1 页。

一　信仰丧失是苏联军队崩溃瓦解的根本原因

苏联共产党是苏联军队的力量之源、信仰之源。 但是，自戈尔巴乔夫改革之后，苏共在"新思维"理论的指导下，逐步放弃了马列主义的根本指导，日益成为一个松散的党团组织，对国家和军队的控制力逐渐丧失。

1990 年 2 月，苏共中央全会决定取消党的法定领导地位、实行多党制后，军队开始走向"非党化""非政治化"。 1991 年 8 月 24 日，戈尔巴乔夫针对苏军在"八一九"事件中的表现发布总统令，禁止苏共在军队中的一切活动，撤销军队的政治机关。① 苏联国防部也下令自 9 月 1 日起，在所有的部队、军事院校、管理机关、国防部的企业与组织中，一律停止苏共的活动，并成立由激进派控制的军事改革委员会，对苏联军队进行彻底改造，使原来的苏联共产党中央领导的"捍卫社会主义"的苏军，转变为所谓维护总统、维护宪法、维护国家的西方模式军队。 为此，戈尔巴乔夫和叶利钦对苏军高层领导进行了大换班，迅速撤换了国防部部长、国防部副部长、总参谋长、总干部部长，以及陆军、空军、防空军、空降兵总司令和五个军区司令，原国防部部务委员会的 17 名成员中 9 名被开除，总军事政治部的 32 名将军中有 28 名被迫退休或遭开除，在军事政治部门工作的军官有 9 万余人被撤换，在远东地区有约 7000 名政治军官被开除。据新任国防部部长沙波什尼科夫透露，②这次大换班中大约有 80% 的苏军高级军官被撤换，被撤换与开除的军官大多是苏联共产党党员，而新任命的军官都是在思想上反对"八一九"事件忠于戈尔巴乔夫与叶利钦的年轻军人。 例如新任的国防部部长沙波什尼科夫就是因为拒绝执行苏联国防部部长亚佐夫的命令，未参与"八一九"事件而受到戈尔巴乔夫提拔的。③

可以说，正是苏共的自我毁灭使其丧失了对军队的坚强控制。 确切地说，是苏共中央总书记"戈尔巴乔夫毁了苏联军队"④。 而这种可能性就根源于苏联政权的高度集中性。 正如发动"八一九"事件的克留奇科夫批评的那样："我们的社会体制，

---

① 〔俄〕昂列德·葛拉契夫：《苏联崩溃目睹记》，张维邦审译，台北：一桥出版社，1997，第 272 页。
② 〔俄〕昂列德·葛拉契夫：《苏联崩溃目睹记》，张维邦审译，台北：一桥出版社，1997，第 286 页。
③ 〔俄〕昂列德·葛拉契夫：《苏联崩溃目睹记》，张维邦审译，台北：一桥出版社，1997，第 293 页。
④ 〔美〕威廉·奥多姆：《苏联军队是怎样崩溃的》，新华出版社，2000，第 469 页。

就像事实所表明的那样，有其最致命的弱点：对政权高层人物的背叛绝对无能为力。"①

二　特权腐败是苏联军队崩溃的重要原因

苏军高级将领的生活特权与人事制度的腐败无疑是苏联军队自我崩溃的又一重要原因。苏军内部腐败严重，主要表现有二。

一是从事有偿劳动，高级军官坐收渔利。"原苏共高级官员透露，军官比他们这些人更有可能享受别墅、狩猎区、疗养院的待遇，还可拥有私人仆从。有时丑闻闹得太大，苏共中央书记处不得不出面调查，但往往大事化小，小事化了，以便'不伤害苏军的名誉'。"②比如，20 世纪 70 年代，苏军驻捷克斯洛伐克的部队向当地集体农庄经理提供大量的部队的"免费"劳动力，以换取经理们回赠给将军们的丰厚"礼物"。在军队自己办的农场里，领导们常常把部分生产收益据为己有。再比如动用部队劳动力为军官们，特别是为将军们建造夏季别墅。更有甚者，将部队公产作为讨好上级的便利手段。驻在堪察加导弹靶场的部队利用当地特产生产了大量鱼子酱，这些鱼子酱被装成 10 公斤和 20 公斤重的箱子，然后在每个箱子上写上某位将军的姓名，装上飞机运到莫斯科，由收件人自己享用。导弹靶场的指挥官为了犒劳生产鱼子酱的部队，则会给他们分发伏特加酒。

二是犯罪行为盛行，军人犯罪率攀升。军队高级军官的腐败犯罪行为破坏了军纪，鼓励了军内犯罪活动。在 20 世纪 80 年代以后，苏军部队普遍存在的偷盗以及私自出售武器装备、军服、汽油、机动车零件和其他物品的现象，变得更加猖獗，军人犯罪率直线上升。1990 年的统计数据显示，在过去 6 个月中，军人犯罪率上升了 40%。其中在比较严重的案件方面，谋杀案上升了 16.3%，身体严重摧残案件上升了 41.9%，强奸案上升了 15.8%，军官作案上升了 40%。在阿富汗战争期间，苏军的犯罪行为更是削弱了苏共一直以来对军队官兵的信仰灌输与塑造。一名苏军士兵承认："广泛流行的腐败以及走私武器装备以交换毒品和商品都是允许的。抢劫阿富汗居民，杀死非

---

① 〔俄〕弗·亚·克留奇科夫：《1941～1994：个人档案——苏联克格勃主席弗·亚·克留奇科夫狱中自述》，何希泉等译，东方出版社，2000，第 159 页。

② 〔美〕威廉·奥多姆：《苏联军队是怎样崩溃的》，新华出版社，2000，第 45～46 页。

战斗人员，惩罚性地进攻村庄以及拷打战俘都是经常发生的，并且得到军官的鼓励。"①有记录的偷盗案件达6412起，其他包括714起凶杀案、2840起向阿富汗人出售武装案、524起毒品买卖案。②

苏军内部的特权腐败，特别是高级军官在物质待遇、人事任免等方面存在的腐败现象，对苏联军队和苏联共产党造成了严重恶果。

一是严重破坏了军队内部的官兵关系，造成了干部队伍的潜在分裂。由于苏联军队内部初级军官与高级军官之间在军队管理、干部升迁等方面存在着越来越大的分歧和矛盾，很多初级军官对自己在军队的发展前途感到悲观。威廉·奥多姆指出："连营级军官的日子实在难过。他们一天忙到晚，一个月只放三天假（还包括周末）。上级领导有时还借口这些军官所在部队训练和武器保养不力威胁要取消他们的年假。这种来自上司变化莫测的压力给初级军官及其家人造成极大的精神负担，也使他们在自己部队面前威信扫地。年轻一代军官和将军们不同，他们认识到，苏联军界有很多问题急需关注。于是，高级军官和初级军官之间的分歧越来越大。"③

二是严重损害了苏联共产党的形象，造成官兵思想信仰的混乱与困惑。这是因为，政工人员对军人的影响作用在很大程度上取决于他本人的以身作则、党的原则性、政治思想和军事修养，要看他能否认真地对待本职工作和社会工作，要看他本人的勇敢精神、纪律性、对人的同情和关心态度。"他们作为教育者，不仅要善于发表漂亮的演说，不仅要善于向战士解释他们当时所发生的问题，而且在政治道德方面做他们的表率，并一定要懂得军事。要知道，千百个红军战士的眼睛在看着他，仿效着他，以他为榜样。"④然而，腐败与犯罪损害了苏军指挥员的这一道德示范作用，从而造成了苏共对部队官兵思想政治教育的名存实亡。更为关键的还在于，"虽然苏军领导在战后的几十年中对军队的人事制度作出了重大的改进，但忽略了日积月累的衰败迹象，而这是致命的。他们可以把某些问题控制在军内，但不能阻止军营生活可怕的传闻对地方造成的政治影响，这些传闻是老兵复员后带出去的。它是军队的致命伤！"⑤。

---

①　Quoted in Kamrany and Killian, *Effects of Afghanistan War*, p. 130.

②　唐鸣、俞良早：《共产党执政与社会主义建设》，人民出版社，2008，第531页。

③　〔美〕威廉·奥多姆：《苏联军队是怎样崩溃的》，新华出版社，2000，第45~46页。

④　〔苏〕米·伊·加里宁：《论共产主义教育和军人的职责》，第415页。

⑤　〔美〕威廉·奥多姆：《苏联军队是怎样崩溃的》，新华出版社，2000，第52页。

三　苏联军队崩溃的惨痛教训与历史反思

列宁指出："军队不可能是,从来不是而且永远不会是中立的。"[1]在戈尔巴乔夫改革过程中,苏联军队在政治立场上的"中立旁观",既葬送了苏联共产党的执政权力,又为军队自身的瓦解崩溃敲响了丧钟。可以说,反思苏联军队崩溃的惨痛教训,最关键、最根本的就是在任何时候、任何情况下都不能放弃共产党对军队的绝对领导权。习近平主席指出:"当年,苏共放弃对军队的领导,危急关头苏联军队袖手旁观,美其名曰'保持中立',甚至有的直接投靠反对派,最后瞬时间苏联就分崩离析了、苏共就土崩瓦解了。教训深刻啊!"[2]

从苏联军队瓦解崩溃的更为宽广的历史视野来看,苏联军队放弃苏联共产党的领导,或者说苏联共产党放弃对苏联军队的领导,实质上揭示了在苏联社会发生深刻变革的历史进程中,作为执政党的苏联共产党没有正确处理好党、军队和改革的关系,导致形成改革越深化,党的执政地位和军队的政权支柱作用越被削弱的恶性循环,最终酿成亡党亡军亡国的历史悲剧。

20世纪80年代中后期,戈尔巴乔夫为使苏联社会摆脱停滞状态,开始大力推进政治经济改革。其改革的总体趋向就是要改变苏联封闭孤立的社会环境,逐步融入开放融合的国际新环境。应该说,这一转变是戈尔巴乔夫在进行总体改革时的一个总目标。但是,自斯大林时代确立起的苏联模式根深蒂固,要想实现这一转变并非易事。在戈尔巴乔夫的设想下,苏联将通过改革重新确立国内国际的新关系。而党、军队与改革的关系无疑是戈尔巴乔夫进行改革的核心问题。

就党和改革的关系而言,戈尔巴乔夫认为苏共是改革的发起者和领导者,改革的实践却让戈尔巴乔夫认为,苏共党内业已形成的庞大的行政官僚集团是改革的主要阻力。为此,戈尔巴乔夫一方面通过重组领袖个人决策机构的方法妄图绕开苏共中央政治局,另一方面,又通过政治上的"民主化",使苏共成为社会可以批评的对象,最终在填补"历史空白点"的旧账清算中,使苏共威信尽失,最终解散。

就军队和改革的关系而言,戈尔巴乔夫始终认为,以苏军和苏联军事工业集团为代

---

[1]　《列宁全集》第十二卷,人民出版社,1987,第54页。
[2]　《深入学习贯彻党的十八大精神军队领导干部学习文件选编》,解放军出版社,2013,第226页。

表的军事利益集团是苏联改革的主要阻碍，因为这一利益集团侵占了国家的大量资源，使戈尔巴乔夫可以用于改革的资源大大减少，造成改革举步维艰。为此，戈尔巴乔夫将打压军事利益集团作为推进改革的重要手段。通过处理切尔诺贝利核泄漏事件、鲁斯特事件，以及从东德撤军和消减战略核武器等，不断挤压苏联军事利益集团。同时，又通过开放媒体禁令，使军队在"公开性"的舆论大潮中名声扫地，长期笼罩在苏联军队身上的神圣光环被无情撕裂，最终使苏联军队在剧烈的政治动荡中无所适从，从内部瓦解崩溃。

就党和军队的关系而言，戈尔巴乔夫的一系列举措使苏共丧失了对军队的绝对控制。一方面，苏共的被批判使苏共的神圣性遭到质疑，从而在根本上动摇了苏共控制军队的信仰基础；另一方面，阿富汗撤军、东德撤军，以及媒体攻讦下苏军内部腐败等现象的披露，使苏军在动荡的改革中成为无信仰的利益集合，一切唯利益而动。

因此，苏联军队崩溃的惨痛教训告诉我们，"党对军队实施绝对领导有一系列根本原则和制度，无论战争形态怎么演变、军队建设内外环境怎么变化、军队组织形态怎么调整，都必须始终不渝坚持。这个最根本的问题守不住，军队就会变质，就不可能有战斗力！"①。对于中国共产党领导下的人民军队而言，要坚持党对军队绝对领导的建军原则，必须从以下两个方面着力加强。

一是坚决维护团结，严肃政治纪律和组织纪律。要确保全军在任何时候任何情况下都坚决听从党中央、中央军委指挥。要坚持从政治上考察和使用干部，使枪杆子始终掌握在忠于党的可靠的人手中。要严肃政治纪律和组织纪律，坚决维护党中央、中央军委权威，确保政令军令畅通。

二是要从严治党，从严治军，关键在从严治官。习近平主席指出："军队是拿枪杆子的，军中绝不能有腐败分子藏身之地。出了腐败分子，不仅严重损害人民军队形象，也会给部队士气造成严重伤害。军队不是生活在真空中，社会上存在的各种消极腐败现象必然会在军队中反映出来。"②因此，必须坚持反腐倡廉，杜绝特权，首先要从领导干部特别是高级干部抓起。

〔责任编辑：李秋发〕

---

① 《深入学习贯彻党的十八大精神军队领导干部学习文件选编》，解放军出版社，2013，第226页。
② 《深入学习贯彻党的十八大精神军队领导干部学习文件选编》，解放军出版社，2013，第238页。

Revisiting the Causes for the Collapse of Soviet Armed Forces

Xue Xiaorong

Abstract：The inaction of the Soviet military during the end of Gorbachev reform is one of the most important causes leading to the surcease of the Communist Party and the Soviet Union. The essential reason lies in the fact that under the masquerade of superficial strength is a corrupted military which can not resist the immense backlash of Soviet social transformation. The two major causes leading to the collapse of the Soviet military include the belief crisis in the Communist Party and corruption in the military.

Keywords：belief crisis； the Soviet military； corruption

〔英文校译：陈伟昉〕

● 综述 ●

中国对外军事培训研究文献述评

张小健

【摘　　要】对外军事培训作为军事援助的一种形式,服务于国家整体利益。不同研究者从对外军事培训的意义、规模、主要经验、面临的问题及未来发展的方向等方面提出了见解。随着培训的不断深入,对相关文献的搜集、梳理、分析、总结有助于在新时期为对外军事培训提供借鉴和指导,为下一步的军事援助总体战略提供参考。

【关 键 词】军事援助　对外培训　文献综述

【作者简介】张小健(1981 ~),男,江苏兴化人,第二军医大学外训系留学生队政治教导员,南京政治学院上海校区博士研究生,少校军衔。主要研究方向:军事援助与地区安全、军事政治学。

随着中国国家经济实力的增强和国际影响力的提升,中国以承担"大国责任"和树立"国家形象"为战略,不断加强对外援助。对外援助服务于国家整体利益,包含了经济、政治、军事、农业、资金、技术等各个方面的援助,"是国内政治的拓展,是国家推行其外交政策的工具"①。汉斯·摩根索认为对外援助本质上都是政治性的,主要目标都是促进和维护国家利益。他举出了六种对外援助形式:人道主义援助、生存援助、军事援助、名望援助、贿赂援助、经济发展援助。② 其中军事援助是为军事目的而

---

① 周弘:《对外援助与国际关系》,中国社会科学出版社,2002,第 1 页。
② Hans Morgenthan, "A Political Theory of Foreign Aid", *American Political Science Review*, June 1962, pp. 301 ~ 309.

提供的各种形式的援助，①它服务于政治目的，包括提供军事装备、军事情报、提供军事技术、培训军事人员等，是最为传统的一种援助形式。

目前国内关于对外援助方面的研究大多以中国的对外经济援助为主，主要是从国际发展援助的角度来研究的，认为"中国向海外拓展的主要是经济力量"②。1964 年，周恩来总理提出了中国对外经济技术援助的八项原则。③ 根据统计，自 2000 年以来，中国在中非合作论坛框架内免除了非洲 31 个国家的 156 笔债务，总金额约 109 亿元人民币。同时，中国承诺给予非洲一些最不发达国家 190 种输华商品免关税待遇。据中国商务部测算，中国对非贸易对于非洲经济增长的贡献率已达 20%。④ 除非洲外，中国也对世界上其他发展中国家提供了大量的经济援助，据经合组织（OECD）统计，中国对发展中国家的经济援助从 1953 年的不足 200 万美元，到 2007 年已超过 300 亿美元。⑤

我国的对外军事援助与对外经济援助等不同，它的政治目的性较强，并且较之其他援助形式，其内容涉密程度较高，往往只能根据已经解密的文件进行分析总结，所以研究难度较大。目前，国内公开发表的以中国对外军事援助为研究对象的相关研究并不多见，主要包括中国作为受援国接受外国军事援助⑥和中国作为援助国对外国的军事援助两个方面。⑦ 作为对外军事援助的重要形式之一，对外军事培训也一直受到中国政府和军队的重视。实际上，中华人民共和国在成立之初就开始帮助朝鲜培训其军事人员。随着对外军事培训规模的不断扩大，目前已经形成了具有中国特色的对外军事培训体系。学界在对外军事培训方面的研究也不断深入，笔者对将近 30 年来关于中国对外军事培训的研究成果做了整理，综述如下。

---

① 丁韶彬：《大国对外援助——社会交换论的视角》，社会科学文献出版社，2010，第 17 页。
② 金灿荣：《"走出去"战略十年回顾：成就与挑战》，《现代国际关系》2011 年第 8 期，第 2 ~ 4 页。
③ 石林：《当代中国的对外经济合作》，中国社会科学出版社，1989，第 16 ~ 17 页。
④ 胡键：《"中国责任"与和平发展道路》，《现代国际关系》2007 年第 7 期，第 43 ~ 47 页。
⑤ Trade-Related South-South Co-operation：China, http://www. oecd. org/dac/aft/South-South_China. pdf.
⑥ 主要有：杜继东：《20 世纪 50 ~ 60 年代美国对台湾的军事援助》，《广东社会科学》2011 年第 3 期，第 142 ~ 150 页；薛海玲：《朝鲜战争中苏联对华军事援助探析》，《军事历史研究》2007 年第 4 期，第 13 ~ 116 页；路文娟：《对苏联给予中共东北解放战争军事援助情况的考察》，《鞍山科技大学学报》2007 年第 2 期，第 80 ~ 82 页；刘晶：《军援如何影响美国海军战略调整》，《当代海军》2009 年第 1 期，第 55 ~ 57 页；仲华、邹轶男：《抗战时期外国军事援助述评》，《军事历史研究》2007 年第 1 期，第 64 ~ 71 页。
⑦ 刘军、唐慧云：《试析中国对越南的经济与军事援助（1950 ~ 1978 年）》，《东南亚纵横》2010 年第 5 期，第 13 ~ 18 页；车德军：《浅谈中国对越南军事援助的经验教训（1961 ~ 1975）》，《东南亚之窗》2012 年第 3 期。

一　对外军事培训的重要意义

摩根索认为现在的军事援助已经不仅仅是发挥军事作用，它是通过军事援助来换取政治利益，其主要职能是争取受援国的人心。[①]　对外军事培训是军事外交的一个重要组成部分，服务于国家整体利益。　中国的对外军事培训也是以政治和军事为目标、是为了维护国家利益。　对外军事培训在为派遣国培养亟须的军事指挥和技术人才的同时，也培养了知华、亲华的友好力量。

学界对中国对外军事培训意义的研究大多强调国际主义原则，认为对外军事援助是我军对外宣传的重要窗口，对促进国际社会对中国战略意图和中国军队的了解有重要意义。　虽然如此，但是学者对意义的研究侧重点也有所不同，有的是从国家战略层面加以分析，有的是从人力资源价值层面进行分析，还有的是从国家政治经济利益层面来分析。　俞存华等学者就是从国家战略层面来认识我国对外军事培训的重要意义的，他们认为，"对外军事培训工作既是我军外事工作的重要组成部分，也是国家对外工作的重要领域。　它处于争取良好国际环境和有利外部条件、扩大对外开放、参与国际军事合作和竞争的前沿位置，在促进军队现代化建设，维护国家主权、安全和发展利益方面，能够长期发挥独特作用"[②]。　国防部外事办公室主任钱利华认为，"外军学员培训是中国军事外交的重要窗口"，"在军事人员交流和培训领域，我国超越了社会制度、意识形态、经济发展水平和地理位置的限制，全方位发展同世界各国的军事关系"[③]。　陈森林等认为，中国向发展中国家提供军事教育培训，对于中国赢得发展中国家的政治信任和开展外交工作具有积极的意义。[④]　欧建平则是从人力资源价值层面来分析的，他认为，对外军事培训是国家"软实力"的重要表现，提出了要充分认识外军留学人员的价值，围绕开发利用外军留学人员自觉进行教学改革创新。[⑤]　参与国际军事人力资源争

---

① 〔美〕汉斯·摩根索：《国家间政治——权力斗争与和平》，徐昕等译，北京大学出版社，2006，第 366 页。
② 俞存华、隋鲁平：《对外军事培训理论与实践研究》，军事科学出版社，2007，第 1 页。
③ 《中国军事外交的一个亮丽窗口——走近在中国军校留学的外军学员》，《解放军画报》总第 783 期，第 14～33 页。
④ 陈森林、廖俊宁、郭新宁：《新中国军事外交实践的分析思考》，《国防大学学报（战略研究）》2010 年第 11 期，第 29～32 页。
⑤ 欧建平：《充分开发利用外军留学人员资源》，《军队政治工作》2006 年第 11 期，第 30 页。

取,从中获取国际人力资源的友好价值、军事价值、交流价值、科研价值、学习价值和商贸军贸价值,从而维护国家重要战略机遇期,拓展国家利益,维护世界和平与发展。① 徐国平认为,深化军事合作、发挥军事外交作用、加强对非军事培训是提升国家形象、维护国家利益的重要手段。 蔡劲松也认为,对外军事培训受到世界主要国家的高度重视,是维护与拓展国家利益的重要手段,世界主要国家的做法对中国有积极的借鉴意义。②

二　中国对外军事培训规模

随着全球化的不断深入和推进,各国之间的交流日益频繁。 为了凸显我国国际地位和展现我国对外政策,我国对外援助规模也不扩大,这其中也包括了我国对外军事培训。 学界对中国对外军事培训规模的研究主要是从纵向和横向两个层面展开的。 纵向层面的研究梳理了中国对外军事培训发生、发展的脉络。 如2011年国务院新闻办公室发布了《中国的对外援助》白皮书,其中提到,1950年,中国开始向朝鲜和越南两国提供物资援助,拉开了中国对外援助的序幕。 正是从这一年起,我军遵照中国政府对外援助方针和政策,依据中国政府和军队与各受援国签订的协议,先后开放了130个军队及相关单位,逐步开始了对外国军事人员的培训。 20世纪50年代和60年代,我军先后对越南、朝鲜、古巴、老挝、阿尔巴尼亚等国派来的6700多名各类军事人员进行了培训,同时还派出各类专家700余人到一些受援国帮助培训军事人员。 60年代中期至70年代后期,我军又先后为40多个国家培训了8000余名军事人员;90年代末,我军开始接收罗马尼亚、韩国、澳大利亚等国的留学生;进入21世纪,我军逐步形成了初中高三级、指挥专业与军事技术相匹配、比较完整、富有国际影响力的对外军事培训体系。根据统计,我军现有对外军事培训机构有29个,专业门类有248个,每年可接收2200名各国留学生。

而横向层面的研究主要是展现对外军事培训规模的不断扩大和编制体制的细化。如1951年,国防大学防务学院的前身南京军事学院设立四系,是我军培训外国军事人员的最早的教学机构。 十一届三中全会以后,我军进一步理顺了体制编制,把对外军

---

① 欧建平:《中国对外军事培训管理与创新》,国防大学出版社,2011。
② 蔡劲松:《美国对外军事培训透析》,《解放军国际关系学院学报》2008年第4期,第41~43页。

事培训纳入以院校为主题的正规化培训渠道,构建起了外训工作体系。 20 世纪 90 年代我军明确提出了"以人为本、厚植资源"的总体要求,并开始与美、英、法、德、日等发达国家进行培训交流。 2004 年 11 月,四总部在北京召开了"全军外训工作暨表彰会",进一步明确了"以人为本,厚植资源,服务大局,有所作为"的总体要求。① 在原有的短期培训为主的基础上,从 2011 年起,我军对外军事培训增加了五年制和六年制外军生长军官学历培训项目,并在全军的三所院校展开试点。 这一培训项目丰富了原先的对外军事培训模式,按照"抓好培训,搞好宣传,广交朋友"的指导原则,提出了提高外军留学生终身学习能力、交流能力、实践能力和创新能力的原则。 在培训过程中,受训人员对中国历史文化、军事思想、经济和军队的现代化建设都将有深入的了解。 同时,长学制的培训对我军的外训工作也提出了新要求。

三　中国对外军事培训的主要经验

我军的对外军事培训经历了 60 多年的历程,起到了"加深了解,增进友谊,消除误解,扩大共识"的作用,为树立我国良好的国家形象做出了贡献。 对外军事培训工作也积累了相当的经验,有学者将其总结为"理念创新"是外训工作的前提,"教书育人"是外训工作的目标,"管理服务"是外训工作的内在要求,"友好原则"是外训工作的生命线,"注重宣传"是外训工作的灵魂,"保密安全"是外训工作的核心,"人才建设"是外训工作的基石,"前瞻思考"是外训工作的动力。② 也有学者认为服务大局、善做友好工作、充分考虑受训国需求与其他国家的显著区别、坚持改革创新以及注重对外宣传③是我军对外军事培训工作的重要经验。

在具体工作实践中,我军在对外军事培训的各个方面都积累了一定的经验。 在招生规模上,完成了从"受托式"招生向"计划生"招生的转变;在办班模式上,完成了从"一国一班"向"多国一班"的转变,南京陆军指挥学院还提出了"一期多国,合编同训"的培训模式④;在教学模式上,完成了从"传授式"教学向"交流式"教学的转

---

① 欧建平:《中国对外军事培训管理与创新》,国防大学出版社,2011。

② 俞存华、隋鲁平:《对外军事培训理论与实践研究》,军事科学出版社,2007。

③ 欧建平:《中国对外军事培训管理与创新》,国防大学出版社,2011。

④ 《"小联合国"里锻造和平使者——南京陆指国际军事教育交流中心对外军事培训纪实》,《南京日报》2011 年 3 月 21 日,A1 版。

变,加强了外训人才队伍建设,①明确了留学生教学课程目标,完善了教学课程内容,构建了外训教学质量评价综合体系,优化了各培训单位内部资源配置,②积极改进了教学方法和手段,尝试开放式、研讨式教学,并利用网络进行多媒体教学,将外训教材编写纳入顶层设计③;在保障模式上,完成了从"一元式"实物保障向"二元式"实物与货币并存保障的转变,强化了服务意识④;在管理模式上,完成了从"封闭式"管理向"框架式"管理的转变,⑤做到了以培训质量为核心、以纪律为准绳、以人为本,注重人文的管理方法,⑥做到了人本管理、依法管理、科学管理⑦、安全管理⑧。此外还形成了国防大学防务学院的"昌平样本"⑨等具有特色的培训模式。

四 中国对外军事培训面临的问题

尽管我军在对外军事培训方面积累了一定的经验,但目前也面临着巨大的挑战和困难。学者也从不同方面总结了我军对外培训所面临的问题。

第一,国际上对于人力资源的争夺日益白热化,对中国的对外军事培训提出了考验。当今世界,人力资源已经超越物力资源、财力资源、信息资源和时间资源,成为最为重要的战略性资源。通过对外军事培训培养的人才将成为潜在的国际友好势力,同时接受跨文化教育的学员也将奠定今后与我国合作和交流的基础。⑩ 俞存华认为,世界

---

① 王巧兰:《加强后方专业勤务外训人才队伍建设的思考》,《军事经济研究》2008 年第 6 期,第 68 ~ 70 页。
② 刘晟等:《加强军队院校外国留学生教学管理对策研究》,《继续教育》2009 年第 11 期,第 49 ~ 50 页。
③ 尹振东等:《落实科学发展观,全面提高外训工作质量》,《军械教育研究》2008 年第 4 期,第 11 ~ 13 页。
④ 郑生富:《用科学发展观指导外训工作又好又快发展》,《军事经济学院学报》2008 年第 4 期,第 13 ~ 15 页。
⑤ 牟显明:《创新我军对外培训模式的思考》,《国防大学学报(军事训练研究)》2011 年第 10 期,第 76 ~ 79 页。
⑥ 空军工程大学电讯工程学院训练部:《以人为本,教管相彰,不断提高外训工作管理水平》,《空军通讯学术》(庆祝空军工程大学电讯工程建院 50 周年特刊),2007,第 21 ~ 23 页。
⑦ 尹振东等:《加强对外军学员科学化管理的思考》,《军队外事工作》2011 年第 3 期,第 43 ~ 44 页。
⑧ 王巧兰等:《加强外国军事留学生安全管理的思考》,《军事经济学院学报》2010 年第 1 期,第 83 ~ 85 页。
⑨ 《中国式外训的"昌平样板"——国防大学防务学院开展国际军事职业教育纪实》,《解放军报》2010 年 9 月 5 日,第 4 版。
⑩ 缑晓慧:《新形势下的留学生教育战略——以北京师范大学留学生教育为个案》,《黑龙江高等教育》2007 年第 10 期,第 136 ~ 138 页。

发达国家的军事院校都不同程度地承担着军事留学生的培训工作,对国际军事人力资源培训产生了深远影响,形成了竞争态势。① 我军尽管已经开展了长期的对外军事培训,但为吸引更多的外国军事人员来华学习,我们在对外军事培训方面的投入和规模还有待进一步加强。 陈森林等认为,军事外交必须以国家利益为最高准则,"不以意识形态定亲疏"②。 因此,对外军事培训也应注重广泛吸收各国的优秀人力资源,服务于我国的国家利益。

第二,语言障碍成为突出问题。 由于军事援助的特殊性,招生时对学员的语言要求往往不是很高。 有学者认为,"我军外训工作所面临的最大困难始终是语言障碍"③。 在针对现有的大部分两年以内的培训期限,汉语授课、教译员合作以及教译一体化模式都对外训教学效果有不同程度的影响,给对外军事培训工作带来负面影响。在目前对外军事培训授课中,译员的角色非常重要,一方面他们要面对的是"经验丰富的中国教授",要将专业的知识精确地翻译出来,另一方面他们面对的是"若干个来自大洋彼岸,肤色各异,经历大相径庭的学员",要考虑他们的实际接受能力和相互之间的差异。 在实际授课中,甚至出现了一个教员多个译员的情形,造成了课堂效率低、效果差,甚至学员不满意的情况。④ 如何突破语言障碍瓶颈是对外军事培训工作的重要课题。 长学制的培训有望在这方面有所突破。

第三,对外军事培训师资及保障需求与编制压缩之间的矛盾凸显。 近年来,对外军事培训事业蓬勃发展,培训规模逐年扩大。 对外军事培训工作不仅是一项教学工作,而且是需要各部门通力合作、全力保障的。 很多来华学习的学员都是高级军官,不但要对他们进行保障,还要对其家属进行保障,有单位甚至出现了来华家属人数超过在校学员数量的情况。 但与之形成鲜明对比的是,在新的体制编制下,外训队伍编制人数进一步压缩,在对外训教学和管理人员的能力素质提出更高要求的同时,也凸显了这方面的矛盾。

---

① 俞存华:《中外军事留学生教育的课程比较分析及启示——以美、俄、英、法与中国军事留学生教育比较为例》,《中国军事教育》2011 年第 2 期, 第 72 ~ 75 页。

② 陈森林、廖俊宁、郭新宁:《新中国军事外交实践的分析思考》,《国防大学学报(战略研究)》2010 年第 11 期, 第 29 ~ 32 页。

③ 季压西、王升才、陈伟民:《试论外训教学模式及语言障碍问题》,《现代炮兵学报》2010 年第 5 期, 第 136 ~ 138 页。

④ 季压西、王升才、陈伟民:《试论外训教学模式及语言障碍问题》,《现代炮兵学报》2010 年第 5 期, 第 136 ~ 138 页。

第四，制度建设还不完善。目前除了总参下发的《中国人民解放军培训外国军事人员行政管理规定》外，缺少全军性的外训工作"基本法"，各单位也基本上是各自为政，制定《外训工作管理条例》迫在眉睫。在学制、学籍管理和学位授予方面，也由于各种原因，存在不统一和不便于管理的情况，需要制定统一的《外国军事人员学籍管理规定》等相关政策性文件。

五　中国对外军事培训的发展方向

随着中国对外军事培训的蓬勃发展，研究者对其发展方向进行了深入思考。李蕊认为，当前，全军外训工作进入了以培训规模大幅跃升、质量效益不断提高为主要特点的快速发展期。[①] 学界也分别从对外军事培训的目标定位、发展道路、培训模式、教学和管理实践等方面对未来我军对外军事培训进行了探讨。

从对外军事培训的目标定位来看，有学者认为对外军事培训的目标地位为：传播具有中国特色的建军模式和作战思想。尤其如今很多亚非拉军队仍沿袭美英指挥和作战方式，我们更应该扩大中国建军模式和中国作战思想的影响力。[②] 也有研究认为，对外军事培训作为军事合作和援助的一部分，是维护中国"国家形象"的重要保证。[③] 还有报道指出，随着世界军事变革悄然而至，对外军事培训作为军事外交的一种重要形式，在缓解国际矛盾、促进交流和合作方面的作用日益加强。[④] 还有研究认为，对外军事培训发挥了文化软实力对厚植国际友好力量、扩大我军对外影响的作用，[⑤]承担着向世界展示中国文化、宣扬中华民族核心价值体系、提高世界对中华文化的认同度的任务。[⑥] 笔者认为，对外军事培训应以维护中国国家利益为最终目标，以培训的方式争夺国际支持力量。

从对外军事培训的发展道路来看，有学者认为我军对外军事培训必须走国际化发展道路，指出这是对外军事培训走向世界、把国际惯例与我军特色相结合，从而不断提高

---

① 李蕊：《外训教学工作中存在的问题和解决措施》，《长空》2009 年第 6 期，第 84 页。
② 李景龙：《斯里兰卡"灭虎"行动的经验与启示》，《联合作战研究》2011 年第 1 期，第 109 ~ 114 页。
③ 徐国平：《关于维护中国在非洲国家形象的战略思考》，《教学研究资料》2009 年第 10 期，第 8 ~ 13 页。
④ 曾爱国、王涛：《播种军事友谊》，《中国军队》2012 年第 2 期，第 88 ~ 93 页。
⑤ 张辉、刘俊彪：《提升对外军事培训中文化软实力效应的思考》2011 年第 3 期，第 21 ~ 22 页。
⑥ 王巧兰：《跨文化心理状态下外军留学生管理探析》，《军事经济学院学报》2011 年第 9 期，第 11 ~ 13 页。

对外军事培训质量的必经之路。① 同时,我们也应该坚持走对外军事培训科学发展的道路,树立科学管理理念。② 在发展过程中,还应不断进行改革创新,坚持走中国特色对外军事培训创新之路。③

在对外军事培训模式上,有研究提出了推进军援与互惠培训相结合、大胆尝试中外军官合训、加快为外军学员授予学位的步伐,以及大力推进社会化管理保障模式改革的新型对外军事培训模式。④ 还有研究特别指出了非洲国家在中国对外军事培训中的重要性,认为在过去几十年中国对非军事培训取得了较好的战略回报,在打击"台独"分裂势力等的斗争中,一些在我国接受培训的非洲国家领导人曾经发挥了重要作用。 因此提出突出对非中高级培训,特别是根据非洲高级军官的任职需求,应加强战役和战略层次的培训,建立培训基地,在法语国家和英国国家分别建立对外培训基地,增加外派军事专家人数并加大工作力度,尤其要结合非洲国家国防和军事安全需求,切实提高高级军官履行职责的能力。⑤ 还有学者提出,要不断创新对外军事培训模式,构想"双选式"招生、"中外混编合训"、开展"研究式"教学、推进"社会化"保障、探索"开放式"管理模式。⑥

在具体的教学和管理实践中,有研究借鉴了澳大利亚军队的教学方法,提出了在我军外训教学中使用任务驱动式教学法的建议;⑦也有研究根据我军对外军事培训特点,提出了要重视教员教学能力、加强教员队伍建设,加强外训教学质量监控,加强条件建设,突出抓好教学管理等具体措施;⑧有研究提出了要进一步理清课程设置思路,加强课程的顶层设计,优化"专业课 + 自主课"模式。⑨ 随着我军开展中外生长军官同班施训工作,有研究提出了"1 + 4"课程设置原则,对外军留学生实行一年专门的汉语预科

① 兰志涛:《我军对外培训走国际化发展道路的思考》,《国防大学学报(军事训练研究)》2012年第1期,第75~77页。
② 尹振东等:《加强对外军学员科学化管理的思考》,《军队外事工作》2011年第3期,第43~44页。
③ 欧建平:《中国对外军事培训管理与创新》,国防大学出版社,2011,第133~136页。
④ 欧建平:《中国对外军事培训管理与创新》,国防大学出版社,2011,第137~147页。
⑤ 徐国平:《关于维护中国在非洲国家形象的战略思考》,《教学研究资料》2009年第10期,第8~13页。
⑥ 牟显明:《创新我军对外培训模式的思考》,《国防大学学报(军事训练研究)》,2011年第10期,第76~79页。
⑦ 王康:《澳军任务驱动式教学法及对我军外训教学的启示——赴澳大利亚培训有感》,《军事经济学院学报》2009年第1期,第91~93页。
⑧ 王树礼:《军队院校外训工作研究》,《中国军事教育》2009年第8期,第87~88页。
⑨ 俞存华:《中外军事留学生教育的课程比较分析及启示——以美、俄、英、法与中国军事留学生教育比较为例》,《中国军事教育》2011年第2期,第72~75页。

培训，①为开展全汉语授课打下基础。

我军的对外军事培训已经进入新的发展时期，尤其是从 2011 年起我军开始试点招收长学制外军生长军官，我们有必要对相关内容进行收集、梳理，找出其中的规律，这对于不断深入探讨研究、更好地指导对外军事培训实践具有重大的意义。

〔责任编辑：李秋发〕

A Literature Review of Chinese Military Aid Training Studies

Zhang Xiaojian

Abstract：As one of the military aid forms， military aid training serves the overall interest of the country. Different researchers have put forward various views from the perspective of the significance， scale， main experience， problems and the developing direction of military aid training. With the deepening of the training， to collect， sort， analyze and summarize the relevant literature is helpful for offering the experience and instruction for military aid training in the new era， and providing reference for the overall military aid strategy.

Keywords：military aid；foreign training；literature review

〔英文校译：李丛禾〕

---

① 张建军、梁德清、孙建华：《开展中外海军生长军官同班施训工作的思考》，《海军大连舰艇学院学报》
2011 年第 6 期，第 103～105 页。

● 书评 ●

进攻性现实主义：
自然状态下大国的战略选择

——约翰·米尔斯海默《大国政治的悲剧》评介

周　骏

【摘　　要】约翰·米尔斯海默在其《大国政治的悲剧》中试图讨论和解决"在自然状态下，民族国家为了求得生存与发展如何进行战略选择"的问题，并且最终得出悲剧性的结论——"进攻性现实主义"是大国唯一"理性"的战略选择。

【关 键 词】《大国政治的悲剧》评介

【作者简介】周骏(1978 ~)，男，江苏无锡人，空军空降兵学院政治工作系讲师，南京政治学院上海校区博士研究生。主要研究方向：政治学、军队政治工作学。

17 世纪政治哲学家霍布斯在其名著《利维坦》中描述了史前社会中"个体的人"，基于"理性"将会选择何种生存策略，并最终认为：在没有政府公权力的保护下，社会必定处于"一切人反对一切人"的自然状态，换言之，即史前人类面对的是一个基于弱肉强食法则的"霍布斯丛林"。尽管《利维坦》中所推演的"自然状态"，属于霍布斯本人在建构其政府组织理论时的"虚构"，但是，如果将这种"虚构"放入至今仍未组建一个真正"国际政府"的世界中来考察，我们却能够惊讶地发现，无论是过去还是近代，国际社会中大国间表现出的"一切国家反对一切国家"的活剧，却也总在历史大舞台上反复上演。那么，在这种自然状态下，民族国家为了求得生存与发展，它又将选择何种战略呢？这就是美国学者约翰·米尔斯海默在其《大国政治的悲剧》中试图讨论和解决的问题，并且最终得出悲剧性的结论，即"进攻性现实主义"是大国唯一"理性"的战略选择。

一 全书结构与主要内容

《大国政治的悲剧》全书共十章,大体可以将其归置为四个部分。 第一部分由第1、2章构成,在这一部分中,作者通过设置前提、提出问题、定义概念及综述前人研究成果的方式,为全书的理论研究确立了一个清晰的分析框架,并树立了批判的目标——国际关系中的自由主义流派。 第二部分由第3、4章构成,作者在该部分进一步明晰其论题中所涉及的概念,即何为大国,并将大国所包含的要素归纳为包括人口规模与财富数量在内的潜在权力以及更直接的军事实力。 第三部分由第5~9章构成,作者提出了"进攻性现实主义"理论下的战略选择,并通过历史案例予以比较和论证。 第四部分由第10章构成,作为对第一部分理论的呼应,作者从现实的角度出发,预测整个国际形势在各国均采用进攻性现实主义策略背景下的走势。 另外需要强调的是,仅从书名来看,不熟悉米尔斯海默的非专业人士会以为这是一本关于政治或政治哲学的专著,但从内容来看,我们很容易发现这是一本探讨国际关系中国家战略选择问题的专著,因此在笔者看来,"大国间政治的悲剧"或许更能清晰地反映本书的主旨。

下面,笔者就本书各部分逐一进行介绍。

(一)问题的提出、理论前提及分析框架

在导论部分,米尔斯海默教授首先指出了国际体系中的三个特征:①缺乏一个凌驾于国家之上的中央权威;②国家总是具有用来进攻的军事能力;③国家永远无法得知其他国家的意图。[①] 由此我们可以看出,这种国际体系与《利维坦》中"自然状态"所具备的各种特征趋于一致,而这种国际体系的存在,也正构成作者理论研究的逻辑起点和预设前提。

那么,作为这种预设国际体系中的行为主体——"国家",将如何应对这一自然状态? 作者在第二章中又补充了两个条件,即④生存是大国的首要目标,⑤大国是理性的行为体。[②] 而当上述当五个命题同时具备时,大国基于畏惧(fear)、自助(self-help)和权力最大化(power maximization)这三种本能,就必然迸发出通过进攻的手段削

---

① 〔美〕约翰·米尔斯海默:《大国政治的悲剧》,王义桅、唐小松译,上海世纪出版社,2008,第2页。
② 〔美〕约翰·米尔斯海默:《大国政治的悲剧》,王义桅、唐小松译,上海世纪出版社,2008,第35页。

弱竞争对手，以实现自身安全的强大动力。 而这种"以进攻为手段，以维持或夺取霸权地位为直接目的，从而最大限度保证本国生存为最终目的之战略选择"，即可概括为本书的核心概念——"进攻性现实主义"。 从这一概念出发，我们能够看到，在同一体系中一个国家安全的获取，是通过损害另一国家的安全来实现的，因此，这种典型的"零和博弈"也正是书名中"悲剧"一词所蕴含的真义所在。

在第一部分，米尔斯海默教授还定义了"大国"的概念，即有能力维持或谋取霸权地位的国家，并进一步推论，"所有国家的命运都从根本上取决于那些最具实力国家的决策和行为"①。 在该部分，作者通过综述梳理了国际关系理论谱系中的自由主义与现实主义，并批判性地指出：自由主义理论体系中所谓"经济相互依赖和平论"、"民主和平论"及"国际制度和平论"等学说，对于国家而言，即使不是虚伪的，至少也是天真的"非理性"选择。

（二）大国的构成要素

正文第3、4章，米尔斯海默进一步分析了大国必须具备的两大要素：作为潜在要素的"人口与财富"与作为实际要素的"地面军事力量"。

第3章，作者分析了人口与财富对军事实力的影响，并且指出，只有在生产力水平以及经济结构相似的前提下，国民生产总值才具有可比较性。 作者同时认为，即使国家经济实力相当，经济实力在转化为军事实力的过程中，仍会受到以下条件的制约：①将财富转化为军事实力的比例不同；②将财富转化为军事实力的效率会因为训练水平、动员能力或贪腐程度而不同；③军队中军兵种构成比例的不同也会影响军事实力。 由此，作者得出了"所有的大国都是富裕国家，但并非所有富裕的国家都是大国"②这一科学的结论。 第4章，作者通过分析近现代的历史战例，论证了陆军在国家战略中的关键性地位，同时强调了海军、空军作为辅助性军种的地位，并认为在未来大国间的争霸战争中，唯有陆军才能发挥决定性的作用。

（三）"进攻性现实主义"理论下的战略选择

正文第5～9章，米尔斯海默通过历史案例分析了在"进攻性现实主义"理论指导

---

① 〔美〕约翰·米尔斯海默：《大国政治的悲剧》，王义桅、唐小松译，上海世纪出版社，2008，第4页。
② 〔美〕约翰·米尔斯海默：《大国政治的悲剧》，王义桅、唐小松译，上海世纪出版社，2008，第80页。

下，大国可能做出的生存战略选择。

在第5、6章中，作者首先假设国际环境处于一种均势状态。 如果改变均势对大国有利，那么大国可能选择战争、讹诈（武力威胁、威慑）、诱捕（离间其他国家）以及坐观血腥屠杀（坐山观虎斗）等策略；如果维持均势对大国有利，那么原霸权国可能选择建立均势、推卸责任、绥靖和搭便车等战略。

第7章，作者分析了一种战略位置特殊的国家——岛屿国家或绝对支配某一大陆的国家，为了维护自身安全应该充当的角色以及理性的战略选择。 作者认为，此类国家的最佳选择是充当维持其他大陆均势的"离岸平衡手"，以遏制其他大陆潜在霸权国的发展。

第8章，作者主要分析了潜在霸权国的进攻对象，即所谓的"责任承担者"可能遭遇的境况以及应该选择的战略，并且论证了在两极体系中的两个最大的国家，并没有多余的战略选择，唯有削弱对手争得绝对的霸权，才是维护自身安全的最佳策略。

第9章与其说是分析战争的原因，不如说是分析在多级、两极及单极这三种世界体系中爆发战争可能性的大小，最后作者得出的结论是多极世界爆发战争的可能性最大，两极次之，单极世界能够最大限度地遏制战争。

（四）结论与预言

在全书的最后一章，作者再次驳斥乐观的自由主义学说，并试图证明国际无政府的"自然状态"在今天依然没有改变，因此，"进攻性现实主义"的战略选择仍是大国，尤其是美国唯一理性的选择。 最后，作者确定了两个美国未来的主要战略对手——亚洲的中国与欧洲的德国，他认为这两个国家将是挑战美国霸权、动摇当前国际均势最具实力的潜在对手。

二 创新、贡献及其缺陷

作为一部既涉及国际政治，又关照军事战略的经典著作，《大国政治的悲剧》通常被视为继华尔兹《国际政治理论》和布热津斯基《大棋局》以及肯尼迪《大国的兴衰》之后，现实主义又一里程碑式的著作。 不可否认的是，这部著作能够帮助人们更加深刻地理解和把握国际社会中大国，尤其是美国，在未来国际形势变迁中可能做出的战略选择，其研究方法和理论成果的主要贡献以及不足在于以下几个方面。

（一）方法论上的创新

客观地说，米尔斯海默教授关于大国之间在自然状态下必然处于"零和博弈"的悲剧性状态，因此，进攻性现实主义是且只能是"国家"唯一理性的选择这一结论，并无太大新意，早在古希腊城邦时代，修昔底德在其《伯罗奔尼撒战争史》中就已十分深刻地阐释了这一问题。但是，米尔斯海默在研究以及分析这个亘古已有的论题时，借助了极其丰富的近现代史料和研究工具，而其中尤其突出的是建立了一套极具现代意味的分析框架。

首先，作者在鲜明地提出问题之后，预设了研究的前提，换言之，即对条件进行了约束，这本身就是借助现代系统理论进行社会科学研究的典型做法。其次，作者深刻地抓住了国际体系中的关键要素。在整部著作中，作者虽也论及可能影响均势的次大国，但其研究的目光，始终聚焦于有能力维持或夺取霸权的大国，从而抓住了影响系统变化的主要矛盾。最后，作者清晰地设定了研究对象的"结构边界"，将国际体系中的行为主体——国家，简化为只有大小之别，却无内在区别的"原子"，换言之，作者将国家的性质、政府组织形式等内部因素排除在国际政治研究之外，关于最后一点，虽然引起了包括美国学界在内的各国广大专业人士的质疑，但不可否认的是，这种对研究对象内部结构的简化，有利于更清晰、更透彻地分析与把握对象与对象之间的联系。

（二）研究成果的贡献

作为国际关系现实主义领域的一部杰出著作，《大国政治的悲剧》对大国战略选择研究的推进主要在于以下这两个方面。

第一，更加清楚地辨析了国际关系理论中各种流派的谱系，即包括在保守主义理论体系中的"防御性现实主义"与"进攻性现实主义"，以及与保守主义相对立的国际关系中的自由主义。在这部著作中，一方面，作者尖锐地批判了自由主义对世界和平与安全前景所抱有的信心，认为只要国际体系处于无政府状态，那么战争将无从避免。另一方面，作者也批评了现实主义中倾向于"防御"的学派，认为单纯强调军事学意义上的"防御优势"，将会导致国家失去战略选择上的主动性，而为了获取自身的最大安全，通过诸种进攻手段以维持或夺取霸权才是大国更加理性的选择。

第二，推动了国际政治与国家战略理论研究的现实发展。从全文的理论视角来看，作者深受肯尼思·华尔兹的影响，而全书的立论起点，也正是华尔兹在《人、国家与战争》这部著作中所得出的,关于战争根源于国际体系结构的结论。 可以说,米尔斯海默将华尔兹关于国际关系的研究向实践领域推进了一大步。 同时,正如美国已故学者亨廷顿所言:"如果说保罗·肯尼迪的《大国的兴衰》是为大国的兴衰寻找历史规律,得出了美国必然衰落的悲观结论,那么《大国政治的悲剧》则在探讨大国关系悲剧性的历史根源上开出了以'离岸平衡手'角色永葆美国强权的乐观药方。"因此,这部著作不仅对美国在未来维持世界霸权的战略选择上提供了资政价值,同时,也为其他国家预判美国外交政策和军事战略的发展方向提供了重要的参考价值。

(三)批评与不足

作为一名有过十多年军旅生涯的学者,米尔斯海默本人的学养及知识结构必然更偏向于军事战略而非国家战略,偏向于国际关系而非国际政治,因此学界,尤其是国际政治领域中的自由主义学派对本书的批评,也正集中于此。

关于预设前提的批评。 如果某一理论的逻辑起点错了,那么,该理论的现实价值将大打折扣,而自由主义学派对于米尔斯海默"进攻性现实主义"立论起点的批评,也正在于质疑作者关于国际社会仍处于"霍布斯丛林"这一判断。 众所周知,欧洲列强自"三十年战争"后签订《威斯特伐利亚和约》开始,民族国家的"主权"便开始得以确立和保障,此后,国际社会虽然仍无法遏制战争,但大国之间依靠进攻手段来重现罗马对迦太基式的"灭国"或"吞并",却已完全失去了"正当性"。 因此,可以说从那一时代开始,国际社会中的自然状态即开始受到相当的限制,而二战尤其是冷战结束之后所构建的国际体系,虽然仍存在着极大的缺陷,拥有国际公权力的"国际政府"也确实没有建立起来,但至少与作者所假设的"一切国家反对一切国家"的自然状态存在着根本性的区别,因此,正如复旦大学著名学者倪世雄对此书的评价,"以旧眼光看待新世界难免出错"。

关于分析框架的批评。 作者本人在导论中坦言:"理论之所以遇到难以解释的现象,原因在于它们把现实简单化了"①。 而本书排除国家内部结构对战争的影响,也正是深受广大学者诟病的焦点所在。 华尔兹在《人、国家与战争》中借用层次分析法,论证了国家内部结构不是引发战争的唯一根源,但从不认为其不能成为引发战争的根源。但米尔斯海默在论述自身理论的局限性时,却绝口不提排除国家内部结构对于战争的影

---

① 〔美〕约翰·米尔斯海默:《大国政治的悲剧》,王义桅、唐小松译,上海世纪出版社,2008,第8页

响并非现实，而是一种方便于理论研究的简化，甚至作者还通过裁剪历史来证明，无论是"好国家"还是"坏国家"所发动的战争，都是为了保证自身的生存所做出的"理性"选择。 那么，如果按照作者的分析框架进行推论，帝国主义或纳粹国家选择侵略的手段进行扩张以维持自身的安全，也应该是一种"理性"行为。 因此，作者的"进攻性现实主义"显然容易跌入一元论的窠臼。

关于几个争议较大判断的批评。 首先，许多军事学家认为，米尔斯海默由于其服役年代较早，因此，虽然作者在美国空军服役，但仍然深受"大陆军"思想的影响，所以其对于当代海、空军的火力打击以及军事投送能力的认识并不客观，因此，军事界对于未来大国维持或争夺霸权的关键力量仍在陆军的判断提出了较多的批评。

其次，米尔斯海默提出，"生存"是大国的首要目标，这一点固然不错，但在《大国政治的悲剧》一书中，作者对于何为"生存"、何为"安全"却语焉不详，而在论证"进攻性现实主义"的各项战略选择中，更多地旨在服务于国家安全而非国家生存。

最后，作者提出欧洲德国与亚洲中国的崛起是对美国霸权地位的最大挑战，因此美国当前最好的战略选择应是遏制和削弱这两个"潜在大国"。 关于德国，米尔斯海默无视该国在主观意愿和客观能力上的现实，仍旧坚持认为其崛起会破坏欧洲的均势而造成动荡。 对于中国，米尔斯海默关于中国的进一步发展必然危害地区和平、违背美国利益的判断，已成为美国政府与学界中许多持"中国威胁论"观点的政客和学者的理论依据，对于中美关系的健康发展具有较强的危害性和负面影响，同时，这一判断的危险之处也正如约瑟夫·奈所警告的："如果你把中国视为威胁，它就会变成威胁。"

平心而论，作为国际政治领域的经典著作，《大国政治的悲剧》一书具有理论的彻底性，至少作者没有虚伪地掩饰和隐藏自己的观点，而是极其尖锐地指出了大国间政治现实而又冰冷的一面。 无论如何，作者所宣扬的"进攻性现实主义"作为一种彻底的保守主义理论，能够帮助学界和广大专业人士更加深刻把握传统国际体系的内在矛盾，以及因为这种深刻的矛盾所导致的大国间的政治悲剧，但是，既然作者能够帮助我们从理论上认识到悲剧存在的根源，那么我们也同时应该自信，随着人类智慧的不断发展，随着传统国际体系向现代的不断变迁，这种悲剧在未来并非不可避免。

〔责任编辑：李秋发〕

Aggressive Realism: Great Power's Strategic Option in Natural State

—Review of John J. Mearsheimer's *The Tragedy of Great Power Politics*

Zhou Jun

Abstract: In *The Tragedy of Great Power Politics*, John J. Mearsheimer tempted to discuss and solve the problem: how do national countries make their strategic options to survive and develop in the natural state. He came to a pessimistic conclusion that "aggressive realism" was the great power's only "rational" strategic option.

Keywords: review of *The Tragedy of Great Power Politics*

〔英文校译: 梅　娟〕

● 动态 ●

《瑞典军队的文人统制》译介

陈伟昉

【摘　　要】本文选自《武装力量与社会》2013 年 1 月号，作者系瑞典国防学院领导与管理学系埃里克·海德伦德。该文从军衔制和军官教育视角分析了瑞典军队的文人统制，得出了"主观和客观文人控制之间的平衡会随着内外政治和军事环境的变化而重新调整"的观点。

【关 键 词】《瑞典军队的文人统制》译介

【译者简介】陈伟昉（1972～ ），女，浙江诸暨人，南京政治学院上海校区部队政治工作系外军政治性工作教研室讲师。主要研究方向：外军政治性工作。

根据感知到的外部威胁等级的高低，瑞典的文武关系和军界的自主性随着时间的推移发生了相应的变化。本文分析研究了 1984～2011 年大约 26 年时间里瑞典的文武关系，考察视角为文人对陆、海、空三军两个方面的统制：①军官军衔制度；②专业军官教育体系。本研究以塞缪尔·亨廷顿和莫里斯·简诺威茨"客观"和"主观"文人治军的理论探讨为基础，阐述了冷战后期以及 1989 年柏林墙倒塌后客观和主观文人控制对瑞典武装力量的具体影响。研究结果证明，随着时间的推移，文武关系会发生变化，不仅是感知到的外部威胁，新型威胁、新型任务及多国参与的国际作战行动中日益全球化的合作行动也会对其产生影响。

与其他西方国家一样，瑞典的文武关系和军界的自主性随着时间的流逝发生了变化。在外部威胁感知程度较高时，如二战期间，军队自主性较高；而外部威胁感知较低时，自主性则较低，1989 年柏林墙倒塌后就是这种情况。或者，正如彼得·费弗指出的那样，"军民冲突时激时缓，威胁感知也是如此"。瑞典的情况在一些重要的方面完全不同于大多数欧洲国家和美国。首先，瑞典在特别漫长的一段历史时期（差不多有200年）里未经历过任何战争，也就是说，其外部威胁感知一直都非常低。 其次，自1905年以来，瑞典的外交事务和安全政策都建立在军事不结盟和战争中保持中立的基础上，因此瑞典可以远离战争和冲突，而无须对其他国家承担任何有约束力的军事或政治义务。 2000年初以来，瑞典安全政策发生了巨大变化，更加重视在联合国、北大西洋公约组织和欧盟框架下与其他国家合作参与多国国际任务。 这种日益增加的多国军事行动合作使瑞典得出了两个重要结论：一是其武装力量有切实需要完成的军事目标和任务；二是必须能与其他国家的武装力量有效协作。

分析文武关系和军事专业自主性时要考虑几个主要因素：专业组织结构的自治性程度、专业能力及专业军官教育体系。 其中，专业教育体系尤为重要，因为正是通过这个体系并经过训练，军队才得以有效地传播正规和日常的知识，使其组织结构和专业能力相应的制度规则获得认同。 军队如果失去对其专业教育体系的控制权，就会随之失去对其所谓专业能力的主要控制权。

文武关系

一直以来，文武关系理论中的关键问题就是要弄清在一个主权国家里如何实现和维持文人治军，这个问题也体现了文人对军事机构政治控制的一个规范的期望。 在政治科学和社会科学领域，关于文武关系长期存在着一个理论争议。 20世纪50年代末，塞缪尔·亨廷顿的《军人与国家》（1957年）出版，三年后莫里斯·简诺威茨的《专业军人》（1960年）紧接着出版，理论分歧由此发端。 讨论的核心是确定最合适的文人治军方式：“军事权力和社会意识形态之间的合理均衡。”一方面，一支军队必须足够强大，能够完成文人需要他们去完成的一切任务；另一方面，这支军队又必须有足够的服从意识，只做文人授权他们去做的事。 找到调和这种矛盾的方法一直是个巨大的挑战。 彼得·费弗称此为悖论：“文武关系基本上是个悖论：出于对他人的恐惧，我们创立了一个暴力机构来保护自己，但又恰恰是这个保护机构让我们自己惶惶不可终日。”因此，需要解决的主要理论问题是，寻求维护军队战斗力和权力的方法，从而切实维持和保护民主价值观。 塞缪尔·亨廷顿和莫里斯·简诺威茨之间的辩论核心在于文人治军的两种可能的模式，即客观和主观文人控制。

客观文人控制

亨廷顿认为，对文人治军的热衷与对军事安全的需求之间存在着一种紧张关系，也就是说，增强文人对军队的控制可能会削弱军队的能力，使其无法成为有效的战斗部队。亨廷顿提出用客观文人控制的方法来消除这种紧张关系，其理论基础是自由主义。自由主义最关心的是保护一个主权国家的民主、民主价值观及每个公民的自由。亨廷顿倡导军界自治，并保持政治上的中立性，在他看来，客观文人控制能同时使军队的服从意识和战斗力最大化。"客观文人控制不仅能使军队的权力相对于所有平民集团而言最大可能地削弱，而且能最大限度地确保军事安全。"客观文人控制机制的首要目标是认可一种自主性的军事专业主义，尊重独立的军事行动范围和专业发展。军事安全政策应该由文官制定，而军队则应该自主决定军事行动和军事组织的相关事宜。总之，在客观文人控制下，民政当局视军队为国家机构和军事安全工具来对其进行统制，而军队自身对军事领域以及军事专业主义的发展有控制权。

主观文人控制

简诺威茨则从保安警察力量的概念和公民士兵的培育出发，从公民共和理论的视角关注民主价值观在军队里的维持和实践。公民共和理论着重强调公民参与公众生活中各种各样的活动，其中也包括参与国家的军事防御。按简诺威茨的说法，保安警察力量的概念因其以往的军事经验和传统具有连贯性，而且为军事职业的根本性调整奠定了基础，公民士兵的理想正是基于保安警察力量的概念。简诺威茨认为，保安警察力量应该认识到，军事手段必须根据其政治目标进行认真调整。在某些形势下，战争与和平或者军事与政治行动之间并没有清晰的界限，此时，保安警察力量应该致力于合理的武力使用，以支持良好的国际关系。这种巨大的适应性使简诺威茨坚信文人应该对各级军事事务加强监管，同时，军队应该更好地吸收文人价值观、民主价值观及平民生活方式，而健康的军事一体化和军事参与也应该融入平民和政治生活中。这与亨廷顿的看法相反，例如，简诺威茨建议，军队应与地方大学保持联系，选派军官接受高级专业训练，甚至可以形成由博士生组成的小型组织。简诺威茨主张主观文人控制，确立公民民主社会优于军队的至上地位。最大化的主观文人控制包括对军事组织的统制，其中，军事组织既是一个机构也是一个专业组织。 主观和客观文人控制之间的力量之争可以用迈克尔·戴思齐的话来表示，"文人控制力量强弱的最佳指示器是看谁在文武取向产生分歧时获胜"。

客观和主观文人控制理论存在的一些缺陷

在过去的半个世纪里，许多研究者用亨廷顿和简诺威茨的理论研究文武关系。 但是，冷战结束后，他们的理论在许多重要的方面显露出局限性和缺陷，正如詹姆士·伯克在其《民主的文武关系理论》一文里指出的那样：

> 我们有理由怀疑，这两种顺应冷战的新环境发展而来的理论是否能很好地应用于当代形势。 可以认为这两种理论的价值有局限性，我们需要有新的框架来引导未来的研究。

亨廷顿认为，可以有一个界限清晰的军事范围独立于社会和政治领域。 但是，在一个拥有大规模杀伤性武器的世界里，他的这种假设是站不住脚的。 大型军队已经减少，在过去的 20 年里，经过大规模的裁军，西方国家的武装力量虽然规模趋小，但科技装备更先进，武器也具备跨边境实施大规模杀伤的性能。 这就意味着政治领域和军事领域不再泾渭分明，因此，政治目的与军事手段之间也不可能有明确区分。

主观和客观文人控制理论仅仅旨在解释怎样在一个主权国家保护和维持民主价值观，却未能涉及在一个超国界的背景下如何保护和维持民主价值观。 当民主国家参与多国军事和政治联盟及行动时，就会出现亨廷顿和简诺威茨的理论无法解决的问题。这些理论关注的或者是保护民主价值观（亨廷顿）或者是在一个主权国家内部维持民主价值观（简诺威茨）。 新的全球安全形势和环境下的军事活动需要有一种新的文武关系理论，以满足一个国家境内外民主价值观的保护和维持的需要。

当前文武关系中的另一个问题起因于许多欧洲国家征兵制的废除，废除征兵制可能加大军民之间的信任危机，需要军队对自身的定位、自我形象、价值观和态度进行重新评估。 例如，彼得·费弗和理查德·H. 科恩的研究发现，那些没有军队服役经历的文人精英对军队的信心随着征兵制的废除有明显下降。 相反地，军队精英对平民社会的印象也更负面。 这种军民之间鸿沟加深的信号也对武装力量招募和保留充足的官兵产生了不利影响。

一些学者，如亚瑟·D. 拉尔森和查尔斯·莫斯科斯探讨了军事多元的可能性。 在多元性军事中，关于平民社会的某些因素分歧更大，而另一些因素则更趋统一。 在战斗单位和更高的指挥级别分歧最明显，因为这些单位通常培育发展了军事专业主义的传统理想和实践。 而趋同性则多见于并不军事独大的行政、教育、医疗、后勤和技术单位，这些领域将有可能变得更为"平民化"。 军事多元试图为文人治军模式另辟蹊径，并缩小客观和主观控制之间的差距。

亨廷顿和简诺威茨文武关系理论的另一个缺陷在于未能解决军事活动和作战行动全球化、国际化的问题。 例如，多国作战行动中日益增加的军事合作可能会导致各军队之间的紧张关系，这些军队来自不同的国家，有着各不相同的政治授权、交战规则和作战警示。 联合国、北约和欧盟框架下的多国军事行动还包括军事行动和武力使用方面的决策，这些决策不仅仅关系到单个的国家和政府，更关系到这些组织内的所有国家。

主权国家内的文武关系还会受到联合国、北约和欧盟成员资格的影响。 例如，北约为那些希望成为其成员国的国家规定了非常成熟的民主价值观，而欧盟则力图对成员国的文武关系方面设置并规定一些国际标准。 为了使参加联合国任务的不同国家的军队之间增强有效协作能力，联合国负责部署前的训练和准备工作，其中包括联合国行动指南和维和能力连锁系统方面的训练，使联合国部队能与相关的军事组织、民间组织及非政府组织一起有预见性地、合理地展开行动。 这种联合国、北约和欧盟框架下的军事行动中的新合作方式可能对民主主权国家主观和客观文人控制的文武关系产生巨大影响。

虽然亨廷顿和简诺威茨的文武关系理论的缺陷还不仅仅限于上述几个方面，但是，就本文所做的具体研究而言，这些理论确实有其特殊的巨大贡献，具体是指文武统制的功能性和社会性需求。 就创立一支既能保护又能维持民主价值观的职能军队而言，功能性和社会性需求在文武关系的理论上依然是正确的。

功能性需求和社会性需求

亨廷顿认为，军事制度和文武关系受两种力量的影响，即功能性需求和社会性需求的影响。 前者指社会安全所面临的威胁，后者指社会力量、意识形态及社会内部占支配地位的机构。 在外部威胁感知较低的时期，国家安全的功能性需求就较弱。 在这种时期，自由民主国家的社会性需求常常会促进一种意识形态的发展，社会倾向于切实地消除军事力量，并削弱其专业自主性。 当外部威胁感知较高时，军事安全的功能性需求增强，军事专业自主性也相应增强。

外部威胁感知较高时，客观文人控制增强，军队可以出于功能性需求集中精力发展专业能力，目的是高效率地完成军事任务和作战行动。 外部威胁感知较低时，客观文人控制就会减弱，而主观文人控制则会增强。 在这种时期，军队必须适应社会性需求，在发展其专业组织结构、专业能力和教育体系时，与平民社会的价值观更加协调一致。

在分析文人对军衔制和专业军官教育体系的统制时，本文将把主观和客观文人控制的功能性需求和社会性需求作为理论视角。

1984～2011 年的国防改革和调查

本文分析瑞典文武关系的基础是 5 次决定性的国防改革，以及针对瑞典军衔制、人力资源系统和军官教育体系进行的 3 次调查。

1984 年——新式军官制度（NBS）改革

1999 年——新的军官教育计划改革

2001 年——政府人力资源调查

2003 年——政府学校改革调查

2004 年——瑞典国防学院（SNDC）调查

2008 年——经认可的学术军官课程计划改革

2010 年——向全志愿部队（AVF）的转型及区分式的军衔制改革

2011 年——武装力量新教育制度的改革

分析主要聚焦于文人对军衔制和专业军官教育体系的统制，目的是研究这些改革和调查是否偏向具功能性需求的客观文人控制，或者具社会性需求的主观文人控制。 通过考察进行改革或调查的特定历史时期所面临的真实存在或感知到的外部威胁，并将这些改革或调查置于其具体背景加以分析，参考亨廷顿的理论，就应该可以说明和理解改革偏向某个方向的原因。

在 1984 年军衔制改革以前，瑞典武装力量与美国及西欧国家很相似，都有三个不同的军衔等级，最低一级是士官（NCO），第二级是准尉，第三级也是最高一级是军官。

1984年——新式军官制度改革

1984年，瑞典武装力量开始实行一种前所未有，也许是世界上独一无二的军衔制：新式军官制度。此次改革最引人注目同时也最具争议性的地方就是废除了士官和准尉制度。自引入新式军官制度以后，武装力量就只有军官这一种军衔，最低级别为少尉。在职业生涯最初的6~8年时间里，这些军官必须担当相当于士官的岗位，完成士官的职责。

新式军官制度改革的理念基于这样一种认识：所有军官都应该从以同样方式招募而来的青年男女中选拔并招收进来，而且需接受统一的军官教育计划的资格培训。任何人都有可能成为将军。政府非常重视将民主和公民价值观进一步融入军队，并强调因国家中立性，瑞典与其他国家之间不具可比性。瑞典无须与其他国家武装力量的军官教育或军衔等级相适应。

分析：1984年新式军官制度改革是迈向更强的主观文人控制的重要一步，是一种出于社会性需求的文人治军方式。在NBS改革推行的历史时期里，瑞典的外部威胁恰好被政治家评估为低。事实上，当时苏联的威胁仍然存在，但是并不能特别明显地感知到。这种形势导致了社会性需求的剧增，社会民主政治和意识形态立场强烈。NBS改革很大程度上是一种意识形态上的政治平等行动，目的在于消除社会阶层基础上的陈旧的瑞典等级社会的最后残余。按照"简诺威茨式"的解释，这是一种旨在将当时的公民政治、民主价值观及意识形态强力融入军队的主观统制。然而，这项政治性的NBS计划一直未被瑞典武装力量内的军官完全认同。

1999年——新的军官教育计划改革

随着NBS改革及新的军衔制的实行，武装力量需要建立一个全新的军官教育体系。引入NBS后首先推出的两个新的军官课程计划是军官学院1级和2级（officer college 1 and 2）以及军官2000，两个计划都仍然在陆、海、空军中分成不同的军兵种，还包括在部队单位进行广泛的"在职培训"。不同于原先全国各地每个军兵种都有自己的学校，武装力量于1999年开展了一个两年制军官课程计划，而且仅在三个地方进行。这项新的军官课程计划和以前的那些军官课程计划之间一个主要的差别是联合军种训练的部分。　第一个学年包含的联合军种训练分为两个部分：一个 20 周的联合军种训练计划，计 20 个学分；一个 20 周的联合兵种训练计划，另计 20 个学分。　在第二个学年，学员分散到全国各地各军兵种的专业学校和单位，针对他们未来的军事岗位进行为期 40 周的相关军种训练。　实行新的军官课程计划的另一个先决条件是，与欧洲许多其他的军官课程计划一样，瑞典用一种更注重学术的方法，更加重视更宽泛的综合性教育，包括非军事学科的学习，如政治学、社会学、领导科学等，同时弱化具体的兵种和岗位知识、实际技能和能力。　目的是由各部队单位自行安排针对性培训计划，以使新的少尉们能在完成军官课程计划训练后利用所学的专门的岗位知识，发挥其技能。　值得关注的是，在职培训自那以后被取消，而在职培训是现在最受好评的做法，也是所有武装力量训练中最重要的一个部分。　这次改革给军队带来的另一个结果是，新的军官课程计划培养出来的少尉军官在取得资格后，并不具备足够的军事岗位技能和能力来履行其职责。

分析：1999 年新的军官课程计划的实行是走向更强的主观文人控制的又一重要举措，其基础在于进一步的军民融合所产生的社会性需求。　突然之间，武装力量有了一个新的军衔制和基础军官教育体系，几乎完全有别于其历史传统和感知需求。　从历史角度看，在这两个领域，瑞典军队的主观文人控制此时达到了迄今为止的巅峰。　瑞典在军衔制和军官教育计划上实行这些独特改革的一个重要原因一定是 1989 年柏林墙倒塌后预料之外的政治和军事大背景。　当时，瑞典武装力量的中心任务和组织工作仍然围绕着国防安全展开。　一旦瑞典安全和国家边境的外部威胁以及敌人突然不复存在，社会性需求就迅速发展，几乎没有遇到任何阻力和限制。　武装力量与其说是一个使用武力保护国家安全的军事力量，倒不如说变成了一个平民官僚政治职业组织。　结果，调整实施军衔制和军官课程计划更主要是为了反映政治意识形态，体现平等的价值观，而不是为了使武装力量高效率地完成军事任务。

2001 年——政府人力资源调查

2001 年 2 月，社会民主党政府任命的人力资源调查委员会提交了其调查结果。　委员会的主要任务是全面分析武装力量的人力资源系统。　政府指导该委员会工作的其中一个方针是，希望在军队增强种族和文化的多样性并推动男女平等。　调查的另一个目的是思考瑞典武装力量与其他国家武装力量共同参与国际军事行动时需遵循的标准，并根据这些标准来评估当前的军官教育制度。 调查得出的结论是，当前的瑞典武装力量无法适应全球政治和军事形势，应该将其主要任务从保卫瑞典国界转向联合国框架下的国际军事行动。 为了能适应这些新形势提出的标准要求，并能与其他国家武装力量有效协作，委员会建议为武装力量设置一个新的组织和新的教育体系。

此外，委员会就军衔制进行了广泛探讨，强烈反对回到以前包含士官、准尉和军官的守旧的多军衔军官制度。 相反，他们支持现有的军衔制，辅之以由士官和军官两种军官类别构成的多途径体系，而且两种职业规划上的发展机会必须是平等的。 这种新的军衔制只是调查委员会的一个建议，当时并未最终决定和实行。 委员会还提出军官课程计划应该与三年制的地方大学课程提供同样的学分。

分析：这份人力资源调查结果发布于"9·11"事件发生差不多 8 个月之前，当时已经认识到瑞典需要与其他国家的武装力量合作并增强相互适应性。 据说主要是因为新的全球政治和军事形势需要武装力量把主要任务从保卫国家转向联合国框架下的国际军事行动。 这是朝着更强的客观文人控制发展的重要一步，更加重视功能性需求。 关于由两种军官类别（士官和军官）构成多途径体系的讨论也是向功能性需求基础上的客观文人控制发展的明确措施。

对军队种族和文化的多样性以及男女平等的重视则充分体现了社会性需求基础上的主观文人控制，关于军官课程计划应该与三年制地方大学课程提供同样学分的建议也是如此。

2003 年——政府学校改革调查

2003 年 5 月，政府学校改革调查结束。 委员会的任务是分析武装力量长期的能力需求，提出军校体系的改进建议以满足这些需求，并对军官课程计划的现状与地方大学课程进行比较。 与前几年(1973~1984 年)的委员会形成对比的是，这个委员会强调与其他相关国家军官教育制度的比较。 此次调查的其他重要指导原则还包括更多的性别视角以及种族和文化融合。

政府委员会调查显示，现有的军官教育体系大大削弱了军官的专业化水准，所培养的新的军官如果不经过进一步长期的现场训练，根本不具备完成单位工作职责所需的专业能力。 委员会进一步指出，鉴于瑞典越来越多地参与国际军事行动，需要增强与其他相关国家军事教育体系的相互协调。 因此，为了获得更高的国家和国际地位，确保始终如一的优质教育并与研究工作相结合，瑞典军官课程计划必须具备学术性——这正是许多与瑞典相当的欧洲国家所具备的。

考虑到瑞典武装力量的中心工作已从保卫国家转向参与国际军事行动，军事职业体系也必须相应转变，使其更具国际性有效协同能力，胜任其任务。 这就需要培养更多的专才，更少的通才，也需要更灵活的课程时间、内容、录取标准及不同的新兵征募类别。 武装力量在多样化的国家和国际行动中与民政机构和非政府组织的合作越来越多，因此需要在更大意义上培养和教育好军官，而并不仅仅局限于军事学科的训练。

分析：政府学校改革调查结果表明，军官教育体系大大削弱了军官的专业化水准，也无法培养出具备良好专业能力的新军官。 该结论的基础是功能性需求，也就是说，在与其他国家武装力量合作的国际军事行动中军官适应任务需求的能力。 为了增强有效协作性，有必要进一步与其他相关国家的军官教育体系保持协调一致。 之所以要与他国武装力量以及其他相关国家的军官教育体系相互协调，主要是因为瑞典军队的重心已从保卫国家转向参与国际军事行动。 学校改革调查委员会还建议设置一种更具国际间有效协同性且更适应国际任务的职业体系，培养更多的专才，更少的通才。 与以前关注与地方大学相似之处的计划相比，这个更具学术性的军官课程计划被纳入军事功能和军事质量的全新架构里。 同时，鉴于与民政机构和非政府组织的合作越来越多，调查委员会强调需要在更宽泛的意义上全面培养军官，而不仅仅是军事学科的训练。 另外，基于社会性需求的主观文人控制也依然有迹可循，主要体现在委员会提出的性别视角和种族文化融合上。

2004 年——瑞典国防学院（SNDC）调查

2004 年 5 月，瑞典国防学院调查委员会提出利用经认可的考试机构使国防学院变成真正意义上的大学的建议，并着重强调了此举措的重要性。 提出该建议的理由与前一年政府委员会的主张如出一辙，即获得更高的国家和国际地位，确保始终如一的优质教育并与研究工作相结合，使军事计划与其他欧洲国家的计划协调一致，合理增强瑞典对国际安全工作的贡献。 委员会特别表示需要为军官和教员提供国际交流项目。

分析：瑞典国防学院调查委员会的提议呈现两个趋势。 一方面，它建议制订一个完全被认可的学术性军官课程计划，倾向于主观文人控制和社会性需求，并吸纳大学法规制度下的地方教育标准。 另一方面,支撑经认可的军官课程计划的依据则倾向于客观文人控制,其功能性依据是使军官课程计划与其他欧洲国家的计划协调一致,合理促进对国际安全工作的贡献,以及满足军官和教员对国际交流项目的需求。

2008 年——经认可的学术军官课程计划改革

2008 年 1 月,有史以来第一次,瑞典国防学院成了同时属于国防部和科教部的经认可的大学,负责一个三年制的学士学位军官课程计划。 在 180 个总学分中,课程的 120 个学分来自人文科学教育,其中包括一篇独立完成的文章,其余的 60 个学分则通过各军种的专业兵种学校的学习获得。 该计划不包括任何"在职培训"。 明文规定主考人必须至少具有博士学位(几乎排除了所有军官),考试和考试任务都应该遵循大学的法规制度,在许多情况下,对院校的军事教员和整个武装力量而言,这些法规都颇为陌生。 尽管军队失去了对这个军官课程计划的很大一部分控制权,但它对计划和学员的影响力仍然相当大。 瑞典国防学院是所有军官课程计划的负责者,"军官学术教育处"担负主要责任,其成员有准将、上校、中校等高级军官。 他们的主要作用是在瑞典国防学院以及三个军官课程计划上代表武装力量的利益。

在所有开设经认可的军官课程的军事院校,军队都有一个相应军事组织确保其利益。 每年,在院校军事指挥官的指挥下,这些院校的学员会以班、排、连的组织结构组成一个军校学员营。 排长负责评估和讨论学员广义上的个人发展,而不仅仅局限于名为"指挥官和个人发展计划"里的学业成绩。 此外,每年还会安排大量的课外军事活动和节目。

分析:随着 2008 年瑞典第一个被认可的军官课程计划的实施,主观文人控制显著增强,其主要基础仍然是社会性需求,如男女平等、种族与文化的融合等,但同时也有功能性需求的因素,如提高在国际军事行动中与其他国家武装力量的合作能力,增强与地方大学体系和其他国家军官课程计划的兼容性。 当这个军官课程计划被认可时,对武装力量来说最重要的变化就是军队几乎完全失去了对军官课程计划的管理和支配权。自那以后,大学获得了管理权,军队只能接受大学的法规制度,即便这些规章制度与军队的观念和传统完全相反、互相冲突。

2010 年——向全志愿部队（AVF）的转型
及分殊化的军衔制改革

2009 年 6 月 16 日，瑞典国会接受了"实用的国防"的提议，这一天于是成了瑞典以及瑞典武装力量历史上历史性的一天。 在这个提案中，政府强调需要加强国际军事行动和其他安全问题上的合作。 政府认为通过在联合国、北约和欧盟框架下与其他国家的合作，能最好地预防对和平和安全造成的威胁。 瑞典应该有能力在多国联合作战中指挥一支多国旅。 这个政治决策中最具革命性的部分首先是废除征兵制，向全志愿部队转型；其次是决定实行分殊化的军官制度。 在实行了 25 年没有士官和准尉的独特单一性军官制度后，是时候重新恢复由士官和军官两个类别组成的分殊化军官体系了。新的制度也包括班长、士兵和水兵等人员类别。 军衔制的改革事出有因，主要是必须提高军官资源系统的效能，培养更多具备丰富专业知识的专业人才，而在单一类别的军官制度下，由于军官的职业追求只能是通才或指挥官，这个目标几乎不可能实现。2010 年 7 月 1 日起，有着一百多年历史的征兵制终于结束了。

分析：无论是向全志愿部队转型，还是实行新的分殊化军官制度，都是加强客观文人控制的重要措施，蕴含着强烈的功能性需求。 两项改革的目的都在于转变和调整瑞典武装力量，提高其在国际和多国联合作战中与其他国家武装力量协同合作的能力，换句话说，就是增强其军事功能性。

2011 年——武装力量新教育制度的改革

本文分析的最后一次改革，也是瑞典目前为止最新的一次国防改革，就是推行了新的军事教育制度。 全志愿部队和新的军衔制的实行迫切要求创立一种新的军事教育体系。 在新的教育体系下，任何想要参军的人都必须申请参加一个为期 3 个月的基础军事训练计划。 当他们通过这个训练计划，并被认为是合适的人才时，他们可以决定加入国民警卫队或被聘为军官、士官，陆、海、空军士兵。 一旦受聘，他们将根据各自的岗位特点继续接受各种不同的军事训练计划。 此时，针对军官的新的军官课程计划的情况似乎与上文所述的体系一样，也即遵从大学的法规制度，实行强有力的主观文人控制。 所有其他类别的军事人员以及军事课程计划则都由部队机构领导，这些课程计划通常未经认可，意味着武装力量有近乎百分之百的自主权来决定课程计划的内容以及不同计划的具体实施过程。 这些计划无须遵守大学的规章制度，也不依赖由文职博士主持的考查，因为考试任务的设计和执行完全由军队管理。 军队还有权设计和使用自己的方法及手段来评估每个人的进步发展，判断他们是否适合参军，并有权拒绝那些不适合加入军队的人员。

分析：武装力量新的军事教育制度的实行是 2001 年以来的三次改革和三次调查中最后的一次，这些改革和调查在许多方面已经将武装力量军衔制和军官教育带回了 1984 年 NBS 改革实行之前的时期。 以社会性需求为中心的主观文人控制和以功能性需求为重点的客观文人控制之间保持了更好的平衡。 从亨廷顿和简诺威茨关于主观和客观统制的文武关系角度来看，很显然，这种均衡性在过去约 30 年间发生了巨大变化。

讨　论

瑞典对军界的主观文人控制也许从来没有像本文考察的大约 26 年时间里那么强烈。 自 1984 年的 NBS 改革以来，文人融合对军事组织和军官教育制度的影响令人印象深刻；1999 年和 2008 年的两项军官教育计划也主要建立在社会性需求的基础上，如政治和意识形态对社会和男女平等、文化融合及融入地方大学规章制度和传统等的期望。 无论是军衔制还是军官教育制度，从本质上看，其设计都是为了支持一种官僚政治的军民职业制度的融合，而不是为了功能性的军事需求。

在 1984 年新式军衔制以及随之而来的 1999 年的军官课程计划执行之前，军界对自己的组织机构、军官军衔及军官教育体系拥有大体上的自治权。 这种军衔和军官教育制度源于或多或少带普遍性的军事组织，能较好地适应其他国家的武装力量，就其功能性需求，也即完成军事任务而言，被认为是最理想的。 但 1984 年以后，事情就发生了变化。 因为感知到的外部威胁较低，政府意识到这是一个绝佳的机会，可用政治和意识形态议程的方式加强社会性需求。 政府从军队手中接管了一部分控制权，使其失去了一些以前的专业自主性以及对军事组织和军官教育体系的控制权。

武装力量向全志愿部队转型，以及 2010 年后分殊化军官制度的实行都是加强客观文人控制的重要措施。 这两次颇具争议的政治和军事改革的原因可追溯到军事活动的全球化，还有一个因素则是瑞典武装力量主要的新任务变成了跨国环境下的多国国际作战行动。 这些新任务使得瑞典必须弱化国内的社会性需求，更重视国际的功能性军事需求。 瑞典武装力量及其军官的改革必须适应国际军事标准,能与其他国家武装力量有效协作。 这些新改革加强了客观文人控制,在军官军衔和教育制度方面恢复了军队原来曾经拥有的一些专业自主权。

从 2010 年到 2011 年,随着全志愿部队制度、新的军衔制和新的军事教育制度的实行,文人治军似乎朝着两个完全相反的方向在发展。 一方面,军官课程计划应该被视为增强军地融合的极其重要的举措,因为该计划同时属于国防部和科教部管辖,并经大学认可,尤其是大学法规制度超越了军事传统和军事条令;另一方面,士官训练计划看起来似乎正受制于越来越强的客观文人控制以及专业自主性,也就是说,这种完全由军事当局控制的教育体系是远离文人控制的重要一步,这同时也可视为是走向更多元性军事的一步。 瑞典国防学院经认可的军官课程计划在地方大学机构指导下与地方社会更趋同化。 部队单位的士官训练计划则在军事当局的领导下朝着完全不同的方向发展。在亚瑟·D. 拉尔森看来,这种局面会造成很大的功能性困境和无法逾越的差异。 "很快就会形成一山二虎的局面—— 一边是精英化和尚武化,另一边是平民化和政治化。"

结 论

本文对瑞典 1984 ~ 2011 年大约 26 年时间里的文武关系进行了实证分析和理论探讨,研究基础是塞缪尔·亨廷顿和莫里斯·简诺威茨关于社会和功能性需求视角下的客观和主观文人控制的区别。 我们的分析视角是:①对军官军衔制的统制;②对专业军官教育体系的统制。 研究旨在考察冷战后期和 1989 年柏林墙倒塌后客观和主观文人控制对瑞典军衔制和专业军官教育制度产生了怎样的影响。

根据亨廷顿的文武关系理论,当外部威胁感知程度较高时,出于功能性需求的客观文人控制就会增强,而外部威胁感知程度较低时,出于社会性需求的主观文人控制则会占主导地位。 本研究充分表明,视内外部军事和政治条件的变化情况,主观和客观统制会同时发生变化。 本文在文武关系理论方面的主要贡献是,文人治军不仅取决于一个国家感知到的外部威胁,也取决于全球化环境和新型威胁,例如,跨国恐怖主义、暴乱、各种各样的国内和国际冲突及军事行动的全球化等。 在冷战前和冷战后紧接着的一段时间里,瑞典军队的任务相对比较模糊,而这些新的军事和政治想定则更加明确地规定了军事任务,就是需要在多国作战行动中与各种各样的武装力量加强军事合作。新型威胁、新型任务及多国作战行动中日益增加的军事合作等多重因素似乎都说明需要加强客观文人控制,更关注功能性需求。

本文虽然并未解决文武关系理论正确性的问题,但是我们证明了一点:主观和客观文人控制之间的平衡会随着内外政治和军事环境的变化而重新调整。

〔责任编辑:李秋发〕

● 专访 ●

强军目标与英模的"基因"传承

——专访空军勤务学院原政治委员李广俊空军大校[*]

李广俊　张　天

【摘　　要】文化是一个民族的血脉基因，是一支军队的精神旗帜。军校文化是军事人才成长的空气和土壤，建设什么样的校园文化、用什么样的文化育人，关系培养什么样的人才、锻造什么样的队伍。培养能打仗、打胜仗高素质新型军事人才，必须大力弘扬革命英雄主义精神，精心培植军校英雄文化沃土，通过英雄文化的熏陶，不断催生军校学员爱党报国的坚定信念、励志精武的拼搏精神、敢打必胜的战斗豪情和英勇果敢的过硬作风，使军校真正成为新型优秀军事人才锻炼的熔炉和成长的摇篮。

【关 键 词】强军目标　军事人才　文化基因

【作者简介】李广俊（1959～），男，江西瑞昌人。空军勤务学院原政治委员，空军大校军衔。主要研究方向：军队政治工作英雄文化。张天（1989～），女，江苏南京人。94778 部队政治部干事，空军中尉军衔。主要研究方向：马克思主义哲学。

一　"听党指挥"与英雄文化

张天：李政委您好。习主席提出的"努力建设一支听党指挥、能打胜仗、作风优良的人民军队"这一党在新形势下的强军目标，为军队未来建设发展指明了方向，也为军校人才培养提供了根本遵循，军校文化建设必须在这一总目标的指导下进行。请问

＊ 本文系 2013 年度全国哲学社会科学基金课题"当代英模精神研究"（项目编号：13BKS094）的阶段性成果。

英雄文化如何体现强军目标对新型军事人才的政治要求? 您对此是怎样认识并把握的?

李广俊:习主席强调指出:"听党指挥是强军之魂,必须毫不动摇地坚持党对军队的绝对领导,任何时候任何情况下都坚决听党话、跟党走。"英雄文化以其独有的姓军尚武的特质、忠贞报国的品格和牺牲奉献的精神,在办学治校中发挥着铸魂育人的特殊作用。 因此,深入贯彻落实习主席强军目标重大战略思想。 军队院校必须始终把听党指挥作为人才培养的最高政治要求,确保培养的人才思想全面过硬、政治永远合格。我们倡导的英雄文化,是指以马克思主义为指导,以革命英雄主义精神为主要内容,以培养官兵敢打必胜、一往无前的英雄之气为目标的先进文化,它集中体现了人民军队的性质宗旨和政治本色,蕴含着强大的育人功能。

张天:文化是时代的产物,也是时代的精神标识和名片。 当下,英雄似乎已成为一个教科书式的名词,在广大青年官兵中也难得有革命时代的"英雄情结"和文化认同。 您对英雄文化的建设和发扬是怎样理解的呢?

李广俊:英雄文化的建设发展也同样带有鲜明的时代特征和印记。 革命时代有革命时代的英雄文化,建设时期有建设时期的英雄文化。 这是不可偏废的。 当下,几个形势呼唤着英雄文化的重建。 一是严峻复杂的国家安全形势呼唤着英雄精神的锻造。当今世界并不太平,西方敌对势力亡我之心不死,千方百计对我国的发展进行干扰和遏制,台海、东海、南海风云变幻,我国家主权和领土完整受到严峻挑战。 面对严峻的形势,作为国家安全中流砥柱的军队,迫切需要极大地激发全军将士精忠报国的豪情壮志和不辱使命的责任担当,而英雄文化正是这种精神的生动载体。 二是英雄精神体现了中国精神的内在要求。 伟大的事业需要并将产生崇高的精神,崇高的精神支撑和推动着伟大的事业。 以爱国主义为核心的民族精神、以改革创新为核心的时代精神,要求我们必须始终保持和发扬我党我军的光荣传统,党对军队的绝对领导,坚持国家利益、人民利益高于一切,振奋精神、凝神聚气、团结奋斗、不怕牺牲,在实现中华民族伟大复兴的征程上,把英雄的旗帜高高举起,把英雄的精神发扬光大。 三是官兵现实思想和心理状况迫切需要大力开展革命英雄主义教育。 "80后""90后"是军校学员的主体,受长期和平环境影响,一些人吃苦精神、奉献精神弱化,骨子里缺"钙",精神上缺"魂"。 几年前,我们对700名学员进行了一次问卷调查,结果显示,关于心中的偶像,填"明星"的为47%,填"英雄人物"的仅有35%;还有一部分学员认为,未来战争打的是高技术,英雄精神已经不合时宜。 这种淡漠英雄、追求明星时尚的思想倾向，对于青年学员军人品格的塑造、价值观的形成极为有害。因此，必须把大力弘扬英雄精神，培养学员从军报国、崇尚英雄的思想境界和心理品质作为培育当代革命军人核心价值观的有力抓手，常抓不懈。

张天：历史的继承性和发展的连续性，是文化建设的内在规律。我们在呼唤英雄文化的同时，是否也存在着对传统文化的继承和扬弃呢？

李广俊：英雄文化既是时代发展的要求，也是优秀历史文化传承的结果。在漫长的历史长河中，涌现出了无数的英雄人物，他们叱咤风云、改天换地，创造了惊天动地的英雄业绩，演绎了可歌可泣的英雄事迹，为我们留下了宝贵的英雄精神财富。从古代神话精卫填海、夸父追日的顽强精神，到南宋岳飞"壮志饥餐胡虏肉，笑谈渴饮匈奴血"的英雄气概，到鸦片战争时林则徐"苟利国家生死以，岂因祸福避趋之"的爱国情怀，无不闪耀着英雄精神的光辉。我军成长壮大的历史，就是一部革命英雄主义精神的壮丽史诗，在不同历史时期形成的井冈山精神、长征精神、上甘岭精神、雷锋精神、"两不怕"精神、甘巴拉精神、抗洪精神、"两弹一星"精神、载人航天精神等，无不蕴含和诠释着英雄的内涵、英雄精神的力量和英雄事业的不朽，为我们建设英雄文化提供了丰厚的精神财富。

张天：文化的先进性和生命力，取决于指导思想的科学性。是人民群众创造历史，还是英雄创造历史，这是唯物史观和唯心史观的根本分歧。那么从马克思主义的角度，如何理解英雄文化的理论基础呢？

李广俊：唯物史观在强调人民群众创造历史的前提下，也充分肯定英雄人物对历史发展的巨大推动作用。英雄人物在国家民族危难之时、社会发展的关键时期、生死抉择的重大关头，都以忠诚的品格、非凡的智慧、过人的胆识和超常的毅力，引领着广大人民群众团结奋斗、力挽狂澜，推动着历史车轮滚滚向前，不断谱写出一幕幕波澜壮阔的历史华章。历史告诉我们，英雄人物并不是单独起作用的孤立个体，他是人民群众的重要一员和杰出代表，这是马克思主义关于英雄人物历史作用的一个重要观点，理所当然地成为军校英雄文化建设的理论指导。

张天：文化应当是一整套体系的总和。我们应当怎样理解并把握英雄文化的整体性呢？

李广俊：我们所倡导的英雄文化，是指革命英雄人物及其传承者在中国革命特别是军事实践中，创造的物质财富和精神财富的总和，是由精神文化、制度文化、物质文化、行为文化构成的有机整体。在精神层面上，表现为反映革命英雄主义精神的价值观念、思想内涵、品格特征和书刊歌曲、影视作品等；在制度层面上，表现为弘扬革命英雄主义精神所制定的措施机制、计划方案、制度规定等；在物质层面上，表现为彰显革命英雄主义精神的历史遗迹、战场遗址、纪念场馆、环境设施等；在行为层面上，表现为培育革命英雄主义精神所开展的文化体育、教学训练、社会实践等活动。按照这样的思路，我院经过五年的探索实践，凝练形成了反映军事特性、体现军校特色、彰显军人特质的，由英雄文化理念、英雄精神内涵、英雄行为规范、英雄品格特征、英雄精神仪式教育、崇尚英雄校园歌曲、英雄励志口号构成的"七位一体"英雄文化体系，较好地体现了英雄文化独有的魅力和育人功能。

张天：从前面您所谈及的，我们已能充分理解英雄文化的时代价值、历史传承、理论品质和特殊内涵，直接反映了强军目标的政治要求。那么在提升官兵思想政治素质中英雄文化发挥了哪些具体作用呢？

李广俊：一是英雄文化建设是培育理想信念的肥沃土壤。习主席强调指出，坚定理想信念始终是共产党人安身立命的根本，没有理想信念、理想信念不坚定，精神上就会"缺钙"，就会得"软骨病"。"要大力发展先进军事文化，加强和改进思想政治工作，引导官兵坚定对马克思主义的信仰、对中国特色社会主义的信念、对改革开放和社会主义现代化建设的信心、对党中央的信赖，培养革命军人忠诚可靠、英勇无畏的精神"。我们要积极响应习主席的号召，通过英雄文化的教育熏陶，引导官兵自觉把个人前途命运与国家前途命运紧密联系起来，自觉做到理想不动摇、信念不偏移、精神不颓废，在英雄文化这块沃土的滋养培育下，坚定中国特色社会主义道路自信、理论自信、制度自信，使广大官兵的信念之根更加坚韧不拔。

二是英雄文化建设是铸牢强军之魂的实践抓手。坚决听党指挥是强军之魂，是建军治军的基本经验和必然结论。忠诚于党既是革命英雄人物的鲜明政治品格，也是英雄精神的精髓要义。在当前意识形态领域斗争尖锐复杂形势下，面对西方敌对势力"西化""分化"的政治图谋，必须充分发挥英雄文化的渗透力和影响力，持续强化政治理论灌输和英雄精神引领，不断校正官兵价值取向，自觉抵制"军队非党化、非政治化""军队国家化"等错误思潮，不断强化官兵高举旗帜、听党指挥的政治立场，深扎听党话、跟党走的思想根子，在任何时候、任何情况下都始终做到绝对忠诚、绝对纯洁、绝对可靠。

三是英雄文化建设是强化使命责任的生动载体。能打仗、打胜仗是我军的根本职能和军队建设的根本指向。但我们应当看到，受长期和平环境的影响，部分官兵当兵打仗意识淡薄,存在着忘战怯战,认为服役期内"打不起来、轮不到我"的心态,滋生了当"和平兵"、做"享乐官"的麻痹思想;一些学员缺乏艰苦环境的磨炼,阳刚之气不足、战斗意志不强、吃苦精神弱化。 因此,必须持续加强革命英雄主义精神教育,引导官兵始终做到心中永远有任务、眼里永远有敌人、肩上永远有责任,不断增强当兵打仗、练兵打仗、带兵打仗的使命感责任感。

二 "能打胜仗"与英雄文化

张天:古人讲,武而不文,不可称雄。 战争既是信心勇气的较量,也是能力实力的比拼。 战场上的角逐始于书桌上的较量,不打赢"书桌上的战争",必然输在未来战场。 强军目标为新型军事人才提出了"能打胜仗"的能力要求,那么英雄文化的实践性又体现在哪些方面呢?

李广俊:落实习主席能打胜仗指示要求,就是要紧紧围绕提高打赢未来信息化战争能力,把为战教战作为教学基本任务,强化打仗观念、突出打仗能力、围绕打仗教学,大力培育姓军为战、爱军精武、崇尚荣誉、敢打必胜的军校文化。 我们倡导的英雄文化,正是这一文化的具体体现,有着自己独有的亮点特色。

第一,英雄文化是一种军事文化,具有独特的军事属性。 战争造就英雄,英雄的群体才能赢得战争。 英雄与军人,因战争而形成的这种与生俱来、密不可分的关系,决定了英雄文化的军事属性。 英雄文化有着浓厚的军味兵味,是军事文化重要组成部分,是人民军队所向披靡的重要精神动力。 在我院英雄文化建设实践中,积淀形成的"四个方面"的英雄精神内涵,即爱党爱国、履职尽责的"忠诚精神",不畏强敌、敢打必胜的"勇敢精神",精武成才、百炼成钢的"尚武精神"和顽强拼搏、勇于奉献的"牺牲精神",反映了人民军队这一特殊武装集团基本职业操守和价值追求,提炼形成的"四气"英雄品格特征和"64字"英雄行为规范,则是英雄精神的外在表现形式和行为取向,展示了当代革命军人优秀的意志品质和鲜明的人格特征,已经得到我院官兵的广泛认同,并日益成为广大师生的行动自觉。

第二,英雄文化是一种校园文化,具有鲜明的军校特色。 军校英雄文化是在长期办学治校育人实践中积淀形成的。 首先,它凝练了军校发展历史。 什么样的历史铸就什么样的文化,什么样的文化孕育什么样的人,什么样的人续写什么样的文化和历史。我军院校无论是在战火纷飞的艰难岁月,还是在百废待兴的新中国成立初期或波澜壮阔的改革开放时期,面对艰难困苦,一代代师生员工实践形成的对党忠诚、攻坚克难、敬业奉献的优秀品质,既是英雄精神的真实写照,也为军校英雄文化的形成发展奠定了深厚的基础。 其次,它汲取了人才培养成果。 80多年来,军队院校为部队建设培养输送了一批又一批优秀军事人才,涌现出了一大批英雄模范人物,成为引领社会风尚、推进军队发展的楷模。 就拿我院来说,建院60年来,培养了8万多名空军后勤和装备保障人才,他们之中有的成为全国全军先进典型,受到毛泽东、周恩来、江泽民、胡锦涛等党和国家领导人的亲切接见,成为我院践行英雄精神、传承英雄文化的形象代表。 最后,它着眼于打仗人才需求。 未来信息化战争的战场环境、战争手段和作战样式,对军事人才培养提出了新的更高的要求。 远程打击、精确制导、快速机动,以及大纵深、非对称性等特点,使未来战争变得空前惨烈,在这样的情况下,如果没有克敌制胜的过硬本领和勇敢顽强的心理品质,要取得战争的胜利只能是一句空话。 我们建设英雄文化,就是瞄准未来战争对军人的要求,着力用英雄精神激发官兵精武强能的热情和敢打必胜的斗志,培育和锻造新一代英才战将和雄师劲旅。

第三,英雄文化是一种地域文化,具有浓郁的地方特点。 例如徐州是一座历史文化名城,也是一座英雄之城,历史上发生的万人以上的战争有400余场。 两千多年前的楚汉相争,西楚霸王项羽揭竿起义、兴兵灭秦的传奇故事和那种“力拔山兮气盖世”顶天立地的英雄气概,千百年来广为传颂,令人敬仰;60多年前的淮海战役,我60万人民解放军以摧枯拉朽之势打败80万国民党精锐,吹响了新中国成立的号角,奏响了一曲敢打必胜、一往无前的革命英雄主义战歌,成为学院英雄文化建设最丰富、最直接的精神宝库,我们的英雄文化正是在这样的土地上,吮吸着英雄的精魂而成长起来的。

张天:既然英雄文化具有军事属性、军校特色和地域特点,这要求我们在实际工作中,怎样充分发挥英雄文化的实践功能呢?

李广俊:英雄文化的军事属性、军校特色和地域特点,要求我们在实际工作中,紧紧围绕提高学员打赢能力,充分发挥英雄文化的实践功能,使之贯穿于办学治校育人全过程,转化为学员成才报国的实际行动。 只有这样,英雄文化才能接地气、聚兵气、提士气。 具体说要抓好“三个转化”。

一是要把英雄文化转化为办学治校的顶层设计。 就是要充分认清建设英雄文化对人才培养工作的重要意义,把英雄文化建设纳入党委决策,融入办学实践,作为建校育人的基础性工程。 2009年,我院党委作出了《弘扬英雄精神,建设英雄文化,培养新型军事人才决定》,形成了“战场牵引课堂”的办学理念,确立了“聚焦作战保障、面向外场育人"的办学思想和"使命、本领、荣誉"的院训，以及"敬业、奉献、砺志、精武"的教风学风，从党委工作的全局上确立了英雄文化建设在人才培养中的地位和作用。

二是要把英雄文化转化为教员为战教战的行动自觉。仗怎么打，兵就怎么练，书就怎么教。要通过持续不断的开展英雄精神教育，不断增强广大教员对英雄文化的情感认同，引导大家志在打赢上立、神往打赢上聚、劲向打赢上使，不断强化战斗力标准，切实增强当兵打仗、带兵打仗、练兵打仗的主动性自觉性和紧迫感使命感。在教学内容上，紧贴实战、瞄准战场，凸显战争的残酷性、对抗性，实现课堂与战场的无缝对接；在教学方法上，运用战例教学、想定教学、演练对抗、比武竞赛等方法，强化战法训法技能培养，全面提高学员实战能力；在教学手段上，充分运用信息化、智能化教学平台，开展网上实战化模拟训练，增强教学的指向性实践性。

三是要把英雄文化转化为学员精武强能的精神动力。不怕困难、敢于拼搏、遇挫愈强是英雄精神的实践要求。当今，军校学员具有文化层次较高、思维活跃等优点，但其自身的弱点也比较明显，有的入伍动机不够端正，在军不言军，在军不精武；有的缺乏本领、有恐慌感，学习训练动力不足、被动应付，"60分万岁"；有的外表高大、内心怯弱，怕苦怕累、弱不禁风。对此，必须坚持不懈地用英雄精神引领、用英雄事迹激励、用英雄文化熏陶，使之转化为广大学员勤奋学习、练兵打仗的动力和精武强能、成才报国的使命追求，努力成为召之即来、来之能战、战之必胜的栋梁之材。

三　"作风优良"与英雄文化

张天：习主席强调，"作风优良才能塑造英雄部队"，那么"作风优良"与英雄文化之间又是怎样的关系呢？

李广俊：习主席强调"要加强战斗精神培育，教育引导官兵继承和发扬我军大无畏的英雄气概和英勇顽强的战斗作风，时刻准备为祖国和人民去战斗"。习主席的讲话，深刻揭示了英雄精神与战斗作风的内在关系，深刻揭示了弘扬英雄精神对于锻造过硬作风的重要作用。英雄文化是战斗文化，英雄文化是砥砺战斗作风的文化。贯彻习主席的重要指示，实现党在新形势下的强军目标，就是要充分发挥英雄文化的战斗功能，通过经常不断的英雄精神洗礼，持之以恒的英雄文化熏陶，锻造全面过硬的战斗作风，带出虎虎生威的战斗队伍。

张天：全面过硬的战斗作风又有哪些表现呢？

李广俊：第一，要培养英勇顽强的战斗作风。 毛泽东同志指出，勇敢，不怕死，是军人最基本的素质，是军人血性的直接表现。 铸剑先铸气，练兵先练胆。 要大力培养官兵生死面前临危不惧的英雄气概，在国家主权安全受到挑战的紧要关头，在人民利益受到威胁的危难时刻，勇于挺身而出、义无反顾、舍身报国；要大力培养官兵强敌面前敢于亮剑的英雄虎胆，无论对手多么强大、处境多么险恶，敢于冲锋陷阵，敢于以弱胜强，为了祖国而战，不惜赴汤蹈火、血洒疆场；要大力培养官兵困难面前百折不挠的英雄品质，把挫折当作前进的动力，把困难当作成功的阶梯，攻坚克难、不屈不挠、永不言弃。

第二，要培养雷厉风行的战斗作风。 习主席强调指出："稀稀拉拉、松松垮垮，就不成其为军队，就打不了仗，更不可能打胜仗。"雷厉风行是军人形象作风的直接表现，是部队战斗力的重要保证。 要着力克服精神不振、士气不高、斗志不旺的不良现象，切实纠正骄奢懒惰、贪图安逸、不思进取的不良倾向，坚决摒弃稀稀拉拉、松松垮垮、拖沓推诿的不良习气。 在作战训练中，接受任务不讲价钱、执行任务不搞变通、完成任务不打折扣，闻战则喜、闻风而动、动若雷霆、行如疾风、英勇果敢。 在日常工作中，始终保持奋发有为的精神状态和只争朝夕的激情干劲，自觉做到立说立行、紧张快干、主动作为。

第三，要培养令行禁止的战斗作风。 毛主席教导我们："加强纪律性，革命无不胜。"服从命令是军人的天职，钢铁般的纪律才能锻造出钢铁般的队伍。 发挥英雄文化的战斗功能，就是要强化官兵服从意识，一切行动听指挥，坐如钟、立如松，令则行、禁则止。 要强化官兵纪律意识，自觉用条令条例规范自己的一言一行，听招呼、守规矩，遵章守纪、执法如山。 要强化官兵表率意识，牢记我军宗旨，始终保持我军文明之师、威武之师的良好形象。

第四，要培养勇创一流的战斗作风。 追求卓越，勇创一流，是英雄精神的题中之意，也是优良作风的生动体现。 要教育引导官兵培养一流的本领，干好一流的工作，创造一流的业绩。 喊响"战场打不赢，一切等于零""武艺练不精，不算合格兵"的口号，刻苦学习高科技知识，苦练杀敌本领，学习训练当尖兵、岗位尽责当先锋、战场杀敌当英雄。 大力培养官兵见第一就争、见红旗就扛的进取精神，为能打胜仗奠定基础、积蓄能量。

张天：发挥英雄文化的战斗功能，培养全面过硬的战斗作风，如何在实践中发挥这种功能呢?

李广俊:一是要坚持把英雄文化的战斗性融入大项任务。急难险重任务既是对部队作风的检验,更是对部队作风的锤炼。要用好野外驻训、行军拉练、演习演练及抢险救灾等大项任务这个平台,在任务展开前,通过誓师大会、仪式教育、英雄歌曲、英雄励志口号等形式,点燃官兵闻战则喜的战斗豪情。在执行任务中,组织比武竞赛、立功创模、挑应战等系列活动,营造战场环境,丰富战地文化,激发官兵奋勇争先的军心士气。任务结束后,及时搞好总结评比,大力表彰先进典型,形成比学赶帮的浓厚氛围。

二是要坚持把英雄文化的战斗性融入日常养成。战斗作风的培育,重在平时,贵在经常。要通过经常性的作风纪律教育整顿、条令条例学习、检查考核等手段,严格日常管理,强化军人意识和行为养成。要通过组织军事对抗训练、心理行为训练和军味足、兵味浓的运动会、艺术节等活动,锤炼意志品质,强化心理盾牌,使战斗作风培养机制化常态化。

三是要坚持把英雄文化的战斗性融入社会实践。社会实践是对军校课堂的延伸、操场的拓展,是弘扬英雄精神、锤炼战斗作风的广阔舞台。要利用寒暑假,广泛开展"学英雄、见行动"社会实践活动,把英雄精神带出校门、带回家乡、带进社会,让广大学员在传播英雄精神的过程中践行英雄精神,在弘扬英雄精神的实践中培育优良作风。五年来,我院持续开展这一活动,收到了较好的效果,见义勇为、扶贫济困、抢险救灾、治安维稳等方面的好人好事大量涌现,收到各类锦旗、表扬信 500 余件,百余人次立功受奖,充分展现了军校学子良好的作风形象和精神风貌。

〔责任编辑:李秋发〕

● 史料 ●

青山处处埋忠骨，何须马革裹尸还

——毛岸英烈士安葬朝鲜的前前后后

*南东风（1959 ~ ），男，山东鄄城人，解放军艺术学院政治教研室主任、教授。主要研究方向：思想政治教育、中共党史、军事文艺理论史。

这份报告是 1954 年 12 月 25 日，当时已担任国务院副总理兼国防部部长并主持中央军委日常工作的彭德怀亲笔写给总理周恩来的，全文如下：

总理：

昨二十四日赖传珠同志拟一电稿，望毛岸英同志尸骨运回北京，我意埋在朝北，以志司或志愿军司令员名义刊碑，说明其自愿参军和牺牲经过，不愧为毛泽东的儿子，与其同时牺牲的另一参谋高瑞欣合埋一处，以此对朝鲜人民教育意义甚好，其他死难烈士家属亦无异议，原电稿已送你处，上述意见未写上，特补告，妥否请考虑。

敬礼！

彭德怀

十二月二十四①日八时

最右边的一行是总理的批示：

同意彭的意见，请告赖重拟复电。

周恩来

---

① 应为"二十五"。

最上边是：

刘邓阅，退彭

刘少奇和邓小平先后圈阅，刘少奇还注明：

两人同时死于大榆洞。

这份报告的背景是朝鲜战争结束已经一年多了，随着国际紧张局势趋于缓和，中国人民志愿军已开始分批回国，仅 1953 年下半年就有 6 个军撤出朝鲜。志愿军总部和朝鲜政府也开始考虑建立烈士陵园，集中安葬散埋在各地的志愿军烈士。几天前，志愿军总部就迁葬毛岸英烈士一事给中央军委发来一份请示，军委总干部部起草了复电，要求志愿军总部将毛岸英的尸骨运回北京安葬。如此就有了 12 月 25 日彭德怀的报告。

周恩来将彭德怀报告的内容请示毛泽东，毛泽东表示，同意德怀同志的意见，把岸英的遗骨和成千上万的志愿军烈士一样，掩埋在朝鲜的土地上，也不要为他举行特殊的葬礼。于是周恩来在彭德怀报告上作了批示。

当时，毛岸英的妻子刘思齐和妹妹邵华也曾向毛泽东提出"迎岸英回家"的请求，毛泽东则引用东汉初期马援老将军的话说：青山处处埋忠骨，何须马革裹尸还！不是有千千万万志愿军烈士安葬在朝鲜吗？岸英也应该埋在朝鲜。没有同意她们的要求。

志愿军的第一个志愿兵

1950 年 6 月 25 日，朝鲜战争爆发。7 月上旬，我党中央和中央军委迅速组建了东北边防军，屯兵四个军又三个师 26 万人于鸭绿江畔，以应付邻国战事可能出现的变局，为我国后来出兵援朝争取了三个多月的时间。9 月 15 日，美军在仁川登陆，战争形势逆转。10 月 1 日，美韩军队越过三八线向北朝鲜进攻。同时朝鲜党和政府的求援急电和信件也先后摆上了毛泽东的案头。

出兵援朝是毛泽东一生中少见的艰难抉择之一。据胡乔木回忆，"我在毛主席身边工作二十年，记得有两件事毛主席很难下决心，一件是 1950 年派志愿军入朝作战……", 其间有三天三夜没合过眼。 10 月 5 日下午, 在中央政治局扩大会议上最后拍板: 出兵朝鲜, 抗美援朝, 保家卫国, 并决定由身经百战的彭德怀挂帅出征。

10 月 7 日中午, 毛泽东设家宴为即将赴东北就任中国人民志愿军司令员兼政治委员的彭德怀壮行, 也打算把毛岸英交给彭德怀, 让儿子去朝鲜战场经受锻炼。 毛岸英在向彭德怀敬酒时, 提出了入朝申请, 并讲到自己的经历: 在苏联进过军事院校, 当过坦克兵, 和德国鬼子打过仗, 参加过苏联大反攻, 一直打到了柏林。

毛泽东也从中说合: 岸英会讲俄语和英语, 你到朝鲜免不了要跟苏联人、美国人打交道, 有他在你身边, 同各方面联络都方便些。

彭德怀只好依从, 对毛岸英说: 我就收下你这位第一个报名的入朝参战的志愿军战士。

10 月 8 日, 毛泽东以中国人民革命军事委员会主席的名义下达了《关于组成中国人民志愿军的命令》:

> ……着将东北边防军改为中国人民志愿军, 迅即向朝鲜境内出动, 协同朝鲜同志向侵略者作战并争取光荣的胜利……

烈火中永生

毛岸英 1950 年 10 月 19 日入朝, 11 月 25 日牺牲在大榆洞, 参加抗美援朝战争只有 37 天。 作为志愿军总部的作战参谋, 他完整地参与了志愿军入朝后的第一次战役。 毛岸英以其熟练的俄语、英语, 不仅为苏联驻朝鲜顾问团团长拉佐瓦耶夫拜访彭德怀时做翻译, 也参与了审讯志愿军俘虏的第一个美军战俘莱尔斯少校的翻译工作, 毛岸英还利用空余时间努力学习朝语。

11 月 24 日下午, 四架美军飞机在志愿军司令部大榆洞的上空盘旋侦查。 第一次战役期间, 大榆洞频繁密集的无线电通信, 引来了敌机的空袭。

11 月 25 日晨, 三架美军 B – 29 型轰炸机向司令部上空飞来。 狡猾的敌机虚晃一枪, 呼啸而过。 防空警报解除, 毛岸英和参谋高瑞欣走出了防空洞, 一起来到司令部作战室的木板房。 突然, 敌机又掉过头来, 折回大榆洞上空投下大批凝固汽油弹。 爆炸的气浪吞没了作战室, 瞬间上千度高温的大火包围了毛岸英和高瑞欣……

一个排的战士投入灭火救人。最终人们从过火后的一只德国手表和腰间的一支斯大林送给毛岸英的手枪，分辨出两位烈士的遗体。彭德怀目睹了整个过程，面对烈士的遗体，心情悲痛，也充满了自责和内疚——11月21日，中央还来电，要求他注意防空，"保证安全，志司驻地应经常变动，电台分散安置，防空洞必须按标准挖好，并布置地下办公室"。这些天为部署打好第二次战役，事情千头万绪，没想到会出现这样的闪失。高瑞欣是跟随了他多年的作战参谋，刚告别了新婚不久有孕在身的妻子，来到朝鲜还不到一星期。特别是毛岸英的牺牲，有负毛泽东的重托。这种自责和内疚，在以后的生活中也时常伴随着他。

当时有人提议，将毛岸英的遗体送回国内安葬。彭德怀考虑再三，还是决定将毛岸英和高瑞欣两烈士就地安葬在大榆洞北面的山坡上。

重新安葬桧仓志愿军烈士陵园

1954年下半年，在朝鲜平安南道桧仓郡西北150多米高的山坡上开始兴建中国人民志愿军烈士陵园，占地面积9万平方米。这里先后安葬了134位志愿军烈士，包括毛岸英和高瑞欣烈士。陵园距志愿军总部有约一千米的路程。

1955年清明节过后，在一个风和日煦的日子里，志愿军某部的干部战士将毛岸英和高瑞欣烈士由大榆洞移葬桧仓志愿军烈士陵园。

毛岸英烈士的墓安置在最前排的正中间，墓碑是白色大理石的，高约一米，正面镌刻着郭沫若题的"毛岸英同志之墓"七个大字，墓碑的背面是中国人民抗美援朝总会刻下的一段碑文：

> 毛岸英同志原籍湖南省湘潭县韶山冲，是中国人民领袖毛泽东的长子，一九五〇年他坚决请求参加中国人民志愿军，于一九五〇年十一月二十五日在抗美援朝战争中牺牲。
>
> 毛岸英同志的爱国主义和国际主义精神将永远教育和鼓舞着青年一代。
>
> 毛岸英烈士永垂不朽！

郭沫若题写碑铭是在1953年8月，朝鲜战争停战后，作为中国人民抗美援朝总会主席的郭沫若来朝鲜慰问。志司领导决定把大榆洞毛岸英墓前的木制墓牌换成石碑，请郭老题字。 郭沫若情绪激动，用抖动的笔题写了"毛岸英同志之墓"。 后来陵园又在毛岸英墓正前方为毛岸英立了尊高约一米六的着志愿军军服的大理石半胸像，将石碑移立于墓的左前方。

烈士陵园翠柏环绕，肃穆凝重。 每个墓旁都栽有一株英姿挺拔的中国东北黑松，墓碑永远向着西南——祖国首都北京的方向。

无尽的思念

毛岸英牺牲后，彭德怀当天下午就以志司的名义电告军委。 11 月 26 日凌晨，北京中南海西花厅，周恩来拿着这份沉甸甸的电报，思忖再三。 考虑到毛泽东正在集中精力指挥刚揭开战幕的第二次战役，这两天又在感冒中，为了不影响毛泽东的健康和分散其精力，周恩来和江青商量决定，暂时不告诉毛泽东。 大家一起瞒着毛泽东，一直到1951 年的 1 月 2 日，彭德怀要回京汇报战况前，才由机要主任叶子龙拿着当时彭德怀的电报和周恩来的一封信交给了毛泽东。 瞒了 37 天，毛岸英从入朝到牺牲也是 37 天。

据毛泽东卫士李银桥回忆，听到消息，毛泽东沉默了很久，不停地吸烟，曾发出了一声叹息"唉，谁叫他是毛泽东的儿子呢……"。 在听完了江青汇报儿子牺牲的经过后，也只交代了一句："这个不要急着告诉思齐了。"大家又一齐瞒着毛泽东的长媳刘思齐，一直到 1953 年 7 月 27 日朝鲜战争结束后，长达两年八个月。

毛岸英牺牲时刚满 28 岁，他是 1922 年 10 月 24 日出生的，结婚仅仅一年。 以往"28"对毛泽东是个吉运的数字：毛泽东三个字繁体拆开笔画正好是 28 划，就有了响当当的一个笔名："二十八划生"；1921 年参加中共一大，毛泽东 28 岁，也正好是参加一大代表的年龄的中间值；1921 年至 1949 年，奋斗 28 年，中国共产党夺得了天下；开国大典的28 响礼炮……但 28 岁的毛岸英血洒朝鲜战场，让作为父亲的毛泽东长时间难以释怀。

1959 年 2 月，毛泽东派刘思齐、邵华姐妹去朝鲜平安南道的桧仓志愿军烈士陵园为毛岸英扫墓、祭奠。 临行前，毛泽东也嘱咐思齐替他看看岸英。 她们是毛泽东在世时唯一的一次以亲人身份去祭扫岸英墓的。 据说，朝鲜领袖金日成先后二十多次前往桧仓烈士陵园，祭奠志愿军烈士。

毛岸英，不仅仅是毛泽东的儿子。

〔责任编辑：魏延秋〕

● 资讯 ●

2013 年中国近代军事史研究论文索引

*本篇由韩洪泉整理执笔。　韩洪泉（1981～），山东沾化人。　南京政治学院上海校区部队政治工作系军事政治与国家安全教研室讲师。　主要研究方向：中国军事史、中国近现代史。

2013 年中国近代军事史研究的成果比较丰富，仅公开发表的论文资料就达到 2000 余篇。　经过细致披拣和反复筛选，收入 496 篇辑为此索引。　所选篇目涉及军地报刊 171 种，另有博士学位论文 7 篇、硕士学位论文 22 篇（分别来自 19 所大学）；作者共 536 人（含 1 名国外作者、5 个研究单位署名），基本反映了 2013 年中国近代军事史研究的概貌和主要成果。　根据中国近代军事史研究的内容和特点，分为总论、战争与军事行动、军队建设、国防建设、军事技术与武器装备、军事思想与军事学术、军事人物 7 个类别，每类之下大致按历史分期以及概述、专题、资料与书评的顺序分类；军事人物按先群体后个人的顺序，其中个人部分在主要历史分期下以拼音排序；同一类之下，均按发表时间排序（以刊物实际出版日期为准），以便于研究者检索使用。

一　总论

中国军事发展与尚武精神．林燕华．今日中国论坛．（19）

军事志"概述"探析．于海涛．军事历史．（5）

"箱根计划"辨伪——兼及口述回忆资料中的"观念性作伪"现象．刘东社．陕西教育学院学报．（1）

切实增强党史军史教育实效性．曾庆华、耿长龙．解放军报．5.19

编撰解放军高级将领传传主生平业绩应注意的问题．李艳梅．军事历史．（3）

正确把握解放军高级将领传编撰中的涉史政治性敏感问题．董长军．军事历史．

（5）

抓好史书编纂工作必须把握的几个问题．陈政举．军事历史研究．（3）

关于编研工作围绕中心、服务大局问题的思考．袁顺钦．军事历史研究．（4）

中国代表团参加国际军事历史委员会第39届年会获得2015年第41届年会主办权．军事历史．（5）

武装力量与中国共产党：历史与价值——纪念建党90周年主题研讨暨第二届军事政治学专家论坛观点述评．杨亚斌．军事政治学研究．（2）

武装力量与政治发展：历史与现实——纪念建军85周年暨第三届军事政治学专题论坛综述．范彬．军事政治学研究．（3）

军事哲学视域下"人与武器关系"的思维逻辑．范彬．军事政治学研究．（4）

2012年中国近代军事史研究论文索引（一）．韩洪泉．军事政治学研究．（1）

2012年中国近代军事史研究论文索引（二）．韩洪泉．军事政治学研究．（2）

2012年中国人民解放军史研究论文索引（一）．韩洪泉．军事政治学研究．（3）

2012年中国人民解放军史研究论文索引（二）．韩洪泉．军事政治学研究．（4）

二 战争与军事行动

反思中国近代海战之殇．刘波．同舟共进．（1）

晚清海军护商护侨实践及其得失．苏小东．安徽史学．（2）

近代日本对长江航道军事谍报活动概述．许金生．民国档案．（1）

论廓尔喀第三次侵藏战争．黄维忠．西藏大学学报（社会科学版）．（1）

21世纪初西方鸦片战争研究反映的重大问题——从近年所见的三部鸦片战争史研究著作说起．黄宇和．清华大学学报（哲学社会科学版）．（1）

鸦片战争中英宣战问题研究．唐立鹏．军事历史研究．（1）

鸦片战争中汉奸作用问题研究．陈伟明、金峰．湖南师范大学社会科学学报．（2）

鸦片战争前后中国沿海的地方军事化与绅权伸张（1839～1849年）．王明前．浙江师范大学学报（社会科学版）．（5）

关于安庆保卫战的几个问题．徐伟民、计裕人．安庆师范学院学报（社会科学版）．（1）

太平军兵败原因探究．纪宁．长江大学学报（社会科学版）．（11）

"纪念上海小刀会起义 160 周年"学术研讨会综述．廖大伟、李健．探索与争鸣．（12）

太平天国农民战争史百年研究述评．华伟、华强．军事历史研究．（4）

中法战争后中法对两广与越南边界的勘定——从中国国家博物馆馆藏中越旧界碑谈起．谭天．中国国家博物馆馆刊．（3）

"执盟府之成书，援万国之公法"：中法战争前宗藩关系的合法性建构．张卫明．史林．（2）

日本对列强掀起瓜分中国狂潮的三种论调．王美平．历史档案．（1）

法国与中日甲午战争．葛夫平．中国社会科学．（3）

甲午战争中国失败根本原因的新思考——基于战前中日战争准备的对比分析．盖玉彪、陈伟．军事历史研究．（1）

"壬午军变"前后的中日两国对朝策略．张晓刚、国宇．武汉大学学报（人文科学版）．（2）

黄海海战北洋水师战败原因的再探讨．王鹤．东北师范大学．（硕士论文）

美国报界对中日甲午战争的报导述评．徐毅嘉．吉林大学．（硕士论文）

以孙子情报观看甲午战争中日本对华情报工作．邬进平．滨州学院学报．（4）

甲午战争中地方督抚之间及与清廷的备战交往——以刘坤一、张之洞为中心．陶祺谌．北京社会科学．（5）

"立体西洋镜画片"中的全民性民族战争——山东博物馆馆藏 1900 年天津保卫战资料研究．李娉．中国国家博物馆馆刊．（1）

东北义和团的抗俄斗争．张海艳．黑河学刊．（1）

论英国第一次入侵西藏．李富森．武陵学刊．（4）

城下之盟《拉萨条约》的签署．王晓云、范庆芝．军事历史研究．（3）

藏锡边界纠纷与英国两次侵藏战争．朱昭华．历史档案．（1）

英俄相争与荣赫鹏兵侵拉萨．梁忠翠．山东师范大学学报（人文社会科学版）．（5）

因果互生：景廷宾起义与直隶社会的多维解读．王利民．河北学刊．（1）

"滦州兵谏"与"十九信条"出台．董丛林．河北师范大学学报（哲学社会科学版）．（1）

日俄战争回想．任晓．东北亚学刊．（3）

武昌首义前后民军最高军事统帅的频繁变动及其原因．饶怀民、魏桃初．湖南师范大学社会科学学报．(3)

大陆政策与日俄战争．张玉芬．江汉论坛．(4)

日中两国在山东问题上的攻防(1914 – 1922)．苏萍．东北师范大学．(硕士学位论文)

俄国外交文书选译——关于英军第二次侵藏、达赖喇嘛出逃外蒙以及沙俄的对策．陈春华．中国藏学．(3)

北伐军会攻南京与"南京事件"．刘俊平．文史天地．(5)

北伐战争中的安徽战场．张新志．安徽大学．(硕士学位论文)

《盛京时报》视野下的中东路事件．李志学、谢清明．日本问题研究．(1)

法国驻华使馆武官卡瑟维尔少校报告二十世纪三十年代初法在华情报工作．孙友晋、朱晓明．民国档案．(2)

军事委员会委员长南昌行营政治剿共研究．史成雷．南京大学．(硕士学位论文)

留日士官生与"西安事变"的和平解决．陈芳．齐鲁学刊．(4)

海打战役流产的历史真相．夏宇立．炎黄春秋．(1)

统战工作与长征的胜利．吴燕、黄灵．毛泽东思想研究．(1)

从红军长征时在湘黔发布的文告看土地革命时期中国共产党的民生观．单孝虹．毛泽东思想研究．(1)

攻坚：土豪围寨与中央苏区的拔"白点"斗争．饶伟新．江西师范大学学报(哲学社会科学版)．(1)

论红军南下行动与西北革命大本营的创建．朱志清．长江师范学院学报．(1)

从诱敌深入到进攻路线：共产国际与中央苏区反"围剿"军事策略的转变．黄志高.中共党史研究．(3)

史料编审所得南方三年游击战史研究新认识．姜廷玉．军事历史研究．(1)

红四方面军撤离鄂豫皖苏区行动考论．田青刚．党史研究与教学．(2)

论四川军阀态势对川陕革命根据地的影响．蒋吉平、吴俊江．四川文理学院学报．(3)

在哈达铺决策长征落脚点和抵达陕北的两个奠基礼．石仲泉．毛泽东思想研究．(3)

红军长征在四川的研究述评．赵平．毛泽东思想研究．(3)

红军长征资源配置帕累托机制化及其价值普适性研究．黄兴年、刘祥霞．毛泽东思想研究．（3）

大视野下的南方三年游击战争．赵东云．安徽广播电视大学学报．（2）

是五次"围剿"还是六次"围剿"？．卢毅．中共党史研究．（6）

论南方三年游击战争与中共中央战略的统一性．易凤林．军事历史研究．（2）

也谈北上与西进——与军科军史研究部及《红西路军史》作者商榷．冯亚光．炎黄春秋．（7）

中央红军长征前最惨烈的松毛岭阻击战．项永生、龚小兰．福建党史月刊．（13）

中央红军抢渡湘江凤凰嘴渡口析疑．李秋琴．学术论坛．（7）

东方军入闽作战评析．高欣、华学成．求索．（7）

西路军多次选择西进的原因探析．周忠瑜．青海民族大学学报（社会科学版）．（3）

也谈南昌起义与秋收起义的联系．章爱凤、陈洪模．江西社会科学．（8）

红二十五军长征在河南述论．石保山．毛泽东思想研究．（5）

关于中央红军东进军史实的考证．林家卓．福建党史月刊．（20）

川北的红军"冤烈"．孙丹．炎黄春秋．（11）

川东游击区与井冈山革命根据地武装斗争比较研究．程敏．中华文化论坛．（11）

我在西路军的经历．汪小川．贵阳文史．（6）

对南昌起义历史意义的重新评价．樊安群．陕西理工学院学报（社会科学版）．（4）

也谈海打战役计划的流产与宁夏战役计划被迫中止——与军科军史研究部及《红西路军史》作者商榷．冯亚光．甘肃社会科学．（6）

三大主力红军会师时间地点考．刘志青．军事历史研究．（4）

中央苏区时期赣粤边军事斗争与赣粤和局．魏炜、刘永刚．党史研究与教学．（6）

中央苏区发展战略方向探析．王盛泽．军事历史研究．（4）

西方历史学界对中国抗日战争研究的新动态——以英国牛津大学"中国抗日战争研究中心"为例．周昌文．重庆社会科学．（3）

全面、科学地宣传抗战史至关重要．徐焰．同舟共进．（9）

论绥西抗战的地域概念兼及新史料与牺牲人数考证．马骏．宁夏社会科学．（1）

论长沙会战与长沙精神．陈婷、薛其林、谭纬纬．长沙大学学报．（1）

长沙会战及其历史意义．梁小进．长沙大学学报．（1）

从日本侵略气焰受挫看长沙会战的重大影响．谭纬纬、薛其林、陈婷．长沙大学学报．（1）

论抗战初期的中国正面战场．党庆兰．青海师范大学学报（哲学社会科学版）．（1）

抗战时期的妥协活动．贾熟村．湖南科技学院学报．（2）

有关驼峰航线的历史以及尼赫鲁访问重庆．重庆与世界．（2）

日军侵华罪证——《Truth》史料公布的历史及现实意义．金恒薇．黑河学刊．（2）

1940 年国民政府派兵入越计划及其搁置．张智丹、刘会军．民国档案．（1）

侵华战争期间日本文人的反战活动．张锦．外国问题研究．（1）

九一八事变前"满铁"职员对战争的美化．张锦、刘禹．东北史地．（2）

仁安羌惊心动魄的救援大战．〔英〕杰拉德·费茨派垂克．世纪．（2）

为了抗日英烈魂兮归来——中国远征军仁安羌大捷纪念碑在缅落成．沈飞德．世纪．（2）

1937 年上海各界营救国军 55 师战士．郭衍莹．世纪．（2）

抵赖与狡辩推翻不了南京大屠杀的血铸史实．经盛鸿．百年潮．（4）

南洋华侨抗战救国与新加坡中华总商会的贡献．孟庆梓．重庆社会科学．（4）

燕京大学对"九一八事变"的反应．张德明．党史研究与教学．（2）

民国初期在汉口之日本陆军派遣队述略．李少军．近代史研究．（2）

被历史忽略的罪恶——对佐藤俊二华南地区细菌战罪行的新探究．谭元亨、郑紫苑．武陵学刊．（5）

"井上睦雄证言"与侵华日军波字第 8604 部队的生化战罪恶．廖文．武陵学刊．（5）

抗战时期第三届广西学生军桂南缉私述论．陈峥．民国档案．（2）

筑起抗日的长城——纪念长城抗战古北口战役 80 周年．密云县史志办公室．北京党史．（3）

抗日战争中国军队伤亡调查（一）．彭玉龙．军事历史．（3）

抗日战争中国军队伤亡调查（二）．彭玉龙．军事历史．（4）

罗伯特·卡帕台儿庄战地采访．李海流．百年潮．（6）

国民党政府对"九·一八"及"一·二八"事变之反应．黄民文．湖南人文科技学

院学报．（3）

关东军"九•一八"事变军事行动研究．柳博．辽宁大学．（硕士学位论文）

论抗日战争期间的江阴阻敌战．张苏赣．南京师范大学．（硕士学位论文）

南京大屠杀幸存中国军人研究．曲兆强．南京大学．（硕士学位论文）

关于日军侵占桂林及周边地区的民间记忆——以广西灵川县定江乡为考察重点．唐凌、邓璟生．广西师范大学学报（哲学社会科学版）．（4）

日本侵略者的招魂之所——伪满建国忠灵庙评析．沈燕．东北亚学刊．（4）

十年来抗日战争正面战场研究综述．潘李军．高校社科动态．（4）

本土之外：澳门抗日战争研究述评．冯翠、夏泉．民国档案．（3）

淞沪会战扩大原因探析．张冬梅、许述．理论界．（9）

韩国光复军总司令部抗战期间军政活动述论．蒲元、唐军．宁夏社会科学．（5）

论朝鲜民族在东北抗日斗争中的贡献．董丹．边疆经济与文化．（10）

日军空袭锦州与国际社会反响再探讨．袁成毅．民国档案．（4）

诠释南京大屠杀遇难人数问题．孙宅巍．民国档案．（4）

从西南联大到印缅战场．王伯惠、朱洪海．江淮文史．（6）

抗战初期美国在华撤侨撤军决策与行动．陈志刚、张生．安徽史学．（6）

试析"九一八"事变后东北土匪抗日原因及其局限性．刘景岚、姜莹．东北师大学报（哲学社会科学版）．（6）

浅谈中国人民在淞沪抗战中伟大的爱国主义精神．王珏．今日中国论坛．（12）

福建抗日战争史（1931—1945）学术研讨会在永安召开．陈晶．福建党史月刊．（24）

历史，永远不能忘记——侵华日军细菌战义乌受害者口述及史料抢救工作纪实．义乌市档案局．浙江档案．（12）

风起于青萍之末——透析皖南事变之起因（中）．童志强．江淮文史．（1）

鲁中军区 1944 年攻势作战述论．潘泽庆．军事历史．（1）

平型关战役有关史实的辩正与存疑．毕建忠．军事历史研究．（1）

平型关大捷属性及战果等问题论略．岳思平．军事历史研究．（1）

平型关之战敌兵力使用及八路军战果考．高凤山．军事历史研究．（1）

平型关大捷前后中共关于八路军战略方针的探讨．潘泽庆．军事历史研究．（1）

新四军、八路军华中"连通"战略的缘起与逐步实现．王骅书、王祖奇．史学月刊.

（3）

风起于青萍之末——透析皖南事变之起因（下）．童志强．江淮文史．（2）

八路军平型关大捷与平型关战役的关系．曾景忠．中国国家博物馆馆刊．（4）

浅析中国共产党抗日战争的中流砥柱作用．邵春凤．今日中国论坛．（6）

八路军对敌军的调查研究工作略探．杨海亮、余成苗．理论界．（6）

中原突围：四位女性的人生．乔海燕、傅苓．炎黄春秋．（1）

论平津战役的指挥艺术．董世贵．北京党史．（1）

中国朝鲜族与解放战争的胜利——从中国朝鲜族的民族认同谈起．刘会清、姜莉．理论学刊．（2）

渡江战役总前委在商丘．张道军．军事历史．（2）

辽南游击战在东北解放战争中的作用．周海．辽宁工业大学学报（社会科学版）．（2）

解放战争时期的战略进攻和伟大的战略决战历程．刘树燕．黑河学刊．（4）

近三十年来国内关于国共三年内战起源问题研究述评．钟奕诚．中共党史研究．（4）

东北解放战争：一个美国学者的研究及其存在的局限．陈德军．党史研究与教学．（3）

上党战役：自卫反击第一仗．马宁、徐秉君．百年潮．（7）

试论抗战胜利后国共两党对东北的争夺．高莉．军事历史．（4）

1949 年上海南下随军服务团述论．谢忠强．军事历史研究．（3）

解放福州的片断回忆．土马俤．福建党史月刊．（22）

淮海战役中支前的农村女性．徐霞翔．军事历史研究．（4）

解放战争时期过渡阶段中共的“六次让步”．柴军健、郭利伟．军事历史．（6）

“杨罗耿兵团”征战华北的历史回顾与思考．杜志刚、王东华．军事历史．（6）

张鼓峰事件与二战前夕日苏关系．杨平平．哈尔滨师范大学．（硕士学位论文）

诺门罕战争与蒙古人民革命军．巴图赛罕．内蒙古大学．（硕士学位论文）

也说 1908 年美国大白舰队访问厦门——为马幼垣先生补充．戴海斌．史林．（6）

身处艰难气若虹——读《一九四四：松山战役笔记》．赵文心．军队政工理论研究．（2）

真实全面再现“南京大屠杀”真相的历史巨著——评《南京大屠杀全史》．李沛霖．

理论学刊．（4）

成败之道何处寻——读黄道炫《中央苏区的革命》．谢维．史林．（2）

为了不能忘却的纪念：《湖南抗战老兵口述录》．马德静．图书馆杂志．（9）

穿越历史时空的警报——评《抗日战争时期中国反空袭斗争研究》．季云飞．军事历史研究．（2）

不能忽视的区别——评《中国共产党历史》第一卷中关于日本投降的记述．李恒．中共党史研究．（2）

三　军队建设

中国、日本军事近代化改革比较研究．贺新城．军事历史．（2）

晚清军事训练思想探析．赵士夯、烟炜、王云羡．社会科学论坛．（11）

洋务运动军事改革的教训及启示．朱梅贵、姜钦云．国防大学学报．（4）

中国近代军费管理思想简论．张远．军事历史研究．（4）

清咸同时期的军费奏销展限问题．王海明．长春师范学院学报．（7）

德国与南京政府时期之军事变革研究．张瑞安．贵州文史丛刊．（1）

论民国时期体育军事化思想．梁栋．内蒙古师范大学．（硕士学位论文）

南京国民政府军事法文化的若干特征．卢卫彬．军事历史研究．（3）

清代珲春驻防旗官补正．薛刚．历史档案．（2）

大分流：清季绿营裁军中的军官安置．田玉洪、李继红．军事历史研究．（3）

杭州驻防八旗与太平天国．潘洪钢．江汉论坛．（12）

清末八旗制度存废讨论——以（东京）《大同报》为中心的考察．黄圆晴．军事政治学研究．（3）

湘军与湖南人口过剩问题．简姿亚、邵华．湖南科技学院学报．（10）

试论湘军兴起对晚清湖南文化教育的影响．简姿亚、邵华．湖南第一师范学院学报．（5）

论湘军与晚清军营风气变化．朱耀斌．湖南人文科技学院学报．（6）

湖南绅士的湘军情结与《湘军志》毁版事件．彭平一．湖南科技大学学报（社会科学版）．（6）

从大清"敕建昭忠祠碑"谈甲午战争中的毅军．刘鲡．中国国家博物馆馆刊．（2）

甲午战争中,清军为何一触即溃.李晓巧.文史天地.(3)

北洋海军俸饷制度述评.龙心刚、梁东兴.湖北社会科学.(3)

晚清海军机构的筹设及其近代转型.王双印.学术研究.(7)

晚清军事变革中的决策机制探析——基于北洋水师主战舰艇引进的考察.杨玉荣、龚耘.湖北社会科学.(8)

关内外铁路余利与北洋军军费问题再研究.杨涛.历史教学(下半月刊).(3)

晚清军队的近代化变迁——新建陆军对湘淮勇营的继承与发展.赵鲁臻.社会科学家.(7)

甲午战后新军军事对抗演习述论.彭贺超.军事历史研究.(4)

革命中的另类诉求——试论辛亥革命时期驻藏川军的非政治诉求.谯珊.天府新论.(2)

地方军阀队伍的构建与转型——以镇嵩军为例.张忠.军事历史研究.(2)

民国北京政府陆军司法官问题述论.张建军.军事历史研究.(3)

民国北京政府陆军医药卫生材料的生产和支用.张建军.民国档案.(4)

论东北军内部纷争.田晶.黑河学刊.(1)

职业重建:国民政府时期抗战伤残军人的就业——以《残不废月刊》为中心.王安.湖北师范学院学报(哲学社会科学版).(1)

同仇敌忾壮歌行——滇军出省抗日赴疆场.梁屹峰.云南档案.(3)

论国民革命军政治工作的建立与开展.李翔.军事历史研究.(1)

全面抗战前国民政府空军建设评析.袁成毅.杭州师范大学学报(社会科学版).(2)

抗战后期青年军的组建及其结局.周倩倩.南京晓庄学院学报.(2)

论黔籍部队抗战的特点及历史影响.潘云成.天中学刊.(2)

从"青年学生志愿从军"到"知识青年从军运动".付辛酉.民国档案.(2)

1933年四川兵灾.赵晓铃.炎黄春秋.(8)

下层军人来源与军队战斗力关系的考察——以民国时期政府军为对象.陈橹.南京理工大学学报(社会科学版).(5)

抗战胜利后的青年军复员:以江苏为例.周倩倩.民国档案.(4)

国民政府对知识青年从军的宣传工作探析.刘丽平.四川文理学院学报.(6)

抗战时期军政部第五十五后方医院驻江山新塘边镇追记.姜燕萍.浙江档案.

（12）

人民解放军军事交通运输建设思想的发展及启示．焦红、李景泉．军事历史．（1）

我军人才建设的历史发展和主要经验．孙南．南京政治学院学报．（1）

人民军队军事训练转变的历史回顾及思考．霍双龙、马令行．军事历史．（3）

中国共产党领导军队体制问题研究．张帅．吉林大学．（硕士学位论文）

人民军队民主制度建设的历史与启示．袁文莉、王诗敏．军事历史．（4）

我军政治工作的法治进程．汪保康、张愈．军事历史研究．（3）

人民军队现代化建设历史进程举要．韩文琦．国防大学学报．（11）

人民军队练兵运动的历史回顾．李涛．军事历史．（6）

论"党对军队的绝对领导"形成的历史逻辑．李海涛．军事政治学研究．（1）

党对军队绝对领导的逻辑分析与现实启示．张武波．军事政治学研究．（1）

中央军事领导机构的沿革与最高领导指挥权制度的实行．岳智慧．军事政治学研究．（1）

首次庆祝建军节的盛大阅兵典礼．孙伟．百年潮．（1）

革命战争时期我军思想政治工作人文关怀的历史经验．刘芳、李刚．军事历史研究．（2）

革命战争时期人民军队兵站发展略论．郜耿豪．军事历史．（4）

论军事文化在红军长征中发挥的重要作用．安瑞琨．福建党史月刊．（4）

红 4 军成立之初为何未设政治部．朱纯辉．军事历史．（2）

历史上的三支"红三军"．孙伟、王柳芳．中国档案．（5）

1930 年代中期红四方面军对川西北及康北土司政策及其演变．田利军．四川师范大学学报（社会科学版）．（3）

红 4 军党内争论与党对军队绝对领导的建立．朱之江．军事历史研究．（2）

红军长征与党对军队绝对领导的巩固．古琳晖．军事历史研究．（2）

论土地革命战争时期红军的军事文化建设．王立忠、谢军、林岳峥．军事历史研究．（2）

"三大纪律八项注意"基本定型的过程．王建强．军事历史．（3）

中央苏区扩红运动研究．王凯．上海师范大学．（硕士学位论文）

论红军军营文化．汪靖．江西师范大学．（硕士学位论文）

红军将士的文化品格．齐忠亮．新湘评论．（4）

浅议红军长征中的民族政策．生旭志、刘艳慧、曹川河．军事历史．（4）

红军的筹款方式．史文．新湘评论．（16）

"支部建在连上"的最初实践与启示．王松华．军事历史．（4）

1929 年朱毛之争与红军的权力结构演变．张永．近代史研究．（5）

红军群众工作述评．宗成康．军事历史．（5）

红四军党的七大评述．连尹．福建党史月刊．（24）

抗日战争前中共对华北乡村防卫力量的分析及策略——以山东为中心．杨焕鹏．鲁东大学学报（哲学社会科学版）．（1）

新四军敌军工作的基本经验．黄俊．军事历史．（1）

关于新四军战地服务团几个问题的研究．周峰．军事历史研究．（1）

皖南军部时期新四军党的建设初论．李峻．南京政治学院学报．（2）

抗日战争时期"八路军办事处"的建制．王健．党史研究与教学．（2）

新四军生活追忆．郑青如．炎黄春秋．（5）

简论东北抗联的密营文化．王航．长春师范学院学报．（5）

抗战初期八路军伪军工作的历史考察．杨海亮．晋阳学刊．（3）

新四军文化建军管窥．赵东云．哈尔滨学院学报．（6）

新四军历史地位、理论贡献及其研究的拓展．朱文泉．军事历史研究．（2）

一二九师精神产生的时代背景、本质特征和时代价值．张剑利、谢志军．河北工程大学学报（社会科学版）．（2）

延安双拥运动评析．赵耀辉．军事历史研究．（2）

困局与应对：抗战时期中共精兵简政研究．把增强．河北大学．（博士学位论文）

1940 年后的东北抗联研究．金兴伟．中共中央党校．（博士学位论文）

抗战时期晋绥根据地民兵组织研究．于成龙．山西师范大学．（硕士学位论文）

1940 年前后八路军干部群体的发展．杨海亮．重庆社会科学．（7）

八路军友军工作的历史变迁：1937 - 1941．杨海亮．海南师范大学学报（社会科学版）．（7）

八路军敌军工作方针变化述析．杨海亮．延安大学学报（社会科学版）．（4）

论瓦窑堡会议的军事地位．徐占权、徐婧．军事历史研究．（3）

论东北抗联精神文化内涵与当代启示．周知民、吴祖鲲．长白学刊．（5）

中共驻共产国际代表团与东北抗日联军——兼论东北抗日统一战线的形成与发展．

谷曼．长白学刊．（5）

晋察冀边区争取伪军工作述评．柳俪葳、聂爱琴．边疆经济与文化．（10）

红军陕甘改编抗日若干问题再探讨．田玄．中共党史研究．（10）

上海举行"新四军与上海"学术研讨会．姚吉安、卞基普．上海党史与党建．（11）

党的先进理念与八路军文化建设论析．董志铭、王能．中国浦东干部学院学报．（6）

晋西北抗日根据地精兵建设中的荣退军人安置．把增强．军事历史研究．（4）

华北根据地"双拥运动"评析．薛云．安庆师范学院学报（社会科学版）．（6）

解放战争时期南下干部历史贡献研究——以"天池部队"为考察中心．邓其志、沈先超．信阳师范学院学报（哲学社会科学版）．（1）

1948 年 11 月解放军为什么共有 8 个兵团．温瑞茂．军事历史．（1）

解放战争时期东北解放区大生产运动研究．黄进华．中共党史研究．（2）

解放战争时期中国共产党改造俘虏的历史经验．卢毅．理论学刊．（4）

解放战争时期中国共产党瓦解敌军工作研究．董桂曼．首都师范大学．（硕士学位论文）

解放战争时期我军部队正规化素养的培育．刘旭东．军事历史研究．（3）

浅谈解放战争时期中国共产党对战俘的改造．马丽莎．黑河学刊．（10）

浅析解放战争时期的军队干部选拔补充工作．张沛．军事历史．（6）

东北人民解放军留用了多少日本人．郭芳．军事历史．（6）

再论《关于新时期军队政治工作的决定》的历史价值．李文武、李智．军事历史研究．（2）

清末民国早期军事教育现代化研究（1840～1927）．甘少杰．河北大学．（博士学位论文）

晚清军事教育现代性特征探析．甘少杰、吴洪成．湖北社会科学．（4）

光绪朝各省设立武备学堂档案（上）．哈恩忠．历史档案．（2）

光绪朝各省设立武备学堂档案（下）．哈恩忠．历史档案．（3）

晚清军事教育转型及历史启示．沈旭．军事历史．（3）

试论清末新政时期的军事教育改革．甘少杰、吴洪成．河北师范大学学报（教育科学版）．（9）

论晚清武举改革思想的变迁．孙璐．学术界．（12）

黄埔军校与粤军．王怀洲．改革与开放．(2)

论第一次国共合作时期黄埔军校的台湾人．徐康．重庆大学学报（社会科学版）．(2)

抗战时期迁黔续办的 11 所国民革命军军校（上）．余岸竹．贵阳文史．(2)

抗战时期迁黔续办的 11 所国民革命军军校（下）．余岸竹．贵阳文史．(3)

并不平静的黄埔军校校园——俄罗斯档案中的国民党与共产国际之七．李玉贞．世纪．(3)

黄埔军校初期的秘书工作．李卫国．军事历史．(3)

黄埔军校创建始末．余玮．文史天地．(8)

抗战时期的黄埔军校与贵州．徐丽飞．贵州文史丛刊．(3)

中央苏区红军学校教育的正规化历程．梁尔铭、庄暨军．井冈山大学学报（社会科学版）．(2)

抗大的办学经验．杨文翔．国防大学学报．(8)

北平抗日杀奸团始末．刘岳．北京党史．(3)

从鬼子到日军．高士华．博览群书．(6)

朝鲜义勇队华北抗日述评．任吉东．东北亚学刊．(3)

1928～1938 年德国在华军事顾问团主要军事工作评析．王春．军事历史研究．(2)

档案再现飞虎队壮举．和丽琨．云南档案．(12)

《剑拔弩张的盟友：太平洋战争期间的中美军事合作关系（1941～1945）》（书讯）．〔美〕齐锡生．近代史研究．(2)

探索北洋海军发展兴衰的新视角——读《北洋海军与晚清海防建设——丁汝昌与北洋海军》．王如绘．东岳论丛．(4)

纸上的纪念塔，史上的里程碑——品评《虎贲独立师——国民革命军第 102 师抗战纪实》．赵晓强．贵阳文史．(2)

近代东北军事史上位居首位的教育重镇——读王铁军教授《东北讲武堂》一书有感．焦润明．大连大学学报．(5)

四 国防建设

近代中国海防思想研究述评．董笑寒．兰州学刊．(1)

海洋秩序与中国国防的现代转型．薛小荣．军事政治学研究．(2)

近代中美海权实践之比较研究．汤凌飞．人文杂志．(7)

从近代"有海无防"到今天"强大海防"的历史巨变．尹建伟．今日中国论坛．(19)

日本关东都督府的东北调查．王铁军．日本研究．(1)

从伊塔道的设立看新疆巡抚与伊犁将军的权利之争．张志远．黑河学刊．(2)

晚清国防观念历史演变浅说．马立峰、柳艳鸿．中国军事科学．(1)

19 世纪中期中印边界东段的若干协定．吕昭义．中国边疆史地研究．(1)

北洋收存海防经费的挪用问题(1875～1894)．陈先松、陈兆肆．安徽史学．(2)

晚清中缅宗藩关系对西南边防建设研究的启示．赵玉敏．大连大学学报．(2)

修建颐和园挪用"海防经费"史料解读．陈先松．历史研究．(2)

晚清国防转型与近代海防格局的形成．方堃．中国军事科学．(3)

清政府的对日情报收集研究(1871～1894)．徐磊．吉林大学．(博士学位论文)

晚清政府处置粤西海疆危机及对南海维权的历史意义——以中法战争后冯子材的军政建树为中心．蒋金晖．广西师范大学学报(哲学社会科学版)．(4)

战争、土匪与政局：南京国民政府时期制约救灾成效因素分析——以 1927～1937 年河南为中心的考察．武艳敏．郑州大学学报(哲学社会科学版)．(1)

国耻记忆与民族自信：民国时期国耻纪念述论．熊斌．甘肃社会科学．(1)

内化与自觉：抗战时期国家意志的民众化——以大后方抗战歌谣为视角．扶小兰．求索．(1)

抗战时期"九一八"纪念的历史考察．郭辉．中国国家博物馆馆刊．(2)

抗战中建设的滇缅空军基地．渠昭．世纪．(2)

抗战时期国民党应对国际环境嬗变的经验及教训．杜俊华、崔晶晶．甘肃社会科学．(2)

1928～1945 年福建学校军训述评．兰雪花．东南学术．(2)

民国时期军人保障制度建制理念的流变及其影响．关博．江汉学术．(3)

抗战时期福建兵员动员研究．兰雪花．福建师范大学．(博士学位论文)

"体温表"与"试金石"：青年党的军事活动(1923～1935)．李翔．近代史研究．(4)

国民政府抗战动员体制若干问题辨析．吕晓勇．军事历史研究．(4)

苏联和共产国际对中共的军事援助述论．马晓华、张泽宇．社会科学战线．（8）

《从并肩抗日到抗美援朝》补正．金成镐、王志伟．近代史研究．（5）

秩序转移与中国近代国防：以民族国家为心——薛小荣博士《民族国家视野下中国近代国防的重构》评介．王萍．军事政治学研究．（2）

五　军事科技与武器装备

19 世纪中叶中西方军事技术优劣的思想层面探析．刘鸿亮．自然辩证法研究．（2）

清末新政期间列强对中国军火市场的争夺．滕德永．军事历史研究．（1）

清末外购军械制式划一问题探究．滕德永．军事历史．（2）

甲午战前的铁甲舰认知及其对海军舰船装备采购的影响．任燕翔．军事历史．（4）

晚清江南制造局的"内迁"——兼论中国工业发展中的战略纵深．张忠民．清史研究．（3）

19 世纪中叶侵华西洋火箭技术及其在华传播研究．刘鸿亮、马文艳．历史教学（下半月刊）．（10）

试析海关监督在近代华洋军火贸易中的重要角色——以盛宣怀为例．费志杰、文双发．史林．（6）

二战后运抵重庆美军登陆艇今安在？．陈与、刘渝．重庆与世界．（1）

《清宫武备兵器研究》出版．哈恩忠．历史档案．（4）

六　军事思想与军事学术

赓续与再造：《曾胡治兵语录》与清末民初孙子兵学发展．毕海林．滨州学院学报．（5）

论甲午战争前后中国御日之持久战思想．辜宗秀、李秀．三峡大学学报（人文社会科学版）．（3）

求证"师夷长技"的首倡者．易孟醇．书屋．（7）

抗战时期国共两党军事思想研究．尹艳辉．东北师范大学．（博士学位论文）

人民解放军永远是一个战斗队．总参办公厅编研局．中国军事科学．（5）

冯玉祥思想研究．钟海涛．首都师范大学．（博士学位论文）

论瞿秋白的军事战略思想．费志杰、吴庆龙．军事历史研究．（3）

刘志丹军事思想探析．褚银．中国军事科学．（3）

罗荣桓思想政治工作理论研究．汪衡湘．南华大学．（硕士学位论文）

老子的"不为天下先"与毛泽东的后发制人军事战略．刘庭华．国防大学学报．（3）

略论毛泽东军队建设思想．侯鲁梁．中国军事科学．（3）

论游击战的历史演变与毛泽东的理论贡献．贺新城．中国军事科学．（3）

毛泽东对中国古代军事思想的继承与超越．董志伟．东北师范大学．（硕士学位论文）

毛泽东军事领导思想探析．温勇．国防大学学报．（7）

论毛泽东军事思维方式．武伟丽．中国军事科学．（4）

正确认识毛泽东军事思想的科学价值．任海泉．中国军事科学．（5）

论毛泽东勤俭建军思想．马建国．中国军事科学．（5）

试论毛泽东政治建军思想其当代价值．李保忠、刘越．军事政治学研究．（1）

正确认识毛泽东军事思想的科学价值．任海泉．党的文献．（S1）

毛泽东能打胜仗的驾驭艺术对实现强国梦强军梦的启示．高志勇．国防大学学报．（12）

严复的军事教育实践与思想．张洪、张艳萍、吴晓宇．军事历史．（3）

论曾国藩的中庸治军思想．龙凤军．湖南省社会主义学院学报．（2）

中国共产党领导中国军事文化转型的历史与启示．吴杰明、范晓春．国防大学学报．（1）

交通壕攻击战术的历史考察与启示．魏碧海．军事历史．（5）

中国革命战争中军事技术与人民战争战略战术的运用．翟清华．军事历史研究．（4）

简评《晚清海防地理学发展史》．蒋建农．中国图书评论．（2）

特殊的战史　别样的记忆——评《血色财富：我军失利战例评析》．许述．解放军报．1.12

当学生，当先生，当战争领导者．毛泽东．党的文献．（6）

七 军事人物

评辛亥武昌首义时期的"三武". 黄俊军. 武陵学刊. (6)

抗战时期盟军中的中国译员. 左平. 社会科学研究. (1)

黔籍国民党抗战老兵 默默无闻的英雄群体. 梁茂林. 贵阳文史. (3)

试述民国时期黔籍军人的几次历史性转变. 杜怀亮. 贵州社会主义学院学报. (4)

"狼牙山五壮士"的细节分歧. 洪振快. 炎黄春秋. (11)

堪与狼牙山五壮士媲美的马石山十勇士. 王贞勤. 文史天地. (7)

丁日昌与晚清台湾防务. 白纯. 中国军事科学. (4)

黑龙江将军丰绅述略. 何绍波、王秀杰. 满族研究. (1)

一"守"功成冯子材——杰出民族英雄冯子材的积极防御战术探源. 蒋金晖. 湖南科技大学学报(社会科学版). (6)

洪秀全在太平天国运动失败中的领导责任. 郭海成、杨书林. 领导科学. (6)

跟胡林翼学做"二把手". 韩洪泉. 领导科学. (30)

李鸿章"和戎"外交与甲午之败. 王双印. 江西社会科学. (10)

刘铭传与台北建城. 马骐. 合肥学院学报(社会科学版). (5)

刘蓉研究述评. 韩洪泉. 湖南人文科技学院学报. (3)

喀什噶尔提督马福兴研究. 井国栋. 新疆大学. (硕士学位论文)

官与匪之间的苗沛霖:十九世纪后期内战中淮北团练的异化. 王建辉. 华东师范大学. (硕士学位论文)

荣禄与晚清神机营. 王刚. 军事历史研究. (4)

沈葆桢海防建设的思想与实践. 祝太文、张海林. 求索. (10)

太平军长沙之战第一阶段战略战术分析——兼谈萧朝贵的死因. 刘晨. 军事历史. (1)

评刘晨新著《狂飙与神话:萧朝贵研究》. 茅家琦. 学术评论. (3)

萧朝贵形象考. 刘晨. 学术评论. (4)

严复与北洋水师学堂. 吴晓宇. 军事历史. (3)

严复的"海军强国"梦及其当代意义. 王宪明、耿春亮. 河北学刊. (6)

鸦片战争前后的杨芳. 韩洪泉. 文史天地. (12)

义和团时期袁世凯新军实力的扩张及其作用．张华腾．殷都学刊．（3）

早年袁世凯述论．白云涛．中国国家博物馆馆刊．（12）

曾国藩治军的理学特色——以《曾胡治兵语录》为例．韩荣钧．滨州学院学报．（5）

从《曾胡治兵语录》看曾国藩的选将思想——兼与左宗棠比较．滨州学院学报．（5）

曾国藩与安庆内军械所．单擎．边疆经济与文化．（11）

曾国藩、李鸿章会剿金陵与晚清军事变局．赵永刚．文史天地．（12）

中法战争中的张之洞与彭玉麟．李志茗．厦门大学学报（哲学社会科学版）．（6）

盛京将军赵尔巽赴任准备述论．李皓．历史档案．（1）

左宗棠入军机的台前幕后．姜鸣．近代史研究．（4）

蒋介石对黄埔嫡系陈诚的培植．肖如平．近代史研究．（2）

陈诚就任与被免远征军司令的几个问题．刘会军、张智丹．中南大学学报（社会科学版）．（4）

近代湖湘人物陈渠珍评述．罗维．湖南社会科学．（5）

跟随邓宝珊将军参与北平和平起义谈判．王焕文、雷万鑫．今日中国论坛．（12）

1925 年郭松龄事变与日本的援张政策再抉择．杨雪．东北师范大学．（硕士学位论文）

黄毓成将军与护国运动．李亚宏、杨洪．文史天地．（6）

绥远抗战与蒋介石对日政策的转变——蒋介石日记解读．杨天石．江淮文史．（2）

亲历 1942：蒋介石三次赴缅．王楚英、王映竹．军事历史．（3）

蒋介石三次巡察台儿庄大战．李海流．文史天地．（7）

论蒋介石对国民党在大陆失败原因的分析．柳轶、程舒伟．东北师大学报（哲学社会科学版）．（4）

论蒋翊武之精神．熊英．武陵学刊．（6）

蒋翊武研究琐议．刘泱泱．武陵学刊．（6）

儿子视角中的黎元洪．陆其国．书屋．（1）

松山坑道大爆破的历史真相：父亲刘栋臣事略．刘秀麟、宦国铎．贵州文史丛刊．（2）

民国第一位海军上将刘冠雄．章慕荣．文史天地．（9）

陆兴祺与民国时期西藏治理研究——以陆氏职衔、所属机构为中心．中国边疆史地研究．（1）

试论马占山与东北抗日义勇军的抗战．于德泉、陈丽君．湖南工程学院学报（社会科学版）．（1）

论倪嗣冲对白朗军入皖的应对．郭从杰、郝天豪．哈尔滨学院学报．（9）

邵洵美吁请全面客观写定抗战史．绡红．博览群书．（3）

宋庆龄与皖南抗战．徐锋华．军事历史研究．（2）

1950 年中共策反孙立人揭秘．金其恒．江淮文史．（4）

苏俄与孙中山对植入党军体制的认知分析．李翔．江苏社会科学．（1）

浅议唐继尧滇军两次入黔的影响．付萍萍．桂林师范高等专科学校学报．（3）

北洋军阀个案史研究的一个新突破——评彭秀良新著《王士珍传》．孔令春．中共石家庄市委党校学报．（4）

王缵绪辞官抗日．王宇知．炎黄春秋．（1）

吴佩孚与陈炯明同异初探：以际遇、品德、才具为视角．陈友乔．鲁东大学学报（哲学社会科学版）．（2）

吴佩孚与五四运动的渊源探析．姜建芳．河南社会科学．（4）

1920 年吴佩孚衡阳撤防与湘督张敬尧的应对．郝天豪．南华大学学报（社会科学版）．（3）

徐树铮与建国军政制置府的建立及影响．曹心宝、张华腾．甘肃社会科学．（1）

徐树铮与外蒙撤治．陈国忠、吴翔．湖北第二师范学院学报．（3）

徐树铮与孙中山、段祺瑞联盟研究．曹心宝．学术探索．（9）

从《阎锡山日记》看国民党在大陆失败的原因．董学温．温州大学学报（社会科学版）．（5）

尹昌衡西征三题．吴燕、刘一民．近代史研究．（3）

论袁世凯策划民元"北京兵变"说之不能成立．尚小明．史学集刊．（1）

从模范团的建立看袁世凯的"去北洋化"．张宇．安庆师范学院学报（社会科学版）．（4）

袁世凯因应白朗起事的军政措施——兼论白朗起事的性质．李红光、孙昉、刘平．殷都学刊．（3）

川军将领张必禄其人其事研究．李寿旭．四川文理学院学报．（6）

张学良的手令．缪平均、刘军．博览群书．（2）

张作霖在辛亥革命时期的政治行为．郭文深．渤海大学学报（哲学社会科学版）．（1）

张作霖统治时期的东北军事近代化．康艳华．沈阳师范大学学报（社会科学版）．（5）

中央苏区时期陈毅的军事贡献．孙伟、胡玉春．军事历史研究．（4）

平津战役中毛泽东给傅作义的一封信．唐义路．军事历史．（2）

试述南昌起义后贺龙走上革命道路．孙忠良．福建党史月刊．（6）

两授上将垂青史　一代风范励后人——纪念洪学智同志诞辰 100 周年．刘成军、孙思敬．军事历史．（1）

质疑江青和毛泽东"共同指挥西北战场"论——读罗克珊·维特克《江青同志》有感．阎长贵．世纪．（1）

《赖传珠日记》—— 一份珍贵的遗产．石雷．中共党史研究．（2）

李克农在武汉指挥抗日反谍情报战．王炳毅．武汉文史资料．（1）

南昌起义中的李立三．曾市南．文史天地．（10）

李先念在"新兵营"．《李先念传》编写组．百年潮．（11）

我写林彪传的遭遇．刘家驹．炎黄春秋．（3）

方子翼"宴请"刘亚楼．贾晓明、李清扬．江淮文史．（3）

罗荣桓与人民军队的创建．刘庭华．军事历史研究．（1）

功高贯齐鲁　精神永留存．卢少林、李印廷．军事历史研究．（1）

罗荣桓对东北解放战争的重要贡献．娄晶、何进．军事历史研究．（1）

学习罗帅五湖四海的宽广胸怀．黄瑶．军事历史研究．（1）

罗荣桓坚持和发展"支部建在连上"原则的历史贡献及启示．王松华．军事历史．（2）

三大战略决战中的毛泽东和蒋介石．金冲及．党的文献．（1）

毛泽东与"如何研究战争"——兼及对我军探索信息化建军与作战规律的几点思考．张伊宁、张兢．党的文献．（2）

毛泽东的军事斗争与政治经济学——以井冈山革命根据地为例．王阿寿．军事历史研究．（2）

毛泽东与人民军队铁的纪律．慕崧．军事历史研究．（3）

毛泽东战略思维与中国革命战争的胜利．程炜．西安政治学院学报．(5)

毛泽东创办蛟洋红军医院．雷晓华．福建党史月刊．(5)

论解放战争时期毛泽东军事创造性思维．徐江虹．学术论坛．(6)

毛泽东在南靖亲自指挥战斗．蔡建南．福建党史月刊．(13)

毛泽东与新四军的组建与发展．刘勉钰、刘雪斌．南昌大学学报（人文社会科学版）．(6)

毛泽东的红军第五次反"围剿"突围计划考．罗庆宏．军事历史研究．(4)

毛泽东与工农革命军第 1 军第 1 师的创建．庞振宇．军事历史研究．(4)

1927～1930：毛泽东军队党建理论的开拓及其重大现实意义．李峻、陶伶．国防大学学报．(12)

抗战时期宋庆龄对新四军的援助与宣传．叶维维．中共贵州省委党校学报．(1)

习仲勋与两当起义述论．李东朗．中共党史研究．(10)

项英秘书扬帆谈皖南事变．小朝．炎黄春秋．(2)

项英与中央屡生分歧和争论仍长期任职新四军原因探析．王骅书、王祖奇．安徽史学．(2)

也谈研究项英应坚持用事实讲话——与王辅一同志商榷．蔡长雁．江淮文史．(3)

我军装甲机械化部队的奠基人许光达．李梦军、孙丽林、杜长安．军事历史研究．(2)

杨靖宇在长白山地区的主要活动．吴祖鲲、王航．东北史地．(4)

杨松与东北抗日游击战争关系研究．于春节．东北师范大学．(硕士学位论文)

红军早期将领余天云之死．散木．同舟共进．(3)

雪山下红军喜相逢和草地行张国焘闹分裂．石仲泉．毛泽东思想研究．(2)

周保中的戎马生涯和赤胆忠心．孔令波．军事历史研究．(2)

周保中与东北抗日战争．李蓉．东北史地．(3)

十年来国内周恩来与抗日战争研究述略．范连生．阴山学刊．(2)

周恩来赴黄埔前的"军阀"话语应用——以《周恩来早期文集》为例．李思聪．广东社会科学．(5)

朱德与山西人民的鱼水情．罗淑蓉．百年潮．(8)

东宫铁男与关东军"北满"移民政策探析．马伟．辽宁师范大学学报（社会科学版）．(1)

前苏联元帅崔可夫曾担任中国军事顾问来过重庆．重庆与世界．(7)

● 资讯 ●

戈尔巴乔夫时期的苏联军事
改革·大事记（1987 年）

＊本资料由肖明建整理辑录。 肖明建（1985 ～　　），福建宁德人。 73132 部队 83 分队副指导员，南京政治学院上海校区硕士研究生，中尉军衔。 主要研究方向：军事历史。

1 月 2 日，英国《泰晤士报》报道说，原定于 1986 年下半年举行的苏共中央全体会议推迟，原因是改革派和保守派斗争激烈，戈尔巴乔夫的改革计划遇到顽强抵制。 该报说，克里姆林宫官僚机构里的顽固保守分子反对戈尔巴乔夫想要在政策和人事上进行的某些改革。 又说，哈萨克斯坦首府阿拉木图爆发的严重的民族主义骚乱也是一个原因。 该报认为，戈尔巴乔夫渴望把政治局中已故勃列日涅夫的最后两个好朋友清除掉，一个是已被解除哈萨克斯坦共产党领导人职务的库纳耶夫（现年 74 岁），另一个是乌克兰党首脑谢尔比茨基（现年 68 岁）。

1 月 5 日，美国《基督教科学箴言报》报道，戈尔巴乔夫对一批西方人士进行过一次谈话。 他说，生存要求在每个问题上有“新思维”；这个世界欠缺许多东西，“但缺乏新思维是最大的事”。 又说，“人类的需要比无产阶级的任务更重要”。

1 月 9 日，香港《南华早报》报道说，戈尔巴乔夫的公开化方针遇到挑战。 还说，戈尔巴乔夫也遇到军队的相当强烈的反对。 军队认为他不适当地急于同美国达成核交易，他们反对这样做。

同日，英国《情报文摘》发表文章说，苏联作为世界大国加速衰落。 认为苏联对卫星国的控制能力在减弱，国内经济形势严峻，并欠西方大量债务。 这些情况很可能意味着苏联也许不得不放弃它在全球的一些颠覆活动。 支援古巴经济使苏联每年花掉 40 亿美元。 但是，尽管 1960 ～ 1980 年资本投资、人均消耗增长率及国民生产总值的增长率都大幅度下降，苏联的国防开支却从平均每年 1570 亿美元增加到平均每年 2330 亿美元。 这就是说，苏联总预算的 15% 用于防务，是美国的两倍。

1 月 12 日，美提高日内瓦裁军首席谈判代表级别，把参加日内瓦谈判的美代表团团长马克斯·坎珀尔曼提升为国务院兼任法律顾问。 在此之前，苏已任命外交部第一副部长尤利·沃龙佐夫为新的苏谈判代表团团长。

1 月 15 日，苏宣布将从蒙古撤走一批临时驻军。 苏联今天说，它计划要在今年 6 月以前从蒙古撤回一个步兵师和一些临时特遣部队。 美联社说这是苏联针对中国的一种姿态。

1 月 16 日，北约组织今天发表一项研究报告说，苏联有 11.5 万名苏联军人在阿富汗，每年用于阿富汗境内军事活动上的开支多达 40 亿美元，占其全部国防预算的 2%。 研究报告还说，虽然苏联总的军事开支显然由于克里姆林宫更侧重于经济现代化而受到限制，但是，一直到 1990 年，这一开支很可能将每年继续增长 3% 左右。 这个增长速度同北约组织防务开支的估计增长速度差不多。 报告说，苏联国防预算占总产值的 13% ~ 16%，而美国在 1980 ~ 1985 年平均占 6%。 研究报告认为，1985 年苏联军事开支是克里姆林宫正式宣布的 190.6 亿卢布(287.1 亿美元)的六七倍。

1 月 27 日，苏共中央举行一月全会。 戈尔巴乔夫在会议上作了题为《关于改革和干部政策》的报告，说"对改革的态度、对实行改革采取的实际行动，是评价干部的决定性标准"。

1 月 28 日，苏共中央一月全会闭幕，戈尔巴乔夫致闭幕词。 他谈到民主和公开性时说，"把认真加强苏联社会的民主化提到首位是完全合理的"，"我们需要民主就像需要空气一样"，如果在扩大民主方面不采取切实步骤，"土壤污染政策就会受挫，改革也会夭折"。 又说，"我们需要公开原则，我们需要批评与自我批评，并把它们作为发扬社会主义民主的有效形式……人民应该知道一切，自行判断一切"。

全会决定解除政治局委员库纳耶夫和中央书记齐米亚宁的职务；提拔中央书记雅科夫列夫为政治局候补委员，中央总务部部长卢基扬诺夫为中央书记。 合众国际社报道说，雅科夫列夫(63 岁)是戈尔巴乔夫在国内外的新形象的设计者，此次负责党的宣传工作。 又说，库纳耶夫被撤职一事使政治局的人员减少到只有 11 人，这可能意味着戈尔巴乔夫想在政治局里全部安插上自己的亲信的计划遭到了强烈的反对。

2 月 4 日，戈尔巴乔夫同美国国际关系委员会代表团谈话。 他说，核战争是对无一例外的所有人的灾难；把武器带到宇宙中会破坏力图这样做的人本人的安全，并会使对核武器的监督无法实行；世界是复杂纷繁的，它由几十个独立国家组成，这些国家有着往往是极为尖锐的问题和不幸,有着自己的利益,也有着保护自己利益并参与共同事务的权利。 企图压制这些利益,想使其他国家服从自己并像过去一样利用这些国家的资源,这都是过去留下的残余,它会给文明社会带来危险。 所以我们才坚持要有新的思维,这需要冷静,需要作出正确估计,首先是要懂得,不管你有多么强大,也不能对现代世界发号施令。 他在谈到苏联的改革时说,苏联改革的实质是更多的社会主义,更多的民主,而不是放弃社会主义制度。

2月8日,美联社报道说,苏联上周出了两起严重的太空事故,一颗军用侦察卫星爆炸和一枚功率最大的火箭发射失败。

2月,苏联公布新的《苏共中央关于党的干部政策的决定》。 其中涉及军队干部政策的有:要继续提高军队指挥员、政治工作者、全体军官及陆海军各级党组织对保持高度的军人纪律、对军人进行思想教育和道德教育,对他们的战斗训练和政治教育所负的责任,经常关心军人及其家属的生活条件。

2月16日,戈尔巴乔夫在争取无核世界国际会议上发表讲话。 他谈到解决问题的新思维时说,在当今处在十字路口的复杂而又矛盾的世界上,必须用新的态度和新的办法解决国际问题,我们得出了结论,这些结论迫使我们重新考虑从前被认为是公理的某些事情。 因为在广岛和长崎之后,世界大战已不再是用另一种手段奉行的政策的继续了。 在核战争中,制定这种政策的人本身也必将被烧死。 我们不得不深刻地认识到这样一点:随着核武器的积累和完善,人类就失去了永存性。 只有在消灭了核武器之后,这种永存性才能恢复。 我们不承认任何国家,不管是苏联、美国还是其他什么国家的领导人有判处人类死刑的权利。 我们不是法官,几十亿人也不是要惩办的罪犯。因此必须砸掉核断头台。 核大国应当越过自己的核阴影进入无核世界,从而结束政策脱离全人类道德准则的现象。

2月23日,苏联《真理报》刊登国防部部长索科洛夫的一篇文章,他说,"(共产党)中央1月全会指出的干部工作缺点在武装部队中也是存在的。 并非所有的司令员、政委和参谋都充分认识到改革的实质和明确他们在改革中的作用以及明白改革必须从自身开始"。 英国《泰晤士报》在24日中的评论说,该文第一次向公众暗示:如同在苏联其他重要部门一样,戈尔巴乔夫的激进改革计划在苏联军队内部也遇到抵制。戈尔巴乔夫的自由化运动在克格勃内部遇到抵制。 苏联犹太持不同政见者最近在莫斯科市中心举行了一次和平抗议活动,一些苏联公民和西方记者在这次活动中遭到了克格勃不必要的残酷打击。

2 月 28 日，戈尔巴乔夫提出裁军新建议，要求单独签订一项消除欧洲中程导弹的协定。 之前，戈尔巴乔夫一直坚持去年 10 月雷克雅未克美苏首脑会谈的立场：欧洲中程导弹、洲际导弹和太空武器问题不能分开来谈判。 法新社说，他今天的举动表明他的这个立场有了巨大变化。 戈尔巴乔夫在他的声明中提到了他和里根就在五年内消除欧洲所有中程导弹的所谓"零点选择"达成的一项临时协议。 又说，美国对戈尔巴乔夫新建议持积极态度，西欧一些国家也表示欢迎。 但法国对所谓的"零点方案"持保留意见，反对欧洲的任何"非核化"，因为华沙条约组织"在常规化学武器方面占有不平衡的领先地位"。 西德《图片报》在 3 月 2 日的评论文章中说，这是戈尔巴乔夫的一个策略，并援引北约最高司令罗杰斯的话警告人们不要"孤立地"拆除所有核中程导弹。 又说，如果没有中程核导弹，西方与华约组织相比在常规武器方面就将处于毫无希望的劣势。 西德国防部国务秘书维茨巴赫说："东方同西方相比在军事上还是占危险的优势的。 戈尔巴乔夫现在必须有始有终，在谈判桌旁通过可以核查的结果。 在常规武器方面东西方也必须就减少坦克、火炮和飞机举行谈判。"

同日，日本《产经新闻》报道，苏联远东军区司令和太平洋舰队司令已被替换。 该报说，新上任的司令都是西方几乎完全不知晓的年轻将军，军衔也由前司令的大将和海军上将降为中将。 这正是重视远东和太平洋的苏联战略将发生若干变化的前兆，因而引起了人们的关注。 前远东军区司令亚佐夫的后任是原该军区参谋长莫伊谢耶夫中将。 太平洋舰队司令西多罗夫海军上将的后任是赫瓦托夫海军中将，他也是由该舰队参谋长晋升为司令的。 该报称，可以认为，戈尔巴乔夫总书记强有力推进的领导干部年轻化的影响已经波及远东。 还说，军事专家对苏联这次作出的人事安排的意图有两种看法：一种看法认为苏联是要以此来向美国等国发出无意同它们进行军事对峙的信号；另一种迥然不同的看法认为，"这恰好表明苏联企图积极地加强军事力量"。 美军目前正在推进年轻化，已由 45 岁的少壮将军出任第七舰队司令。 为了与此相对抗，苏联也挑选了年富力强的将军。

3 月 2 日，苏外长说拟在 22 个月内从阿全部撤军，并称这可成为越从柬撤军的样板。

同日，路透社报道，戈尔巴乔夫在同冰岛总理赫尔曼松举行两小时会谈时强调，他既希望消除欧洲的中程武器，也希望消除欧洲的短程核导弹。

3 月 3 日，英国《每日电讯报》报道说，苏联军事战略理论可能发生重大变化，以"充足的实力"替代均势概念。 该报说，在戈尔巴乔夫时代，"充足的实力"政策有可能取代同美国取得"均势"的迫切愿望，成为苏联战略理论的基调。 又说，苏共中央国际部的瓦季姆·扎格拉金透露，苏共中央委员会正在修改它的"同等安全"概念；"充足的实力"有可能被证明"不需要很高水平的核军备"。 早先，苏联一直用"同等安全"即西方的"均势"理论，来为自己努力赶上甚至超过美国和西欧在各级军事装备方面的军事投入进行辩护。 爱丁堡大学的防务研究教授约翰·埃里克森提出了这样的看法：苏联新领导认为，苏联的体制改革是同国际安全体系的改革分不开的；在降低苏联防务开支水平（约占苏联国内生产总值的 17%，而美国只占其国内生产总值的 8%）之前，要进行有效的政治改革是不可能的。

3 月 8 日，日本《读卖新闻》报道说，苏联太平洋舰队发生"异常变化"。 过去，苏联拼命地增强太平洋舰队的力量，可是从去年以来，突然放慢了增强这支力量的速度。 苏联海军是由"北方""波罗的海""黑海""太平洋"这 4 支舰队组成的。 其中，面临日本海、以符拉迪沃斯托克为主要基地的太平洋舰队，拥有约 840 艘舰艇，总吨数约 185 万吨。 这支舰队的力量占整个苏联海军力量的 1/3 左右，是 4 支舰队中最大的 1 支舰队。 1985 年首次配备导弹巡洋舰，使这支舰队在质量上和数量上都有所增强。 苏联一直在增强这支舰队的力量。 1986 年只有一艘导弹驱逐舰和一艘支援舰编入太平洋舰队。 今年以来突然停止增强力量。

同日，美国《华盛顿邮报》刊登文章说，苏联改革步子快、规模大、触动既得利益集团，因此戈尔巴乔夫可能步赫鲁晓夫后尘。 该报说，苏联国防官员认为他们自己的地位降低了，他们对此感到不满。 虽然克格勃首长切布里科夫是政治局的正式委员，但是现任国防部部长索科洛夫只是一名无表决权的委员。 据报道，军方还对戈尔巴乔夫 1985 年 5 月在明斯克所发表的一次秘密讲话牢骚满腹。 他在讲话中因军队费用超支对他们提出了批评，并告诉他们，他们的预算将被大幅度削减。

3 月 9 日，英国《卫报》报道，苏联考虑削减驻东欧军队的可能性和时间表。

3 月 27 日，美联社报道，苏拒绝美关于清除亚洲中程导弹的建议。 美国参加武器控制会谈的代表已向苏方提出建议，如果苏联同意消除针对中国和日本的中程导弹，美国将放弃现场视察苏联核导弹工厂的要求。 但苏联仍坚持要在苏联亚洲部分地区部署一百枚导弹。

3 月 31 日，戈尔巴乔夫和撒切尔夫人举行会谈。 路透社报道说，戈尔巴乔夫反驳了撒切尔夫人对苏联内外政策的批评，并反过来批评了撒切尔夫人。 戈尔巴乔夫说核威慑政策是很坏的、不道德的政策，这是针对撒切尔夫人的立场而言的，撒切尔夫人大力支持核威慑政策，并认为这种政策是保持和平的必不可少的手段。 戈尔巴乔夫则说这种政策是用威胁来进行讹诈。 戈尔巴乔夫对撒切尔夫人把军备控制问题与人权问题联系在一起表示不满，说这是"不严肃的"。 撒切尔夫人要求在达成消除欧洲中程核武器协议的同时还要冻结短程导弹，戈尔巴乔夫对此指责说，北约提出新的条件，企图在削减武器问题上走回头路。 撒切尔夫人向苏强调美苏军控协议不能牺牲星战计划。

3 月 18 日，美国《华盛顿时报》刊登题为《苏联整顿军队》的报道，说在苏联领导人戈尔巴乔夫改组共产党领导班子的同时，苏联军队领导集团也在悄悄地进行整顿。该报认为，现任国防部部长索科洛夫(74 岁)自 1984 年 12 月接替乌斯季诺夫任此职以来几乎没有发挥什么影响。 与他的前任不同，他未能当选为政治局委员。 人们普遍认为，他是一个过渡人物，是暂时保住国防部部长的位子，准备让一个更加强有力的人来接任，这个人也许是彼得·卢舍夫大将(63 岁)。 另一位值得注意的人物是阿列克谢·利济切夫(58 岁)大将，1986 年 2 月，他被任命为陆海军总政治部主任。 在阿富汗服役期间有成绩的现在升到军队最高领导集团的苏联军官包括：战略火箭军总司令尤里·马克西莫夫大将 (62 岁)、陆军第一副总司令亚历山大·马约罗夫大将、远东军区司令亚佐夫大将。 然而，在军队最高统治集团中，并不是所有人都是称心如意的。 据报道，有些高级军官对戈尔巴乔夫的一些政策感到不满。

4 月 1 日，美联社报道说，英国伯明翰大学研究苏联经济问题的讲师菲利普·汉森认为，戈尔巴乔夫的经济目标包括把一些资源从军事部门转到民用部门，这引起苏联领导班子内部矛盾。 他在报告中说，"有可能继续下去的最重大的冲突将是防务需要和投资需要的冲突"。

4 月 10 日，戈尔巴乔夫在布拉格提出裁军新建议，表示愿把较短程核武器问题的会谈同中程核武器问题的会谈分开来。 法新社报道说，西方外交官把这一建议说成是一个鬼把戏而不予重视。 该报说，这个建议远不能为中程核武器谈判僵局提供一个解决方法，而"有使它们复杂化的危险"，同时却没有为削减较短程的中程武器提供任何保证。

4 月 11 日，塔斯社报道，苏联已开始从蒙古撤军。 根据苏联领导人的决定和同蒙古人民共和国政府达成的协议，临时驻扎在蒙古境内的苏军的一个摩托化步兵师和几支独立部队已开始像早先宣布的那样从蒙古撤回苏联。 路透社报道说，此举被看作是为改善同中国关系所作出的新努力，是向同蒙古接壤的北京作出的一个和解姿态。

4 月 19 日，美国《巴尔的摩太阳报》报道说，戈尔巴乔夫在布拉格发出信息：否定勃列日涅夫的有限主权论。 他说，"谁也无权要求在社会主义世界中居于特殊地位。每一个社会主义国家都有其自身的具体特点，各兄弟党都在根据本国的国情制定政治路线……每个党都是独立的，都对本国人民负责，都有其解决国家发展问题的主权——这些对我们来说不是无条件的原则"。 一位西方外交官说："这显然是对勃列日涅夫主义的否定。"勃列日涅夫曾认为，如果共产主义在某个盟国看来受到了威胁，共产党国家就有权甚至有义务进行干涉。

4 月 30 日，合众国际社报道，美国国防情报局和中央情报局的一个研究报告披露，"东方集团的空军已由在东欧以进攻为主的战略转向一种强调防御的战略"。 该报说，过去两年在苏联的军事著作中，重点转向防御的趋势十分明显，苏联的地面部队和海军也出现了这种变化。

5 月 4 日，合众国际社报道，里根今天提出一项把战略核武器削减 50% 的详细建议，并呼吁苏联今年实现核裁军。 主要内容：7 年后美苏两国各自拥有的核弹头限制在 6000 枚，运载工具（导弹和轰炸机）限制在 1600 个，在这 7 年里，美苏两国将同意遵守1972 年反弹道导弹条约——它将限制部署和实验空间导弹防御系统，1994 年后两国可以随意部署这种系统。

5 月 8 日，法国《巴黎竞赛画报》发表前总统吉斯卡尔·德斯坦文章，说欧洲必须拒绝苏联提出的"双零点"方案。 该文谈到苏联的两个主要目标：一，通过减少其军费开支（占苏联国民生产总值的大约 14%，而美国的军费开支仅占其国民生产总值的6%，法国则占 4%），从而把最大限度的财力用于国内经济的发展；二，与美国相比，为避免在战略上处于劣势地位，有计划地削弱西方的军事力量。 该文认为，正是强大的核武器使世界保持了 40 年的和平，并对在欧洲爆发一场军事冒险起到制止作用，而欧洲军事上的非核化增加了冒险的可能性，并且非核化将导致常规力量大规模地集中在一起。 德斯坦说，"零点方案"就足够了，从一开始就没有必要把短程导弹（射程为 500 ~ 1000 千米）纳入这项协议中去。 这样一项建议的危险性就在于，它有可能逐步导致欧洲的全面非核化，而非核化将使发生冲突的危险增加，而不是减少，并有可能使欧洲在常规武器方面处于劣势。

5 月 11 日，《美国新闻与世界报道》周刊发表题为《对戈尔巴乔夫的将军们来说，枪炮充足，但没有政治影响》的文章。 该报说，苏联的军队传统上是有势力的，但它正越来越被排除在外；戈尔巴乔夫是第一个没有军事经验而且同军队没有密切联系的领导人，他没受过军队的恩惠，因此也没有义务给军队任何好处。 该报认为，由于戈尔巴乔夫把重点放在安全的政治和经济方面，并且军队犯下了一系列错误和遭到了一系列失败，导致其地位下降，其中明显的一点是，没有一个军人被纳入政治局。 又说，军队自己的弱点损害了它在人们心目中的政治地位：阿富汗战争没有取得胜利；1983 年击落南朝鲜一架班机的事件使军队在国外和在克里姆林宫留下一个污点；贪污腐化和纪律松弛——偶尔出现的对驻东德军队的不当举动的公开批评更加突出了纪律松弛现象—— 也损害了军队的形象。 还说，尽管他使将军们在政治上不敢发言，但他还是倾听军队的意见，也没有中断积极的军事现代化计划。

5 月 12 日，美联社报道，苏联高级官员阿尔巴托夫向记者谈话时说，苏考虑在星战问题上让步。

5 月 21 日，苏联国防部部长索科洛夫在匈牙利圣安德烈市柯树特高级军校举行的苏匈老战士战斗友谊集会发表讲话说，苏联武装力量中也正在进行改革，"其实质在于大力提高军事素养和政治素养，强化教学过程，加强对部队和舰艇全体人员进行训练的实际定向性，以及坚决为加强组织性和纪律而斗争"。 索科洛夫介绍了苏联提出的旨在防止核威胁、停止军备竞赛的新建议，他强调指出，"苏联和社会主义大家庭其他国家一再警告，在任何情况下都不允许对自己占有军事优势。 对这一点，任何人都不应存有任何幻想"。

5 月 28 日，西德一青年驾驶一架小型旅游飞机在莫斯科红场降落。 该青年 18 岁，名叫马蒂亚斯·鲁斯特。

5 月 30 日，苏共中央政治局举行会议讨论鲁斯特事件，国防部部长谢尔盖·索科洛夫和国土防空军总司令亚历山大·科尔杜诺夫被解职。 接替索科洛夫的是 65 岁的德米特里·亚佐夫将军。 亚佐夫此前是苏国防部负责干部工作的副部长。 政治局指出，防空部队指挥部表现出了不应有的疏忽和犹豫，没有立即采取战斗行动，制止来犯飞机，这一事实证明在保卫国家领空战斗值勤的组织工作方面有严重缺点，缺乏应有的警惕性和纪律性。 苏共中央政治局再次强调，坚决提高武装力量的战斗准备程度和纪律性、善于指挥部队、使它们随时随地能够制止对苏维埃国家主权的任何侵犯的任务，是极其重要的。

法新社评论说，亚佐夫（出任国防部部长）是一匹黑马。 评论说，亚佐夫将军1981 年当选为政治局候补委员，直到今年 4 月出任国防部副部长，负责人事工作，这个职务在 11 位副部长中是地位最低的，部长下面还有 3 名第一副部长。 路透社报道说，亚佐夫原先是苏联军队领导中地位比较低的人，鲜为人知。 人们曾经预料，第一副部长彼得·卢舍夫将接替索科洛夫出任国防部部长。

5 月 31 日，外电评论戈尔巴乔夫更换国防部部长。 《纽约时报》说，戈尔巴乔夫趁机使他的门徒掌了权。 该报说，在几名资格比较老的候选人中选择一名相对来说资格不太老的新手来掌权，表明军方将受到政界领导人的严格控制；这一行动大大加强了戈尔巴乔夫的权力。 亚佐夫只是苏共中央委员会的一名候补委员，即没有表决权的委员，至少还有几十名军官是拥有表决权的中央委员会的正式委员。 又说，国防部部长的更迭和出其不意地显示力量，使戈尔巴乔夫更有能力消除军方对他的控制武器建议以及要把国家资源集中于发展民用经济所流露出的不满情绪。 法新社评论说，人们对这一高级别的军事领导人采取惩罚行动出乎意料，从这种惩罚措施可以看出苏联军队内存在着纪律松懈的现象和严重的组织工作问题。 又说，鲁斯特事件打乱了苏联军队的等级制度，使亚佐夫超过了前 3 名副国防部长，在这 3 名副国防部长中，1986 年 7 月被提升的卢舍夫元帅曾被普遍认为是很有可能接替索科洛夫的人物。 路透社说，当戈尔巴乔夫任命谢瓦尔德纳泽为外交部部长时，那意味着他将成为戈尔巴乔夫本人的国务卿，当他选中了亚佐夫时，那意味着他也将成为戈尔巴乔夫本人的国防部部长。

6 月 1 日，《华盛顿邮报》新闻分析认为清洗军队对戈尔巴乔夫来说是危险的。 苏共政治局在事件发生后立即任命主管过人事方针但级别较低的亚佐夫将军接替索科洛夫担任国防部部长，这表明政治局想改组军队和加强自己对军队的控制。 该报说，戈尔巴乔夫改组军队的做法，是他迄今为止为抓权而采取的最大胆的行动。 因为从过去的情况来看，军队在支持克里姆林宫领导人的某些政策时是摇摆不定的，而戈尔巴乔夫地位还不很稳固，还不足以全面加强对像军队这样一个机构的控制。 又说，戈尔巴乔夫领导集团之前一直想同军队搞妥协，如今索科洛夫和防空军总司令科尔杜诺夫突然被解职以及塔斯社和国家电视台对军队的公开指责，都表明他们对军队的态度发生了巨大变化。 南斯拉夫《政治报》报道说，新国防部部长亚佐夫大将在军界以外鲜为人知，仅仅是中央委员会的候补委员，这是否意味着军队在党的政治局里的影响的下降？ 但是可以肯定，今后的重点将放在军队干部年轻化上。

6 月 8～10 日，西方七国首脑会议在威尼斯召开。 其中，就超级大国关于消灭欧洲中程核武器的问题的前景达成协议。 路透社说，威尼斯会议可能为美苏首脑会晤铺路。 塔斯社说，七国首脑会议没有就目前的迫切问题作出回答，但从会议结果的文件中可以看出有可能继续进行国际对话的轮廓。

6 月 12 日，北约发布联合公报，正式宣布支持"双零点方案"。 公报重申了西方在裁军问题上的主要看法：希望"超级大国"的核武库缩减一半；常规武器在低水平上保持平衡；完全销毁化学武器。 公报指出了核威慑在"可预见的期限内"的有效性，这也就等于拒绝接受苏联的在欧洲乃至全世界实行非核化的建议。 法新社说，该决定还为里根和戈尔巴乔夫之间举行第三次首脑会晤开辟了道路。

6 月 17 日，路透社报道，苏联军队显现大改组迹象。 该报说，莫斯科防空军首脑们被指责为横行霸道、懒散和贪污而使军队士气低落。 之前国防部报纸《红星报》说，自 1980 年以来一直任莫斯科周围防空军司令的康斯坦丁诺夫元帅今年早些时候已被解除职务。 康斯坦丁诺夫被指责凌驾于党之上，专横傲慢。 该报说，两名空军将军，一名陆军将军和一名上校以及一批数目不详的其他军官已被开除出党，这通常是他们被解除军内职务的第一步。 被开除出党的这些指挥官是马尔科夫空军中将、列兹尼琴科少将、布拉日尼科夫陆军少将和雅库边科上校。 这篇报道表明，莫斯科防空军总参谋长戈尔科夫上将、莫斯科空军和雷达兵司令及莫斯科军区政治部主任可能也要受到惩罚。《红星报》报道说，莫斯科党的首脑叶利钦严厉批评了一些军队首脑，他说，这些指挥官热衷于旧作风，实行专断领导，害怕革新，他们多年来的错误已导致军队"纪律松弛、搞裙带关系和官官相护"，由于军官们不称职和横行霸道，已使军队纪律涣散和士气低落。 路透社说，虽然这些被开除党籍和被指责不称职的人都是莫斯科军区的，但是，这也是告诫苏联全军要提高警惕。

6 月 25～26 日，苏共中央召开全会。 此次会议进行了人事调整，并决定进行激进的经济改革。 在人事方面：苏共中央宣传部部长亚历山大·雅科夫列夫（63 岁）由政治局候补委员升任正式委员；负责经济管理的尼古拉·斯柳尼科夫（58 岁）也从候补委员晋升为正式委员；负责农业的维克托·尼科诺夫（58 岁）直接升为政治局正式委员；新任国防部部长亚佐夫升任政治局候补委员。 政治局现在有 14 名正式委员和 6 名候补委员。 路透社说，亚佐夫以前甚至连正式中央委员都不是，他直接升任政治局候补委员，说明苏联军方在政治局中所占地位跟索科洛夫被撤销国防部部长职务以前一样。关于经济改革，全会接受了戈尔巴乔夫的基本思想，即必须从主要是行政的领导方法转向尽可能纯经济的领导方法。 全会还决定明年 6 月举行自 1941 年以来的第一次全国范围的党的会议。

6 月 27 日，谢瓦尔德纳泽在外交学院和外交部中央机关干部大会上发表讲话，谈苏联对外政策以往的过错和今后的目标。 在谈到今后对外政策的目标和准则时说,在政治上,我们应把世界看作一个统一的整体,全人类的利益和国际关系中的民主主义,将在越来越大的程度上成为其中的决定性因素。 国与国和平共处将作为国与国关系的普遍原则而牢固地确立。 在军事安全上,我们争取创造一个没有核武器和化学武器的世界,一个各种军备不断减少的世界,一个建立在无所不包的国际安全体系上的世界。 苏联外交有一个明确的目标——使新的政治思维的观念通过国际法准则和原则物质化。

6 月 29 日,日本《读卖新闻》报道,苏联最近在堪察加半岛的彼得罗巴甫洛夫斯克新设立了永久性的陆军和空军的统一司令部,其任务是要使部署于鄂霍次克海海域的苏军一体化。

7 月 8 日,美联社报道,苏联科学院经济研究所所长阿甘别吉扬说,一些官僚及其他顽固力量和"习惯势力"正在阻碍经济改革。 主要有四类人:第一类是部分部一级和司局级工作人员,由于一些权力将下放到企业和协会,他们将被剥夺这些权力;第二类人是一些能力差的管理人员,即一些厂长和集体农庄主席,他们习惯于根据行政措施办事;第三类是那些"拿钱多干活少"的工人和集体农庄庄员;第四类是贪污国家财富者、受贿者和酗酒者等反社会分子。

7 月 9 日,英国《外事报道》报道说,戈尔巴乔夫正在改组克格勃。 该报说,克格勃第一副主席格奥尔基·齐涅夫已被撤换,另一位第一副主席尼古拉·叶莫霍诺夫则被留下来负责第一总局;7 个副主席中的两个——谢尔盖·安东诺夫和格里戈里·戈里戈连科已经被撤职;克格勃分布在苏联加盟共和国的 14 个网络中的 5 个已经撤换了最高领导人;16 年来一直担任莫斯科克格勃首脑的阿利金已经被撤换,原因大概是莫斯科市政府贪污腐化。 还说,克格勃的边防军未能发现鲁斯特驾驶的小型飞机和阻止飞机在红场降落。 在同一天,大约一百名边防军人在莫斯科高尔基公园因酗酒被捕。 又说,苏联有计划把克格勃一分为二,像美国的中央情报局和联邦调查局那样一个管国外,一个管国内,但是迄今为止没有任何结果。

7 月 10 日,《真理报》发表普里马科夫院士题为《对外政策的新哲学》的文章,该文说,"当代世界日益增长的相互联系不仅表现在世界各地的生存问题上,而且还表现在全世界经济的存在和发展上,全人类利益的存在和增加上"。 "对这一系列问题的理解是对外政策新哲学的基础。"文章指出,对外政策新哲学表现在要以新的构想对待安全问题。 一,在保障各国安全方面,要把政治措施提到第一位。 应在苏美之间、华约和北约之间就削减军备和信任措施达成协议，制定和实施普遍的国际安全体系。二，一定的变化应包括军事内容。 在世界上还存在核武器期间，苏美之间战略平衡具有一种稳定的意义，同时，在这一期间应降低平衡的水平。 三，一些国家的安全如依靠其他一些国家的安全，那是得不到保障的。 谋求军事优势的人必然要搬起石头砸自己的脚。 四，要求放弃扩大苏美之间和华约与北约之间的横向对抗。 文章承认苏联作了让步，但其目的是削减军备，"这种让步是向理智让步，而不是在美国压力下的后退"。

7 月 16 日，美国《基督教科学箴言报》报道说，苏联正在改变其对外政策：其意识形态发生重大变化，认为西方资本主义不会必然发展成对苏联的军事威胁；军国主义不再被认为是所有西方国家的本性；在防务方面坚持"合理足够"原则。 该报说，这些是苏联对外政策的主要智囊、世界经济和国际关系研究所所长普里马科夫对外所表达的新态度。 普里马科夫对"合理足够"原则下的定义是以"最低限度的必要费用"维持"一旦发生核打击双方都不能避免毁灭他的报复性打击的形势"。 普里马科夫说，虽然国内改革正遇到来自各方面的抵制，但是，对外政策的改变和防务上做到"合理的足够"几乎没有遇到什么问题。

7 月 23 日，西德《法兰克福汇报》报道说，苏联军事战略从进攻转为防御。 该报说，社民党议员冯·比洛说，苏联打算有始有终地削减其军事进攻能力，并且在寻找如何能建立一种"防御性的防务结构"的办法。 它们的方针是一种"足够的防御性防务"，从进攻西方领土转变到纯粹保卫自己领土，其中的主要困难是西方的战术核武器。 只有在两个集团的战术核武器消除之后，东方才会消除它的常规力量优势。 另一议员霍恩则说，苏联在欧洲的武装力量目前没有进攻的能力，它在陆上、海上和空中与北约相比都处于劣势；苏联人至少需要 50 天时间才能具备进攻能力，突然袭击是不可能的，苏联也没有使用化学武器的计划。

7 月 29 日，英国《情报文摘》评戈尔巴乔夫对克格勃的改组。 该报说，戈尔巴乔夫"改组"权力很大的政治警察机构克格勃并用他信任的人担任要职。 虽然克格勃的主席切布里科夫崇拜并支持戈尔巴乔夫，但是克格勃的许多有影响的人并非如此，戈尔巴乔夫逐步对这些人进行清除。 乌克兰加盟共和国的克格勃首脑穆哈因乌克兰伏罗希洛夫格勒警察的一起丑闻而被撤换，穆哈是谢尔比茨基的一个重要盟友。 吉尔吉斯斯坦、立陶宛、哈萨克斯坦和塔吉克斯坦四个加盟共和国的克格勃首脑也被撤换。 被撤换的还有莫斯科的克格勃首脑阿利金，以及苏联克格勃两位副主席之一的齐涅夫。

8 月 6 日，英国《独立报》报道说，苏《真理报》刊登许多父母来信，抱怨报纸不为在阿富汗战死的儿子登讣告。

8 月 10 日，美国《洛杉矶时报》刊文说，苏联对第三世界政策改变，尽量少卷入但不交给西方。该报说，自从戈尔巴乔夫 1985 年上台以来，苏联表面上不再强调在第三世界实行对抗政策。说苏联采取全面的克制态度，即决心不卷入第三世界事务以免消耗苏联经济振兴所需的财力，也决心不制造同西方的代价高昂的对抗。兰德公司的分析家弗朗西斯·福山在最近为空军提出的一项研究报告中指出，苏联甚至在戈尔巴乔夫上台之前就开始转向奉行少卷入的政策。

8 月 13 日，苏联国防部部长亚佐夫会见了中央军事报刊的领导人员时说，苏联军事理论的防御性质绝不意味着降低警惕性和战斗准备。他强调指出："我们不能没有防御实力，也不能忽视培养苏联人保卫社会主义的精神。争取和平的斗争不是取消而是要求每个人准备彻底履行自己的军事义务。如果有需要，我们是能够保卫社会主义成果的，对此不应有任何怀疑。"亚佐夫号召更坚决更有力地克服多年来在陆海军中积累的停滞现象。他强调说，只有"广泛的公开性，军队生活的民主化、完善工作作风和方法，才能打破障碍机制，克服缺点"。

8 月 26 日，西德总理科尔宣布潘兴 IA 导弹可以撤除，里根要求苏联取消对其军事问题的保密，迅速就禁止中程核导弹缔结一项协议。

9 月 6 日，美国《华盛顿邮报》刊登布鲁金斯学会成员迈克尔·麦克圭尔文章谈苏战略思想转变，说战略思想转变减轻了苏国家安全对军事的依赖程度，突出了政治和经济因素的作用。他说，苏联认为军事冲突是可以遏制的，现在苏联战区部队的结构是新的，苏联在有关军事问题的论述中开始强调战略防御行动。还说，苏联人现在甚至在谈论军事力量"足够"，而不是军事力量均势。苏联出现"新的政治思维"，这种思想强调实现安全的非军事方面，强调当前局势的危险。

9 月 15 日，苏联外长谢瓦尔德纳泽和美国国务卿舒尔茨举行为期 3 天的会谈。美苏外长签署了有关在莫斯科和华盛顿建立"减少危险中心"的协议。合众国际社说，签订这个协议是为了在发生国际紧张局势时便于联系，从而减少发生核冲突的可能。又说，这次会谈可能导致全面的最高级会谈和签订拆除所有中程核导弹的协议。

9 月 17 日，美驻民主德国一军事联络小组遭苏联卫兵枪击。

同日，美国升级星球大战计划。国防部部长温伯格已同意把星球大战计划升级到

"试验阶段"。

同日,美苏达成禁止中远程核武器的临时协议。 苏联《真理报》说,虽然一项中程武器条约可以成为在战略武器减少 50% 方面取得突破的一个"良好的前奏",但是"只有在严格遵守反弹道导弹条约的情况下",才能达成这项条约。 法新社在 9 月 19 日的评论中说,美苏虽然达成中导协议,但将在星战计划上展开全面对抗。 该报说,苏联坚决反对战略防御计划的态度阻碍了日内瓦战略和太空武器谈判的进行,也导致了苏联领导人戈尔巴乔夫和美国总统里根去年 10 月在雷克雅未克举行的上一次首脑会谈出其不意地宣告失败。 还说,苏联新闻机构一直在强调有必要遵守反弹道导弹条约,从而限制战略防御系统的部署。

9 月 18 日,苏外长就苏士兵开枪打伤美士兵道歉。

9 月 21 日,美国《基督教科学箴言报》评论美苏签订中导协议说,中导协议价值在于缓和美苏关系,但导弹减少得并不多。 该报说,中程导弹只构成核武库的 3%,消除这一部分核弹本身并没有什么意义。 它的意义在于:第一,这是 8 年来美苏签订的第一项核武器控制协议,代表美苏关系的缓和;第二,中导协议有助于在未来首脑会谈中推动战略核武器控制协议的签订;第三,将为东西方关系缓和展开远景。

9 月 26 日,苏联《新时代》周刊刊文反思国际共运。 南通社说,《新时代》周刊这一做法表明,苏联已明确抛弃了几十年来引起深刻分歧和争论的某些关于社会主义和共产主义运动的观点。

9 月 28 日,苏联国际问题专家、历史学副博士尤里·斯特列利佐夫 9 月 28 日在莫斯科知识协会做了题为《苏联政治新思维与安全问题》的报告。 该报告说,苏联在不同的级别、不同的时期有三种均衡论:战略均衡、抵补均衡和质的均衡,正是"质的均衡"论产生了政治新思维。 所谓质的均衡是:量的变化,甚至一两类新武器的出现改变不了苏美之间"有保证的"、多次的相互毁灭的能力。 该报告认为,苏联在 70 年代的标准论点是:美国若打破均衡,苏联必然采取对应措施,以达到新的均衡。 这是量的观点,必然导致参与军备竞赛,而且竞赛不断升级,越来越危及人类。 苏联新领导人现在终于明白,跟着美国搞核军备竞赛,负担会越来越重,会被拖垮。 把苏美核均衡看成是质的均衡,就产生了戈尔巴乔夫的新思维,裁军方案就会层出不穷,也不怕作出让步,反正不影响质的均衡。 均衡只存在于苏美间,其他核大国没有那种几度毁灭人类的能力,因而就不必死揪住英国和法国的核力量不放。

10 月 4 日，西德《明镜》周刊报道说，苏联领导人戈尔巴乔夫已下令对德国未来的各种抉择进行研究，其中包括建立德意志邦联的可能性。 这家周刊说，戈尔巴乔夫本人想到了两个德国建立邦联和北大西洋公约组织的军队与华沙条约组织的军队分别从西德和东德撤出的可能性。

10 月 7 日，法新社报道说，苏联提出新的限制核试验建议：把核试验限制在每年进行四次，每次爆炸当量为 1000 吨。

10 月 10 日，《真理报》报道，戈尔巴乔夫说，他的将军完全支持他的政策。 戈尔巴乔夫说："在我视察苏联的过程中，从没有听到有人对世界必须建立在信任、互相谅解和合作的基础上的观点持怀疑态度，在我国，没有人持这种态度，即使在将军们中间也没有。 苏联没有人赞成战争。"路透社说，戈尔巴乔夫讲此番话的部分用意看来是消除有关苏联军方怀疑他实行的政策是否明智的猜测。

10 月 11 日，苏联表示愿意削减华约超过北约的常规力量。 苏裁军谈判首席代表纳萨尔金 11 日在日内瓦说"如果东西方军事力量确实存在不平衡的话，苏联愿意消除这种不平衡状况"。

10 月 13 日，戈尔巴乔夫在列宁格勒讲话发表讲话强调，改革需要有才干有专长的干部，观望和抵制改革的人必须走开。 戈尔巴乔夫说，共产党是苏联正在进行的改革的保证，但又宣布要同党内阻碍改革的"习惯势力"进行不妥协的斗争。

10 月，苏表示将在阿富汗政府和反政府游击队达成和平协议后一年内撤军。

10 月 19 日，苏联财政部部长戈斯拉夫说，计划明年的国防预算为 202 亿卢布（约合 320 亿美元），国防开支将保持在现有水平上。

同日，苏联五名将官空中罹难。 死难者是：弗拉基米尔·舒托夫上将、尤里·里亚比宁中将、基里尔·特罗菲莫夫中将、弗拉基米尔·巴尔达舍夫斯基少将、埃伦·波尔菲里耶夫少将、阿列克谢·古连科夫大尉和亚历山大·贡恰罗夫上尉。

10 月 21 日，苏联第一副总理盖达尔·阿利耶夫被解职，官方报道原因是其健康状况不佳。 路透社报其被解职是政治原因。 该报说，这使政治局委员人数减少到 13 名，并且戈尔巴乔夫将会得到大多数的支持。 该报列举了一些阿利耶夫与戈尔巴乔夫的改革政策格格不入的做法。

10 月 23 日，戈尔巴乔夫决定推迟苏美首脑会谈。 首脑会谈原定于今年年内举行。美国《纽约时报》在 10 月 30 日的评论中说，推迟安排最高级会议同戈尔巴乔夫受到挑战有关。

10 月 26 日，莫斯科高等警察学校教官鲍里斯·卡拉乔夫披露军队中吸毒现象严重。

10 月 28 日，合众国际社报道，美苏两国正式宣布苏联外长谢瓦尔德纳泽明天访美，并将于后天会见舒尔茨和里根总统。 该报说，苏联人突然决定重新将中程导弹条约会谈纳入正轨一举，几乎跟他们上周在同一个问题上决定拒绝舒尔茨一样使美国官员大吃一惊。

10 月 29 日，苏联外交部发言人宣布，戈尔巴乔夫和里根的华盛顿会晤"定于年底举行"。

11 月 2 日，路透社报道，一项民意测验表明苏联多数公民赞成从阿富汗撤军和向希望移居国外的人发签证。 具体数字：53% 的人赞成"苏联军队全部撤出阿富汗"，27% 的人则反对撤军；73% 赞成"向希望离开苏联谋求幸福的苏联公民及其家属发出境签证"，而 18% 的人则反对向他们发签证。 此次调查对象为莫斯科地区 1000 名 18 ~ 65 岁的居民，由法国《问题》周刊、法国国内广播电台、TF - 1 频道电视台和法国民意测验机构 IPSOS 联合主办，并由苏联社会研究所进行调查。

同日，戈尔巴乔夫在庆祝十月革命 70 周年大会上作题为《十月革命与改革：革命在继续》的报告。 报告中提到苏联对外政策的新思维。 报告分三个部分：一，十月革命的道路是先驱者的道路；二，发展中的社会主义和改革；三，伟大的十月革命与当代世界。 路透社在 3 日的报道中说，戈尔巴乔夫的讲话对斯大林的统治既有批评又有赞扬，这一情况表明，这位苏联领导人在改革苏联社会的势力中受到种种限制。 该报说，一些知识分子对他没有彻底揭露斯大林时代感到失望。 美国《华盛顿邮报》说，苏联领导人的讲话是向保守分子屈服，讲话清楚地表明戈尔巴乔夫的思想在朝保守的方向转变。

11 月间，苏联政治书籍出版社和美国哈泼罗公司分别用俄文和英文出版戈尔巴乔夫的新著《改革与新思维》，引起国际社会普遍关注。

戈尔巴乔夫认为当今的国际关系应该以新思维为准则。 新思维的主要内容包括以下方面。

新思维的基本原则是：核战争不可能成为达到政治、经济、意识形态及任何目的的手段。 戈尔巴乔夫称这个结论具有真正革命的性质，因为它与传统的关于战争与和平的概念决裂。

新思维的核心是："承认全人类的价值高于一切，更确切地说，是承认人类的生存高于一切"；"需要把全人类利益置于时代的至高无上的地位"；不能再把不同社会制度国家的和平共处视为"阶级斗争的特殊形式"了。

"战争是政治以另一种方式的继续"这个经典公式"已经过时了"。 几百年乃至几千年形成的、在全世界政治中使用武力为基础的思维方式和行为方式，曾是不可置疑的公理。 现在，历史上第一次迫切需要把社会的道德伦理作为国际政治的基础，使国际关系人性化、人道主义化。

安全是不可分割的。 安全只能对大家都是一样的，或者都没有，它唯一的坚实基础是：承认各个国家的利益。

新思维规定的军事理论的性质是绝对防御性的。 现在必须用新方法考察战争与革命的关系。 过去往往把战争看作是革命的雷管。 但在核战争的结局只能是全部毁灭的情况下，战争与革命之间不再存在因果关系了。 社会前进的前景已同防止核战争的前景"结合起来"。

11 月 11 日，英国《金融时报》发文称，美苏两国一边进行削减核武器谈判，一边提升核武器数质量。

11 月 24 日，美苏外长就中导条约问题取得一致意见。 英国《简氏防务周刊》评论说，消除两个超级大国在欧洲的中程核导弹将符合苏联军事战略家的心意，并且将"大大增加"他们对北大西洋公约组织发动成功的袭击的机会。 该周刊说，一旦这些武器消除了，莫斯科就可以用它的占优势的常规武器发动袭击，因为它估计美国不会迅速用核导弹进行还击从而冒"全面交战"的危险，直到苏联人"巩固了明显的战果"。

11 月 26 日，塔斯社报道说，苏联一项民意测验表明绝大多数苏联人对未来乐观。 苏联科学院社会学研究所在 28 个地区，对大约 1 万人进行了关于生活方式问题的广泛民意测验。 在回答："您能不能说您是乐观地看待未来，相信未来"的问题时，有 72% 被调查者的回答是肯定的，10% 的人作了否定的答复，18% 的人表示难以回答。

11 月 27 日，日本《产经新闻》报道说，苏军方对戈尔巴乔夫不满。 该报说，最近说明这位总书记与军队的关系未必融洽的迹象很多，例如，上月戈尔巴乔夫总书记访问摩尔曼斯克。 摩尔曼斯克是北方舰队司令部的所在地，按照过去的惯例，舰队领导人出来欢迎是理所当然的，然而，在迎送者的名单中却没有一个军人的名字。 戈尔巴乔夫总书记当时视察了最新式的原子能潜水艇。 他在艇上向优秀的军官授勋，然而在消息中没有看到理应出面作陪的军队指挥员的名字，而且也没有刊登有关的照片。 在访问列宁格勒时,列宁格勒军区司令斯涅特科夫大将的名字没有在消息中出现,军队机关报《红星报》也没有报道这一消息,只能说这是一种异常现象。专家分析说:"军队显然对戈尔巴乔夫政权没有好感。原因之一是官兵的唯一乐趣——喝伏特加酒,也被禁止了。原因之二是让士兵支援工业生产。"特别是对于把军人当作劳动力使用的问题,军队的不满日趋高涨。

11 月 28 日,法新社报道,苏联又提出新的裁减核武器建议,表示苏美可把洲际导弹弹头减至 5100 个。这意味着,美国将必须将其 7800 颗战略弹道导弹弹头废除 35%,而 7800 颗弹头中有 2200 颗弹头安装在陆基导弹上,大约 5600 颗弹头安装在潜载导弹上;苏联则必须将其大约 8400 颗战略导弹弹头削减 40%,这些弹头中有 6400 颗是陆基导弹弹头,大约 2000 颗是潜载导弹弹头。

12 月 2 日,美国《洛杉矶时报》发表西点军校社会学副教授道格·麦格雷戈题为《"新气氛"没有使苏联的军事机器冻结》的文章说,戈尔巴乔夫面向改革的方针显然正在使苏联军队恢复元气。文章谈及苏联国防部部长亚佐夫和尼古拉·奥加尔科夫元帅。该文说,之前名不见经传的亚佐夫被提拔为国防部部长后,表现出了一个戈尔巴乔夫式领导人的形象,他以 20 年代以来从未有过的方式给苏联武装力量带来了精力、诚实和智力。年轻的亚佐夫避免发表长篇大论的意识形态说教,而主张讲究实际地强调严格军队纪律、发展新的训练技术、同军官中的贪污腐化组织做斗争。他在对军官的教育方面强调知识、现代技术和军事史。又说,实际上,苏联仍然在以令人头晕目眩的速度在发展军事力量方面进行投资;如果亚佐夫改革苏联武装力量的努力取得成功,那时西方将会面临苏联更大的,而不是更小的军事威胁。关于奥加尔科夫元帅,该文说,奥加尔科夫元帅已东山再起,莫斯科的"新政治思维"鼓励他继续研究新的军事建设学说和 90 年代的战略,这种学说和战略强调对西方进行全战区的、"高技术"常规战。奥加尔科夫在 1984 年因为坚持认为可以不大规模使用核武器就可同美国人进行一场世界大战而被革除苏联总参谋长的职务。

12 月 8~10 日,苏美首脑在华盛顿举行会谈,戈尔巴乔夫和里根正式签署了一项将消除部署在欧洲的 1000 多枚中程核导弹的条约。路透社在 13 日的报道中说,西方分析家认为美苏首脑会谈意味着冷战时代结束。布鲁金斯学会的苏联问题观察家约翰·斯坦布鲁纳说,"冷战在一段时间以前就已经结束了,美国现在终于认识到了这一点"。一些克里姆林宫问题专家说,意识形态上的冲突在逐渐减弱,戈尔巴乔夫推进了这种趋势。

12 月 9 日，西德《世界报》报道说，戈尔巴乔夫领导下的苏联扩充军备的势头没有任何减弱。

12 月 10 日，美国《基督教科学箴言报》刊登约瑟夫·哈施题为《莫斯科和阿富汗人》的文章说，苏联不想重蹈美国越战覆辙。 该文说，虽然戈尔巴乔夫真的想撤军，但是像当年约翰逊和尼克松在越南一样，他仍不愿意付出必要的代价。 戈尔巴乔夫不愿把他的部队撤走，原因正在于此。 让苏联对阿富汗的入侵重蹈美国在越南的覆辙，戈尔巴乔夫是不可能高兴的。 他想使美国停止对阿富汗抵抗力量的所有军事援助，然后再给他一年时间，以组织他在那里的傀儡政权，使之有可能在他的部队撤走后维持下去。

12 月 20 日，苏联副外长洛吉诺夫说苏美已就削减 50% 战略武器达成原则协议。

12 月 26 日，美联社报道，苏群众抗议苏军赖在阿富汗。 一些群众在苏军 1979 年 12 月 27 日入侵阿富汗 8 周年前夕举行的抗议活动中被拘留。 群众分别在国防部附近、列宁格勒、莫斯科举行抗议活动。

12 月 29 日，美国《洛杉矶时报》报道说，苏联要放松干涉政策。 该报说，苏联可能放弃勃列日涅夫主义，说苏联军队"以社会主义的名义"干涉欧洲的时代"已经过去"。 勃列日涅夫主义即"有限主权论"，主张苏联的卫星国只有"有限的主权"，一旦一个国家变成共产主义或者社会主义国家，它就不能走其他道路，苏联为了维护该国的共产主义意识形态并使之不脱离社会主义集团，可以合法地使用武力。 该报说，戈尔巴乔夫今年 4 月在布拉格告诉捷克人，"社会主义国家之间政治关系的全部体系能够而且应当坚定地建立在平等和相互负责的基础之上"，"在社会主义世界中任何人都没有权利要求占据特殊地位"。

12 月 31 日，英国《简氏防务周刊》发表约瑟夫·博丹斯基题为《苏联高级指挥机关的新一代》的文章说，苏军目前正在进行编制改革。 该文说，目前苏联军队的调整有两个关键的组成部分：一方面巩固集权战时指挥机构，充分发挥该机构在全世界范围内的常规战争中所起的最佳作用；另一方面，将在阿富汗战争中所获得的有关联合兵种小部队、特种部队、直升机及化学武器的经验教训应用于武装部队。 文章所报告的苏联武装部队改革主要包括以下几点：①常规战与核战分开；②强调苏联武装部队的战术灵活性，及战术灵活性所要求的低级指挥员的素质；③特别重视小部队作战行动，强调空降兵的作用；④将直升机和化学武器同时用到联合兵种战场上去。 文章称，亚佐夫是造就新的苏联指挥员和军官的关键人物。 又说，驻东德苏军最近出现的变动就体现出了苏联决心依靠小部队进行大胆的纵深作战的迹象。　驻东德苏军最近增加了专门从事纵深战斗的部队，尤其是能迅速深入敌人后方的空中突击旅和特别坦克团的数量。这一变化非常适合于在战争一爆发就在敌人的大后方采取战斗行动。

〔责任编辑：李秋发〕

• 资讯 •

《武装力量与社会》2014 年 7 月号目录

　　*本目录由本刊编辑范彬整理并翻译。 范彬（1982～），四川南部人。 空军勤务学院社会科学部讲师，南京政治学院上海校区博士研究生。 主要研究方向：马克思主义理论、军事政治学。

冈特拉姆·F. A. 维特（Guntram F. A. Werther，美国天普大学福克斯商学院）

　　关于《武装力量与社会》本期主题——国家／社会弹性的开场白

　　（Introduction to the AF&S Forum on National／Social Resilience pp. 403 – 407）

桑德拉·沃克雷特（Sandra Walklate，英国利物浦大学）；罗斯·麦加里（Ross McGarry，英国利物浦大学）；加布·米森（Gabe Mythen，英国利物浦大学）

　　弹性概念的深掘

　　（Searching for Resilience：A Conceptual Excavation，pp. 408 – 427）

冈特拉姆·F. A. 维特（Guntram F. A. Werther，美国天普大学福克斯商学院）

　　弹性：与预测特定社会新变化相关的概念

　　（Resilience：Its Conceptual Links to Creating Society-specific Forecasts about Emerging Change，pp. 428 – 451）

鲁文·盖尔（Reuven Gal，以色列基内雷特学院、以色列理工学院）

　　超长危机时代的社会弹性：以以色列为例

　　（Social Resilience in Times of Protracted Crises：An Israeli Case Study，pp. 452 – 475）

理查德·查思迪（Richard J. Chasdi，美国韦恩州立大学）

　　民族国家对转折性恐怖事件的弹性序列

　　（A Continuum of Nation-State Resiliency to Watershed Terrorist Events，pp. 476 – 503）

黛弗娜·卡内蒂（Daphna Canetti，以色列海法大学）；以色列·维泽尔－马诺尔（Israel Waismel-Manor，以色列海法大学），内奥尔·科恩（Naor Cohen，加拿大卡尔加里大

学），卡密特·拉帕波特（Carmit Rapaport，以色列理工学院）

国家弹性对于民主国家意味着什么？ 来自美国和以色列的证据

(What Does National Resilience Mean in a Democracy? Evidence from the United States and Israel，pp. 504 – 520)

里诺·班德利兹·乔安森（Rino Bandlitz Johansen，挪威皇家国防学院）；乔恩·克里斯蒂安·拉伯格（Jon Christian Laberg，挪威卑尔根大学、挪威空军学院）；莫妮卡·马丁努森（Monica Martinussen，挪威特罗姆瑟大学、挪威国防学院）

作为预测军事技能感知的军事特质

(Military Identity as Predictor of Perceived Military Competence and Skills，pp. 521 – 543)

佐勒菲卡尔·阿里（Zulfiqar Ali，巴基斯坦卡拉奇大学）

一致性理论的悖论矛盾：对巴基斯坦军事干预的迷惑

(Contradiction of Concordance Theory：Failure to Understand Military Intervention in Pakistan，pp. 544 – 567)

海蒂·A. 乌尔比诺（Heidi A. Urben，美国西点军校）

政治显摆？ ——陆军现役军官的政治活动水平

(Wearing Politics on Their Sleeves?：Levels of Political Activism of Active Duty Army Officers，pp. 568 – 591)

贾森·登普西（Jason Dempsey，美国陆军）

两部关于军事人力资源政策的力作

(Book Review：Two Books on Military Personnel Policies，pp. 592 – 595)

〔责任编辑：李秋发〕

● 书讯 ●

军事政治学研究系列
丛书简介

军事政治学研究中心

　　由南京政治学院军事政治学研究中心组织撰写的《军事政治学研究系列丛书》，由时事出版社正式出版发行。丛书由《军事政治学导论》《军事与政治要论》《中国军事政治学理论》《西方军事政治学评论》《国家兴衰与军政关系纵论》5 部著作组成，介绍了军事政治学基本理论，分析了当代世界军政关系的主要模式，归纳了马克思主义军事政治学经典论述与基本观点，阐释了中国共产党人的军政关系思想，评介了美国经典文武关系理论，总结了大国崛起中的军事与政治经验教训。由于军事政治学目前在中国还是一个有待创立的新兴学科，作为军队"2110 工程"重点建设学科的阶段性成果，该丛书的出版发行对于马克思主义军事政治学研究以及构建中国特色的军事政治学理论体系具有极为重要的推动作用。

《军事政治学导论——当代世界
军政关系模式》

（高民政等著，时事出版社，2010 年 1 月）

　　军事政治学是运用政治学的理论和方法研究军政现象，以探求军政关系发展规律为目标的一门军事学与政治学之间的交叉学科。与军事学和政治学相比较，诞生于 20 世纪中叶的军事政治学还属于一门年轻的学科。在中国大陆，军事政治学更是一门有待创立的新兴学科。因此，讨论军事政治学研究的基本问题，评介当今世界军政关系的主要模式，就成为军事政治学导论的主要内容和学术任务。

《军事与政治要论——马克思主义军事 政治学经典论述与基本观点》

(高民政、薛小荣主编，时事出版社，2010 年 12 月)

马克思主义关于战争与政治、战争与革命、军队与社会、军队与政府、军队与政党、军队与军人、军队与民众等方面的经典论述与基本观点，是无产阶级军政关系思想的重要组成部分，不仅是社会主义国家军政实践的理论基础，而且也是人类社会军政智慧的结晶，无论过去现在还是未来，都是具有独特价值并能发挥重大影响也需要我们不断继承发扬的宝贵精神财富。

《中国军事政治学理论——共产党人的 军政关系思想》

(高民政、薛小荣等著，时事出版社，2011 年 5 月)

中国军事政治学理论既是马克思主义军事政治学理论中国化的产物和中国特色社会主义理论体系的重要组成部分，也是人类军事政治学理论宝库中的智慧结晶，不仅对中国也对世界军事政治实践的和谐与发展具有十分重要的指导意义。 总结马克思、恩格斯、列宁、斯大林及毛泽东、邓小平、江泽民、胡锦涛的军政关系思想，是把握中国特色社会主义军事政治学理论渊源并展现共产党人军政关系思想魅力的必然要求。

《西方军事政治学评论——美国经典文武关系思想》

(高民政、王永强著，时事出版社，2011 年 5 月)

文武关系是西方军事政治学理论的一个核心议题。 拉斯韦尔、亨廷顿、简诺威茨是在西方乃至世界社会科学界都享有盛誉的学术大师，他们的文武关系著作及观点在西方文武关系研究领域具有开创性的影响，已经被奉为西方军事政治学理论的经典。 评介拉斯韦尔的"卫戍国家思想"、亨廷顿的"文人治军理论"、简诺威茨的"军事专业主义"将有助于人们进一步深刻认识西方军事政治学理论的特点与实质、准确把握资本主义国家军政关系制度模式与实践行为的思想来源和理论基础。

《国家兴衰与军政关系纵论
——大国崛起中的军事与政治》

（高民政主编，时事出版社，2011 年 5 月）

　　该书集中研究和考察英国、美国、德国、日本、俄罗斯和苏联等世界主要大国崛起中的军政关系演变过程，揭示了国家兴衰与军政关系之间的相关性及其特点和规律。该书认为认真吸取大国崛起中军政关系结构安排方面的经验和教训，中国人民就一定能够通过走和平发展的康庄大道实现中华民族伟大复兴的目标，从而为人类构建和谐世界做出自己应有的伟大贡献。

〔责任编辑：魏延秋〕

● 稿约 ●

征稿启事

《军事政治学研究》编辑部

《军事政治学研究》是中国首个军事政治学的专业学术交流园地，由中国人民解放军南京政治学院军事政治学研究中心创办，秉承"学术本位"原则，为军事政治学搭建学术交流平台，展示学术研究成果，提供学术研究信息，汇聚学术研究力量，以推动军事政治学的不断发展为使命，欢迎海内外学者赐稿。

审稿规则

《军事政治学研究》实行符合国际学术惯例的双向匿审制度，真诚欢迎学界同人惠赐大作。

1. 所有文稿首先由编辑部责任编辑初审，通过初审的文稿进入二审程序。 若初审未通过，作者将在一周之内收到编辑回复。

2. 文稿二审工作将按双向匿名方式进行；审稿贯彻回避原则，每篇论文至少由两位学术顾问和编委或由主编特邀的其他相关专家审阅。 负责审稿者严格根据论文的学术质量提出以下三种处理方式：（1）拟采用；（2）经修改后采用；（3）不采用。 若文稿未通过二审，作者将在三周之内收到编辑回复。

3. 通过二审的稿件将提交主编。 主编将根据评审报告和年度研讨主题以及版面安排等总体情况综合考量，作出最后决定。 终审结果于三个月内通知作者，若三个月后未获通知，作者可另投他刊。

投稿方式

向《军事政治学研究》投稿者，须同时提交纸质文本和电子文本各一份。 军内作者请附保密审查表和原创声明。 电子文本请存为 Word 文本（不低于 Word 2003 版本）以附件形式发送，邮件主题请注明"投稿·×××（文章名）"。

投稿地址：上海市四平路 2575 号中国人民解放军南京政治学院上海校区《军事政治学研究》编辑部收；邮政编码：200433

投稿邮箱：jszzxyj@ sina. cn

其他声明

1. 请勿一稿多投，作者须承诺论文只投《军事政治学研究》。

2. 文责自负，发表文章并不代表《军事政治学研究》认同其观点。

3. 论文中如涉及版权问题，作者须获得相关授权，本刊不负版权责任。

4. 编辑部有权对来稿文字按稿例及编辑需要作一定删改，不同意删改者请在投稿时注明。

5. 若转载或引用《军事政治学研究》已发表文章，须注明来源。

6. 论文发表后，将付一定稿酬或赠全年《军事政治学研究》1 套。

稿　例

基本要求

1. 以"特稿""专论""专访""评论""译介"等形式投稿者，均需提供作者学术简介。 按如下顺序标明作者信息：姓名、出生年月、性别、工作单位及职务、职称及学术兼职、所在省市、邮编、联系电话、电子邮箱等；

2. "摘要"应为论文主要内容的客观陈述，不宜采用诸如"本文认为""笔者认为"等主观评价性语言，字数在 300 汉字以内，并提供英文摘要；

3. "关键词"应为反映论文最主要、最核心内容的专业术语，多个关键词之间用"；"分隔，一般每篇论文可使用 3 ~ 5 个关键词，并提供英文关键词；

4. 如果来稿属于基金项目资助范围内的研究成果，请在首页下角标明论文产生的资助背景，包括基金项目的类别、名称、批准号；

5. 为便于匿名评审，请将上述作者信息单独以一页附在正文前，且不要在正文中透露任何作者信息。

正文体例

1. 文稿请按题目、作者、正文、参考书目之次序撰写。 论文如果内容层次较多，其节次或内容编号请按"一""二""三"……（一）（二）（三）……1.2.3.……（1）（2）（3）……的顺序排列。 标题下内容层次可以按照作者行文习惯进行，不做具体要求。

2. 正文每段第一行空两格。

3. 独立引文须加引号。

4. 请避免使用特殊字体、编辑方式或个人格式。

注释体例

1. 文章采用脚注，每页重新编号。

2. 统一基本规格（包括标点符号）

〔国籍〕或（朝代）主要责任者（两人以上用顿号隔开；以下译者、校订者同）（责任方式为著时，"著"字可省略，用冒号代替；如作者名之后有"著""编""编著""主编""编译"等词语时，则不加冒号）：《文献名称》，译者，校者，出版社，出版年，第叉页。 若论文引自"人大复印资料""新华文摘"等，需注明原出处。 引用资料非原始出处，注明"转引自"。

3. 注释例

（1）中文注释

A. 著作类

王沪宁：《政治的逻辑——马克思主义政治学原理》，上海人民出版社，1994，第 111 页。

陈明明：《所有子弹都有归宿——发展中国家军人政治研究》，天津人民出版社，2003，第 205 页。

〔美〕哈罗德·D. 拉斯韦尔：《政治学——谁得到什么？ 何时和如何得到》，杨昌裕译，商务印书馆，1992，第 89～90 页，转引自洪陆训《军事政治学：文武关系理论》，五南图书出版公司，2002，第 45 页。

B. 论文类

高民政：《军事政治学的对象范围及其核心问题与分析路径》，《社会科学》2013 年第 8 期，第 15 页，转引自《新华文摘》2013 年第 20 期，第 10 页。

徐勇：《"军阀"治下之军阀"学理"研讨——以北伐战争前夕一场政治与学术论战为中心》，《北京大学学报》（哲学社会科学版）2005 年第 4 期，第 490 页。

母春生：《晚清人与武器思想的嬗变》，国防科技大学硕士学位论文，2007，第20页。

C. 文集、选集或集刊中的析出文献

孙力：《历史演进中的人权与战争》，高民政主编《军事政治学研究》2013年第2期，社会科学文献出版社，2014，第5页。

D. 报纸类

李月军：《新文武关系理论：范式替代抑或理论补充》，《社会科学报》2010年4月1日，第4版。

E. 古籍、辞书类

《孙子兵法·始计第一》。

（清）王韬：《弢园文录外编》，卷十。

《辞海》，上海辞书出版社，1979，第983页。

（2）英文注释

A. 著作

Samuel Huntingdon, *The Soldier and the State*：*The Theory and Politics of Civil-Military Relation*, Harvard University Press, 1957, p. 13.

B. 期刊中的论文

Eills Joffe, "Patry-Army Relations in China：Retrospect and Prospect", *The China Quarterly*, 1996, pp. 299 – 314.

（3）其他文种注释

从该文种注释体例或习惯。

4. 其他说明

A. 引自同一文献者，同样应完整地注释，不得省略。

B. 非引用原文，注释前加"参阅"（英文为"See"）；如同时见于其他著述，则再加"又参阅"。

C. 引用资料若来自网络，注释格式为：

王邦佐：《进一步发挥政协的民主监督职能》，南方网，2005年5月23日，http：//www. southcn. com/nflr/llwz1/200505230852. htm，访问日期：2013年3月5日。

图书在版编目（CIP）数据

军事政治学研究. 2014 年第 3 辑：总第 7 辑/高民政主编. —北京：社会科学
文献出版社，2015. 3
ISBN 978 - 7 - 5097 - 6995 - 9

Ⅰ. ①军…　Ⅱ. ①高…　Ⅲ. ①军事 - 政治学 - 研究　Ⅳ. ①E0 - 053

中国版本图书馆 CIP 数据核字（2014）第 305492 号

军事政治学研究　（2014 年第 3 辑　总第 7 辑）

主　　编/高民政

出 版 人/谢寿光
项目统筹/许玉燕　高明秀
责任编辑/许玉燕

出　　版/社会科学文献出版社·全球与地区问题出版中心（010）59367004
　　　　　地址：北京市北三环中路甲 29 号院华龙大厦　邮编：100029
　　　　　网址：www. ssap. com. cn
发　　行/市场营销中心（010）59367081　59367090
　　　　　读者服务中心（010）59367028
印　　装/北京季蜂印刷有限公司

规　　格/开　本：787mm × 1092mm　1/16
　　　　　印　张：12. 5　字　数：229 千字
版　　次/2015 年 3 月第 1 版　2015 年 3 月第 1 次印刷
书　　号/ISBN 978 - 7 - 5097 - 6995 - 9
定　　价/49. 00 元

本书如有破损、缺页、装订错误，请与本社读者服务中心联系更换

▲ 版权所有 翻印必究